Juliane Beck | Dagmar Giersberg | Ines Haelbig | Lukas Mayrhofer
Carola Hamann | Andrea Heckert | Daniela Niebisch



# Miteinander!

## Deutsch für Alltag und Beruf B1.2

Deutsch als Zweitsprache

KURS- UND ARBEITSBUCH
plus interaktive Version

Hueber Verlag

**Für die hilfreichen Hinweise und die fachliche Beratung bei der Entwicklung des Lehrwerks danken wir:**
Prof. Dr. habil Marion Grein, Mainz
Esther Haertl, Nürnberg
Gunda Heck, Wilnsdorf
Ani Mkrtchyan, Mannheim
Claudia Piuntek, Hamburg
Dr. Anja Schwennsen, Hamburg

Unter *www.hueber.de/miteinander* finden Sie zahlreiche Zusatzmaterialien zum Lehrwerk.



4. 3. 2. | Die letzten Ziffern
2029 28 27 26 25 | bezeichnen Zahl und Jahr des Druckes.
Alle Drucke dieser Auflage können, da unverändert, nebeneinander benutzt werden.
1. Auflage

Umschlaggestaltung: Sieveking Agentur, München
Layout und Satz: Sieveking Agentur, München
Verlagsredaktion: Lena Bengel, Isabel Krämer-Kienle, Erika Wegele-Nguyen, Elke Haag, Juliane Pereira López und Janine Wollny, Hueber Verlag, München
GPSR-Kontakt: Hueber Verlag GmbH & Co. KG, Baubergerstraße 30, 80992 München, kundenservice@hueber.de
Druck und Bindung: PASSAVIA – Druckservice GmbH & Co. KG, Medienstraße 5b, 94036 Passau, info@passavia.de
Printed in Germany
ISBN 978-3-19-501895-1

Art. 530_25490_001_02

# WEGWEISER

## Miteinander! Deutsch für Alltag und Beruf

- ist ein handlungsorientiertes und motivierendes Lehrwerk: Protagonistinnen und Protagonisten bieten in typischen Alltagssituationen thematische und sprachliche Anknüpfungspunkte; spannende Geschichten und Themen motivieren zum Weiterlernen,
- fördert das gemeinsame Lernen (kooperative Aufgaben, Interaktion und Bewegung),
- ermöglicht individuelles Lernen durch Angebote für heterogene Gruppen und ein umfassendes Angebot an Erklär-Clips und interaktiven Übungen,
- bietet durch die interaktive Version eine enge Verzahnung von *print* und *digital*,
- ist an den Anforderungen des erweiterten *Gemeinsamen Europäischen Referenzrahmens* orientiert und fördert plurikulturelle und plurilinguale Kompetenzen,
- berücksichtigt das Rahmencurriculum des *Bundesamts für Migration und Flüchtlinge (BAMF)* und
- bereitet optimal auf die Prüfungen der jeweiligen Niveaustufe und den *Deutsch-Test für Zuwanderer (DTZ)* vor.

## Miteinander! Deutsch für Alltag und Beruf B1.2 – Struktur

Der **Kursbuchteil** besteht aus einer *Start-Lektion*, gefolgt von sechs Lektionen und einer Lektion *Extra*, in denen jeweils ein bis zwei Protagonistinnen / Protagonisten und eine Geschichte im Fokus stehen. Der Kursbuchteil wird abgerundet durch *Aktionsseiten* (kooperatives Lernen im Kurs) und Seiten mit nach unten binnendifferenzierenden *Auswahlaufgaben*.

Auf der Einstiegsseite einer Lektion stellt ein großflächiges Foto die Protagonistin / den Protagonisten vor und weckt Interesse.

Die Doppelseite *Miteinander zum DTZ* bietet eine gute Vorbereitung auf die Prüfungsformate – inklusive Lerntipps und Modellaufgaben.

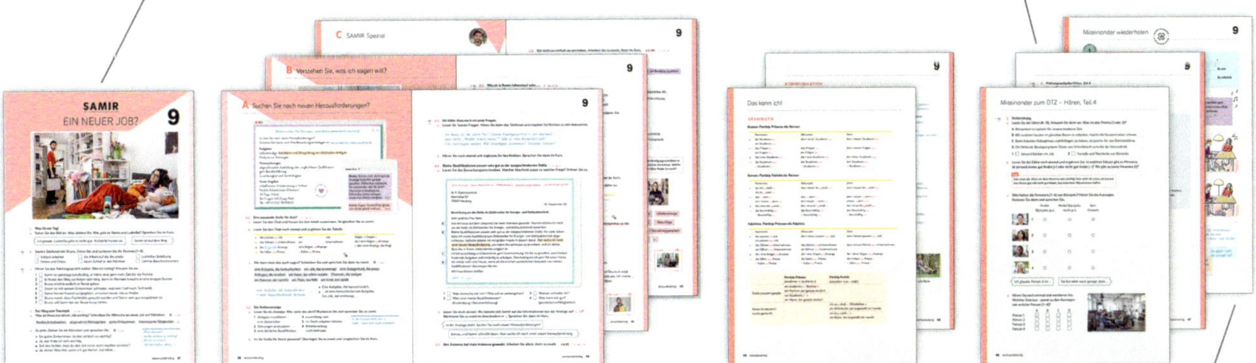

Die folgenden Doppelseiten präsentieren und üben den Lernstoff in vielfältigen Übungstypen und abwechselnden Sozialformen.

Die Lektion wird mit einer Übersicht über den Lernstoff (inklusive interaktive Übungen) und einer Seite Wiederholung abgerundet.

Im **Arbeitsbuchteil** wird der Stoff der Lektionen in abwechslungsreichen Übungen gefestigt und vertieft – ebenso wie die Prüfungsformate des DTZ. Nach jeweils zwei Lektionen folgt ein *Lernfortschrittstest*. Das Lehrwerk wird abgerundet durch eine übersichtliche Zusammenstellung des *Lernwortschatzes*.

# WEGWEISER

Jede Lektion hat einen motivierenden **thematischen Rahmen**: eine Geschichte rund um ein bis zwei Protagonistinnen / Protagonisten, die auf der Einstiegsseite über einen Bildimpuls mit Hörtext beginnt und auf den Doppelseiten A und B weitererzählt wird.

Durch unterschiedliche Aufgabenformate werden **Lese- und Hörstrategien** eingeführt und vermittelt.

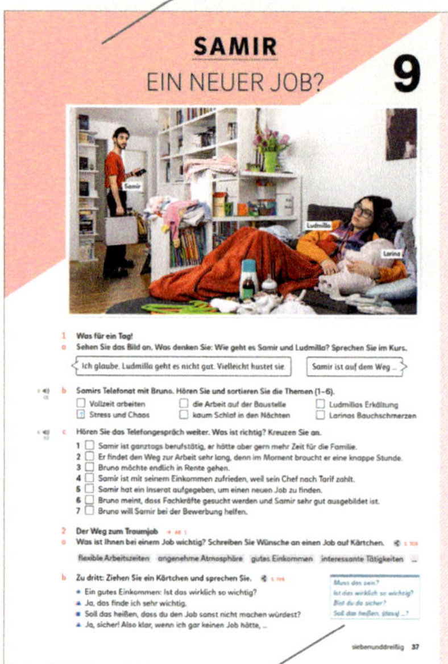


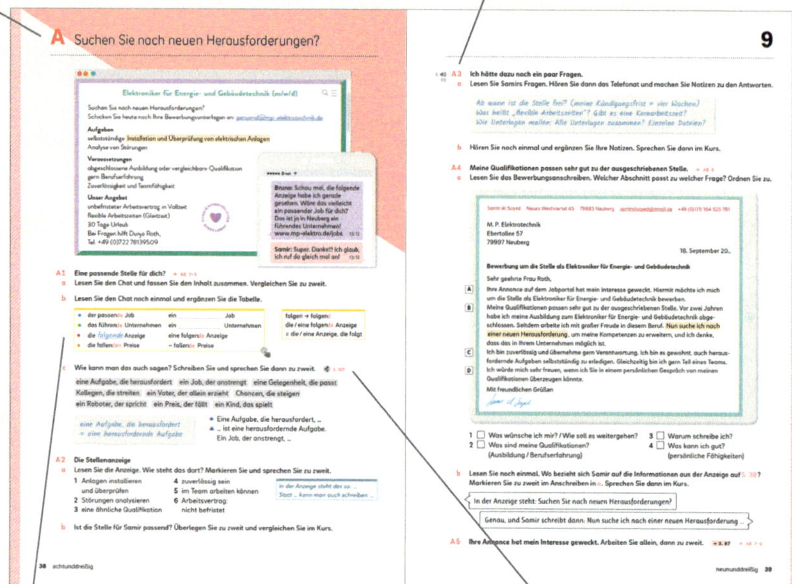


Wichtige Redemittel werden in abwechslungsreichen **Erklär-Clips** (kurzen Videos) gehört und trainiert. Dies fördert die **Kommunikationsfähigkeit** der Lernenden von Anfang an.

Der **Grammatikstoff** der Lektion wird induktiv und aus dem Kontext eines Lese- oder Hörtextes heraus eingeführt.

Zur **Binnendifferenzierung nach unten** gibt es bei ausgewählten Inhalten einen Verweis auf eine Aufgabe mit den gleichen Inhalten, aber einem einfacheren Übungstyp.

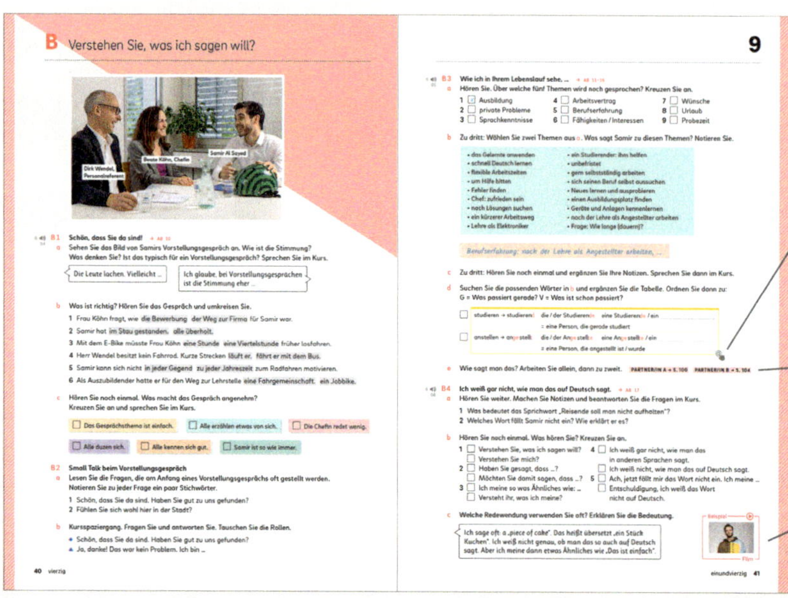


**Erklär-Clips** und **interaktive Zusatzübungen** unterstützen das Grammatiklernen.

Verweise führen zu den **Aktionsseiten** der Lektion am Ende des Kursbuchteils. Handlungsorientierte Aufgaben mit Fokus auf Sprechen und Schreiben ermöglichen echte Kommunikation im Kurs.

**Beispieläußerungen von Lernenden** dienen als Inspirationsquelle und stellen für die Lernenden erreichbare Sprachmodelle dar.

# WEGWEISER

Auf der Doppelseite C erfahren die Lernenden über **alltagsnahe Realien** noch mehr über die Protagonistin / den Protagonisten und ihr / sein Lebensumfeld.

Für schnellere Lernende bieten *Schon fertig?*-Aufgaben die Möglichkeit der **Binnendifferenzierung nach oben**.

In einer vorbereitenden Aufgabe erarbeiten sich die Lernenden wertvolle Strategien für den *DTZ*.

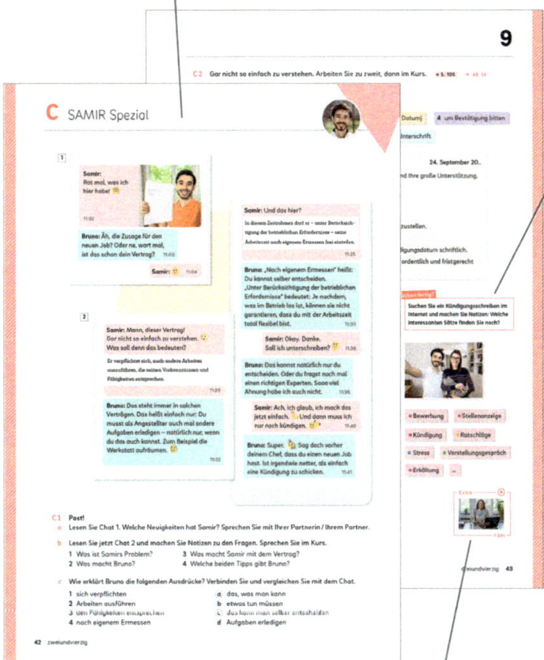


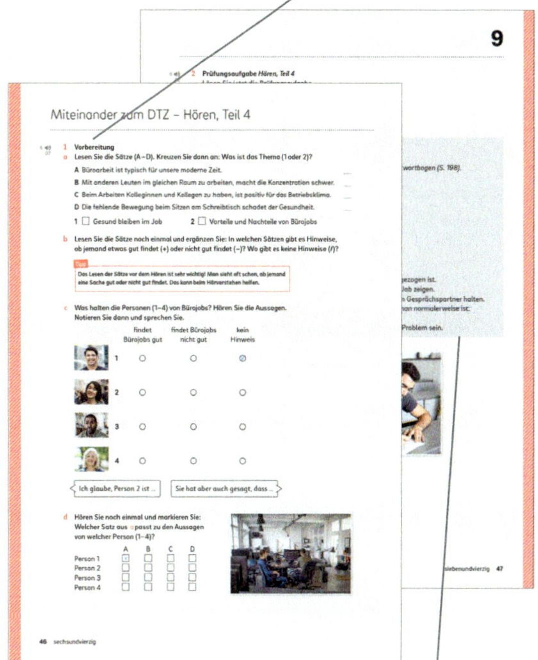


Die Lektion schließt mit einem **Extra-Film** ab – die Lernenden begegnen einer Person aus der Lektionsgeschichte, die ein interessantes Alltagsthema passend zur Lektion präsentiert oder vertieft.

In jeder Lektion probieren die Lernenden das Lösen einer Prüfungsaufgabe aus – unterstützt durch zielgerichtete Tipps. Die darauffolgende Arbeitsbuchlektion bietet nochmals eine an das Prüfungsformat angelehnte Aufgabe.

**UNTERRICHTEN UND LERNEN WIE UND WO SIE WOLLEN**

Ob im Kursraum, von zu Hause oder unterwegs per Tablet oder Laptop: Wir stellen Ihnen dieses Lehrwerk digital als interaktive Version zur Verfügung. Egal, ob off- oder online.

- Alle Hörtexte, Filme, Erklär-Clips zu Wortschatz, Grammatik, Redemitteln und Aussprache sowie interaktive Übungen lassen sich direkt aufrufen und im integrierten Player abspielen – ganz einfach ohne Download oder weitere Abspielgeräte.
- Die Aufgaben im Buch stehen Ihnen interaktiv mit Lösungsanzeige zur Verfügung und lassen sich direkt starten.
- Integrierte Werkzeuge wie *Marker*, *Kommentar*, *Lupe* und *Vollbildmodus* unterstützen Sie bei der Unterrichtsvorbereitung und Präsentation im Unterricht am Whiteboard oder Touchscreen.
- Mit der *Hueber interaktiv App* können Sie die interaktive Version auch offline nutzen und auf eine Vielzahl der Materialien des Lehrwerks per Smartphone zugreifen.

*Übrigens: Ihren Startcode zur Aktivierung der interaktiven Version zu diesem Buch finden Sie auf der vorderen Umschlagseite unter der Landkarte.*

## Piktogramme und Symbole

| | |
|---|---|
| 🔊 | Hörtext |
| ▶ | Extra-Film / Beispiel-Film |
| 👆 | Erklär-Clip und / oder interaktive Übung |
| → AB 1–3 | Übung im Arbeitsbuch |
| → KB C2 | Aktivität im Kursbuch |
| → S. 99 | Aktionsseite |
| S. 109 | Auswahlaufgabe |
| ↗ | Fokus Alltag und Beruf |

# INHALT

# INHALT

# INHALT

# INHALT

# KURSBUCH

# WILLKOMMEN!

**MELLO_LUNA** 7 ♥ 25

Neuer Arbeitsplatz! Klinikum Isselheim Jedes Mal mit dem Regionalzug von Neuberg – ganz schön viel Fahrerei. Aber: ein super Team, nette Leute!

5 🔊 01

**PekkaM** Ich gratuliere!

**Superpapa** Herzlichen Glückwunsch! Das Krankenhaus, das an der Bahnlinie liegt? Guten Start!

**Neuberg_aktiv/Zofia** Hi! Sag mal: Bist du nicht die Luna, die uns mal diese tollen Rückenübungen gezeigt hat?

**Mello_Luna** Ja, genau, das bin ich. Und du bist Zofia Lewandowska, oder? Schön, dass wir jetzt auch vernetzt sind.

**NEUBERG_AKTIV/ZOFIA** 7 ♥ 33

Heute mal was anderes! Der *SC Neuberg* sucht zu Beginn der neuen Saison Verstärkung! Das Frauenteam II sucht Nachwuchstalente, die das Mittelfeld verstärken. Das Männerteam I braucht einen Torwart – und einen neuen Trainer! Infos hier: www.sc-neuberg.de

5 🔊 02

**PekkaM** Fußball? Nein danke!

**Amadou1** Sigi war ein Trainer, der uns immer motiviert hat! Schade, dass er aufhört!

**1** **Entschuldigung. Ich glaube, wir kennen uns.** → LUNA / ZOFIA

**a** Was ist richtig? Lesen Sie die Texte und kreuzen Sie an.

1 ☐ Luna hat einen neuen Job.
2 ☐ Sie fährt immer mit dem Auto zur Arbeit.
3 ☐ Zofia und Luna kennen sich von früher.
4 ☐ Zofia ist Trainerin beim Männerteam.
5 ☐ Pekka spielt gern Fußball.
6 ☐ Amadou fand Sigi als Trainer super.

**b** Welche Sätze kommen oben vor? Unterstreichen Sie im Text.

Sag mal: Bist du nicht …? | Du bist (doch) …, oder? | Kennen wir uns nicht?

**c** Ich kenne dich doch … Sprechen Sie jemanden im Kurs an.

1
◆ Sag mal: Kennen wir uns nicht? Du bist doch Saida, oder?
▲ Richtig. Und wer bist du?
◆ Ich bin Eslem. Ich glaube, wir kennen uns aus dem A1.1-Kurs.
▲ Ach ja, richtig. Wie geht's dir?

2
◆ Entschuldigung. Ich glaube, wir kennen uns. Bist du nicht der, der am Sonntag immer im *Café Aroma* arbeitet?
● Ja, stimmt. Ich bin Ivo. Und wie heißt du?
◆ Ich heiße Eslem. Ich mag das Café sehr.
● Schön, dich kennenzulernen, Eslem.

**ALSAYED_SAMIR** 57 ❤ 61 🔗

JAAA! Larina ist da! 😍😍😍 Die Geburt lief gut! 😌 3020 Gramm, 49 cm. Alles super! Und Ludmilla geht's auch gut! 🤩😘

5 ◀)) 03

**B_Bergmann** Meinen herzlichen Glückwunsch! Kommt doch bald mal zu Besuch! Oder ich komme bei euch vorbei. – Melde dich einfach! 😉

**Max2000** Mensch, Samir! Das sind ja tolle Neuigkeiten! 🥳 Du Papa – der Wahnsinn! 👏 Gut gemacht! 🥰

Wie wär's mit einem Bier? Darauf müssen wir anstoßen! 😎

Und: Sagt Bescheid, wenn ihr mal Bedarf an einem Babysitter habt! Ich mach das gern! 😊

**HOANGUYEN** 15 ❤ 87 🔗

Darf ich euch zu einem ☕ einladen? 😊 Ein Jahr nach Eröffnung meines Kaffeemobils gibt es nächsten Dienstag am Standort Ebertallee leckeren Kaffee und Snacks! Kommt doch mal vorbei! **Neu:** Stammkundenrabatt! Mit *Hoas Coffee-Card* ist jeder 10. Kaffee gratis!

5 ◀)) 04

**Ahmet_Yavuz** Klingt gut! Ganz nach meinem Geschmack! 😊 Passt dazu Baklava?

**HoaNguyen** Lass es uns herausfinden! Schau doch nächste Woche mal vorbei. 🙂

**Ahmet_Yavuz** Alles klar! Ich freue mich! 😊

**2** **Darf ich dich zu einem Eis einladen?** → SAMIR / HOA

**a** Zu zweit: Lesen Sie die Texte und beantworten Sie die Fragen.

1 Warum ist Samir glücklich?
2 Was schlägt Max vor?
3 Mag Max Babys?
4 Wie lange gibt es Hoas Kaffeemobil schon?
5 Wie kann man bei Hoa Geld sparen?
6 Besucht Ahmet Hoa nächste Woche?

**b** Wie kann man jemanden einladen? Machen Sie eine Liste. Notieren Sie Beispiele aus den Texten und ergänzen Sie eigene Ideen.

> ***Jemanden einladen***
> *Kommt doch bald mal zu Besuch!*
> *Wie wär's mit einem Bier / Eis?*

**c** Laden Sie andere im Kurs ein.

Ich backe am Samstag einen Kuchen. Hast du Lust, mal bei uns vorbeizukommen?

Das ist ja nett. Gern! Um wie viel Uhr?

# AMADOU

# ALLES TRAININGSSACHE 7

**1 Das fängt ja gut an!**

5 05 **a** Zu zweit: Beschreiben Sie die Situation auf dem Bild. Hören Sie dann und vergleichen Sie.

5 06 **b** Worüber sprechen Amadou und Timur? Worüber nicht? Hören Sie. Sprechen Sie dann zu zweit.

1 Warum kommt Amadou zu spät?
2 Warum ist der Zug noch nicht da?
3 Welche Zugverbindung können sie nehmen?

> Sie sprechen nicht darüber, warum ..., sondern ...

**c** Was ist richtig? Hören Sie noch einmal und kreuzen Sie an.

1 [x] Timur musste nach Hause zurücklaufen, weil er etwas Wichtiges vergessen hatte.
2 [ ] Amadou ärgert sich, weil Timur zu spät zur Bahnstation gekommen ist.
3 [ ] Der Zug sollte eigentlich um zehn Minuten vor zwölf losfahren.
4 [ ] Der Zug RB 69 um 12:35 Uhr fährt heute nicht.
5 [ ] Amadou und Timur müssen später noch mit dem Schienenersatzverkehr weiterfahren.
6 [ ] Der Zug RE 7 fährt um 12:40 Uhr von Gleis 4 ab.
7 [ ] Amadou und Timur verpassen ihren Zug.

**d** Ergänzen Sie die Wörter aus c. Was bedeuten diese Wörter? Ordnen Sie die Bilder zu.

1 [ ] zurück__________ 2 [ ] los__________ 3 [ ] weiter__________

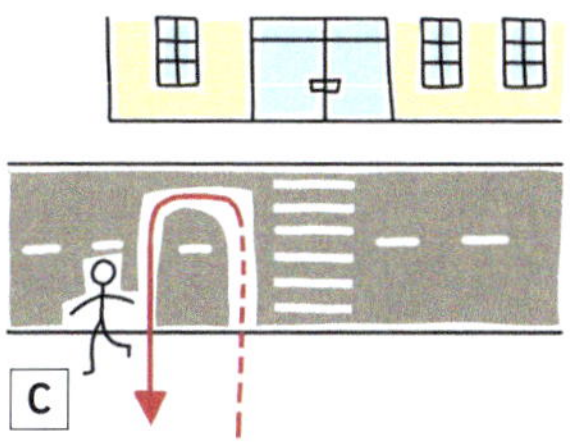


> los- / weiter- / zurück- } fahren / laufen / ...

**2** Er schießt am Tor vorbei! Arbeiten Sie zu zweit. PARTNER/IN A → S. 92 PARTNER/IN B → S. 94 → AB 1–3

# A Wir möchten besser werden. Darum trainieren wir.

**A1 Übung macht den Meister.** → AB 4–5

5 07 **a** Zu zweit: Worüber sprechen Amadou und sein Co-Trainer David? Hören Sie und kreuzen Sie an.

1 [x] die Fußballmannschaften
2 [ ] die Entwicklung des Teams
3 [ ] die Strategie für das nächste Spiel
4 [ ] Erfahrungen beim Deutschlernen
5 [ ] Deutschprüfungen
6 [ ] deutsche Lieblingswörter

**b** Was ist richtig? Hören Sie noch einmal und umkreisen Sie.

1 Amadous Fußballtrainer (Deutschlehrer) hat immer gesagt: „Übung macht den Meister."
2 Amadou musste erst überlegen, wie man das auf Deutsch Englisch sagt.
3 David konnte am Anfang *kein ü und kein ch* *kein ö und kein sch* aussprechen.
4 *Ratzfatz*, *ruckzuck* und *zack zack* sind andere Wörter für *schnell.* *schwierig.*
5 Amadou findet das Wort *Fußballnationalmannschaft* gut, weil es witzig so schön lang ist.

**c** Grund und Folge. Was passt zusammen? Verbinden Sie.

1 Amadou spricht meistens Deutsch.
2 Amadou übersetzt nicht mehr alles im Kopf.
3 David hatte Angst, dass die Leute ihn nicht verstehen.
4 David findet das Wort *Eichhörnchen* lustig.

a Er hat jeden Tag seine Aussprache trainiert.
b Es ist sein Lieblingswort.
c Es ist normal, dass das Sprechen für ihn jetzt einfacher ist.
d Manchmal fällt ihm das englische Wort nicht ein.

5 08 **d** Hören Sie und ergänzen Sie: *daher*, *darum*, *deswegen* oder *weil*.

| | |
|---|---|
| 1 Du sprichst jetzt meistens Deutsch. | *Daher* ist es doch ganz normal, dass dir das englische Wort manchmal nicht sofort einfällt. |
| 2 Früher habe ich immer alles im Kopf übersetzt. Das mache ich jetzt seltener. | ____________ ist das Sprechen jetzt auch viel einfacher. |
| 3 Ich hatte immer Angst, dass ich Fehler mache und die Leute mich nicht verstehen. | ____________ habe ich jeden Tag meine Aussprache trainiert. |
| 4 Jetzt ist *Eichhörnchen* mein Lieblingswort, | ____________ es so lustig klingt. |

**A2** **Wie sind Ihre Erfahrungen?** Arbeiten Sie allein, dann in Gruppen. → S. 98

**A3** **Deswegen ist das mein Lieblingswort.** → AB 6–8

**SALMAS DEUTSCH-BLOG**

*Heute: Mein Lieblingswort*

**Salma** Ich finde es nicht leicht, Deutsch zu lernen, aber die Sprache gefällt mir. Es gibt so viele tolle Wörter. Einige sind witzig, einige superlang und einige kann ich überhaupt nicht aussprechen – noch nicht, ich übe aber fleißig! 😉 Mein Lieblingswort ist *Naschkatze*, weil ich so gern Süßes esse. Außerdem klingt das Wort schön. Habt ihr auch ein Lieblingswort?

**Ben** Das Wort *Feierabend* bedeutet, dass man mit der Arbeit fertig ist und nach Hause gehen (und feiern?) darf. Das finde ich gut und daher ist *Feierabend* mein Lieblingswort. 3👍 15:40

**Timur** Ich finde es toll, dass man Wörter zusammensetzen und neue Wörter daraus machen kann, zum Beispiel *Blume + Topf = Blumentopf*. Die längsten Wörter, die ich kenne, sind *Schienenersatzverkehr* und *Geschwindigkeitsbeschränkung*, deswegen finde ich diese Wörter auch super. 1👍 20:01

**Paloma** Ich habe ein spanisches Lieblingswort: *mariposa*. Auf Deutsch sagt man dazu *Schmetterling*. Das klingt ganz anders, aber auch sehr schön. Mich würde noch interessieren, was man in anderen Sprachen dazu sagt, also schreibt mal in die Kommentare: Wie nennt ihr das? 2👍 20:17

**Anastasiia** *Nussschokolade* hat drei *s* hintereinander – das habe ich noch nie gesehen! 😅 Ein Wort mit dreimal dem gleichen Buchstaben sieht lustig aus und darum ist *Nussschokolade* jetzt mein Lieblingswort. 3👍 20:57

**Timur** Ach ja, und das Wort *Unterhose* gefällt mir auch, weil man sich das so leicht merken kann: eine Hose, die man unter der Hose trägt. Total logisch! 😃 2👍 21:30

**Fuat** Ich mag das Wort *perfekt*, weil es in vielen Sprachen so ähnlich ist und weil man es in ganz vielen Situationen benutzen kann. Viele Wörter kann ich mir nicht gut merken, weil sie ähnlich klingen, aber etwas anderes bedeuten. Zum Beispiel: Was ist der Unterschied zwischen *Kuchen* und *kochen*? 🤔 Kann mir das bitte jemand erklären? 1👍 21:46

**a** Zu zweit: Lesen Sie den Blog. Welche Lieblingswörter haben die Personen? Warum? Markieren Sie und sprechen Sie.

> Salma isst gern Süßes. Deswegen ist *Naschkatze* ihr Lieblingswort.

**b** Was ist Ihr Lieblingswort? Schreiben Sie auch einen Kommentar zu Salmas Blog. S. 106

*Ich bin vor acht Monaten hergekommen – mit dem Flugzeug. Das erste Wort, das ich gesehen habe, war „Flughafen". Deswegen ist das seitdem mein Lieblingswort.*

**c** Hängen Sie Ihre Texte im Kursraum auf. Lesen Sie und sprechen Sie: Welche Wörter finden Sie auch toll? Welche neuen Wörter haben Sie entdeckt und was bedeuten sie?

# B Je mehr ich übe, desto sicherer werde ich.

## B1 4:3 – ein tolles Ergebnis!

5 09 **a** Sehen Sie das Bild an. Was glauben Sie: Wer sagt was? Ordnen Sie zu: A = Amadou, D = David, M = Marleen, T = Timur. Hören Sie dann und vergleichen Sie.

1 ☐ Super gespielt, Timur!

2 ☐ Ich hab's dir ja gesagt, heute gewinnen wir.

3 ☐ Glückwunsch zu eurem Sieg: vier zu drei! Das ist ein tolles Ergebnis!

4 ☐ Jeder Spieler hat seine Stärken.

5 10 **b** Ist das richtig oder falsch? Was wird nicht gesagt? Hören Sie weiter und kreuzen Sie an.

| | richtig | falsch | nicht gesagt |
|---|---|---|---|
| 1 Amadou glaubt: Je länger man in einem Land lebt, desto besser klappt das Sprechen. | X | ☐ | ☐ |
| 2 Alle Spieler in Amadous Team haben einen Deutschkurs besucht. | ☐ | ☐ | ☐ |
| 3 Amadou hat im Deutschkurs viele Lieder gelernt. | ☐ | ☐ | ☐ |
| 4 Gruppenarbeit kannte Amadou schon aus seiner Schulzeit. | ☐ | ☐ | ☐ |
| 5 In der Schule musste Amadou früher viel auswendig lernen. | ☐ | ☐ | ☐ |
| 6 Amadous Mannschaft muss in dieser Saison noch einmal spielen. | ☐ | ☐ | ☐ |

## B2 Je schneller, desto besser. → AB 9–12

**a** Lesen Sie den ersten Satz in B1b noch einmal und ergänzen Sie.

| | |
|---|---|
| Man lebt lange in einem Land. | → Das Sprechen klappt gut. |
| Man lebt **länger** in einem Land. | → Das Sprechen klappt **besser**. |
| ___ **länger** man in einem Land lebt, | _______ **besser** klappt das Sprechen. |
| *auch möglich:* je ..., umso ... | |

sprechen → das Sprechen

**b** Schreiben Sie die Sätze wie in a.

Ich habe viel Erfahrung als Trainer.
→ Ich erkenne schnell die Stärken.

*Ich habe mehr ...*

**c** Kettenspiel. In Gruppen: Jede/r schreibt einen Satzanfang mit *Je …*, auf einen Zettel und gibt den Zettel nach rechts weiter. Die / Der Nächste ergänzt den Satz mit *desto / umso …* und gibt den Zettel wieder weiter. Wenn Ihr Zettel wieder bei Ihnen ist, lesen Sie alle Sätze vor.

Je mehr man die Grammatik übt,
Je länger man hier lebt,
Je schneller man Deutsch lernt,
Je mehr man die Aussprache trainiert,
Je besser man Deutsch spricht,
Je mehr Wörter man lernt,
Je öfter man Wörter aufschreibt,

desto / umso besser versteht man die Regeln.
desto / umso weniger Fehler macht man.
desto / umso weniger vergisst man wieder.
desto / umso mehr versteht man auch.
desto / umso sicherer wird man.
desto / umso wohler fühlt man sich.
desto / umso leichter wird es, eine Arbeitsstelle / einen Ausbildungsplatz zu finden.
desto / umso schneller findet man Freunde.

*Je öfter man Wörter aufschreibt, …*
*desto weniger Fehler macht man.*
*umso …*

## B3 Erfahrungen im Unterricht → AB 13–14

**a** In Gruppen: Beschreiben Sie die Situationen auf den Bildern. Wie lernen die Personen?

A

B

C

- allein arbeiten / mit anderen Lerner/innen zusammenarbeiten
- auswendig lernen
- Spiele machen (z. B. Rollenspiele)
- Lehrer/in ist nett / streng
- (keine) Angst haben, Fehler zu machen
- diskutieren / die eigene Meinung sagen
- nachfragen, wenn man etwas nicht versteht
- Lehrer/in steht vorne
- …

Auf Bild A arbeiten die Lernerinnen und Lerner in einer Gruppe zusammen.

**b** Wie war / ist der Unterricht z. B. in Ihrer Schulzeit oder jetzt in Ihrem Deutschkurs? Notieren Sie.

*Meine Schulzeit*
*– Lehrerin steht immer vorne*
*– Lehrerin nett, aber streng*
*– viel auswendig lernen*

**c** Präsentieren Sie im Kurs und vergleichen Sie: Wer hat ähnliche / andere Erfahrungen gemacht?

◆ In meiner Schulzeit war der Unterricht so: Unsere Lehrerin hat immer vorne gestanden. Die Lehrerin war sehr nett, aber auch sehr streng. Sie hat immer geschimpft, wenn die Schülerinnen und Schüler etwas falsch gemacht haben.

▲ Das war bei mir damals anders. Unsere Lehrerin hat immer gesagt: „Fehler gehören zum Lernen dazu."

# C AMADOU Spezial

**1**

Hallo Amadou, hallo David!
Ich hoffe, ihr seid nicht enttäuscht, dass wir gegen Isselheim „nur" unentschieden gespielt haben. Für uns ein großer Erfolg – in der letzten Saison hätten wir das noch nicht geschafft. Ihr seid super Trainer! 👏 Ich freu mich auf die nächste Saison mit euch! 😀
Danke und viele Grüße, Timur

**2**

Hallo zusammen, ich möchte mich bei euch ganz herzlich für euren Einsatz in dieser Saison bedanken.
Ihr seid ein tolles Team und habt immer alles gegeben – in jedem Training und in jedem Spiel. Darum freue ich mich, dass ich auch weiterhin euer Trainer sein darf. 😊
Ich bin sicher, dass wir gemeinsam noch ganz viel erreichen können.
Nun wünsche ich euch aber erst mal eine schöne Spielpause – mit viel Zeit zum Relaxen und Erholen! 😌
Wir sehen uns am 2. September beim Training! Nicht vergessen: Fußballschuhe mitbringen! 😉
Viele Grüße 👋
Amadou

**3**

Lieber Amadou,
der SC Neuberg bedankt sich ganz herzlich für deine tolle Arbeit in dieser Saison! Deine Trainingsstunden sind immer sehr gut organisiert, und du unterstützt die Spieler, wo du nur kannst. Außerdem hast du es geschafft, auch die neuen Spieler schnell ins Team zu integrieren. Mit dir als Trainer ist die Mannschaft stärker und besser geworden. Daher freuen wir uns, dass du auch in der nächsten Saison als Trainer dabei bist. Mach weiter so!
Anton Beck – *Vereinsvorstand*

**4**

Wir können stolz auf uns sein, Amadou! Super erfolgreiche Saison – und das ist auch dein Verdienst. 👍 Hast ein tolles Training gemacht. Dafür wollte ich einfach mal Danke sagen. Gruß Leon

**5**

Hallo Amadou,
nochmals Glückwunsch zu einer sehr erfolgreichen Saison! Viele Leute in der Stadt haben eure Spiele gesehen. Je öfter ihr gewinnt, desto mehr interessieren sie sich für euer Team. Deswegen ist es super, dass ich noch einen Bericht über euch schreiben darf. 🙂 Ich danke dir, dass du dir die Zeit für ein längeres Interview nimmst. Wegen des Termins melde ich mich noch.
Herzliche Grüße
Marleen

**6**

Ich hab in den letzten Monaten viel von dir gelernt, Amadou. Beim Fußballspielen bin ich sicherer geworden, aber du hast mir auch beim Deutschlernen sehr geholfen. Wenn ich Fragen hatte (und ich hatte viele! 🤭), hast du mir immer alles erklärt. Vielen Dank für deine Hilfe, deine Zeit und deine Geduld. Pawel

**7**

●●●●● D-net

**Amadou:** ▶ 00:16

5 🔊 11 **C1 Du hast mir beim Lernen sehr geholfen.** → AB 15–18

**a** Lesen und hören Sie die Nachrichten. Was ist für alle Nachrichten richtig? Kreuzen Sie an.

1 ☐ Jemand bedankt sich.
2 ☐ Jemand sagt etwas Nettes.
3 ☐ Jemand hat ein Problem und braucht Hilfe.

**b** Zu zweit: Lesen und hören Sie noch einmal die Nachrichten auf S. 18 und beantworten Sie die Fragen.

1 Wie hat Amadous Mannschaft gegen Isselheim gespielt?
2 Wann findet das nächste Training statt?
3 Wer trainiert die Mannschaft in der nächsten Saison?
4 Wofür bedankt sich Leon?
5 Warum möchte Marleen einen Termin mit Amadou machen?
6 Wobei hat Amadou Pawel geholfen?
7 Wofür bedankt sich Amadou bei David?

> Der SC Neuberg hat gegen Isselheim ...

**c** Wie stehen diese Wörter im Text? Lesen Sie noch einmal die Nachrichten 2 und 6 auf S. 18 und ergänzen Sie die Tabelle.

Deutsch lernen | erholen | Fußball spielen | relaxen

| |
|---|
| Nun wünsche ich euch aber erst mal eine schöne Spielpause – mit viel Zeit zum ● ______ und ● ______! |
| Beim ● ______ bin ich sicherer geworden, aber du hast mir auch beim ● ______ sehr geholfen. |

## C2 Danke für die tolle Zusammenarbeit! → AB 19–20

**a** Zu zweit: In den Nachrichten auf S. 18 sagen die Personen anderen etwas Nettes. Suchen Sie in den Nachrichten drei Beispiele für Komplimente. Vergleichen Sie dann mit einem anderen Paar.

> Timur macht Amadou und David ein Kompliment. Er sagt: „Ihr seid super Trainer!"

**b** Zu zweit: Welche Formulierungen verwenden die Personen, um sich zu bedanken? Suchen Sie in den Nachrichten auf S. 18 und notieren Sie.

*Text 6: Vielen Dank für ...*

**c** Schneeballschlacht. Schreiben Sie Ihren Namen auf einen Zettel. Machen Sie mit den Zetteln eine „Schneeballschlacht". Wenn die Kursleiterin / der Kursleiter „Stopp!" sagt, hebt jede / jeder einen Zettel auf. Schreiben Sie eine nette Nachricht an die Person auf dem Zettel.

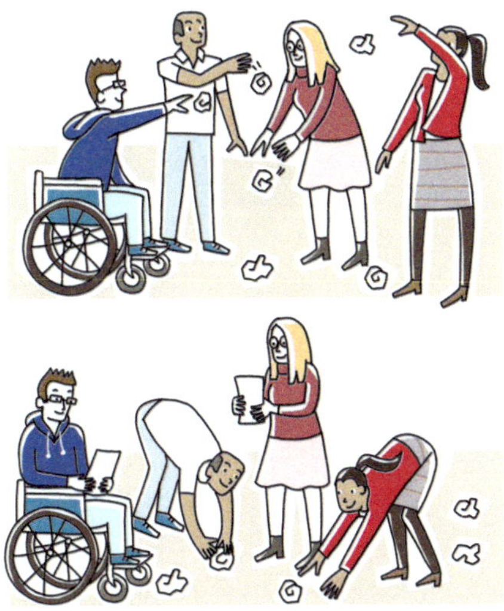

> Du verstehst die Grammatik immer so schnell und hast mir schon oft geholfen. Dafür wollte ich einfach mal Danke sagen. 🙂
> LG Marzie

> Du bist immer lustig und bringst uns oft zum Lachen. 😂 Deswegen ist der Unterricht mit dir nie langweilig! Gruß Ari

Extra

Film

# Das kann ich!

## GRAMMATIK

### Wortbildung: Verben mit Vorsilben

| | |
|---|---|
| her- | herkommen / ... |
| hin- | hinfallen / hingehen / (sich) hinsetzen / ... |
| los- | loslaufen / losfahren / ... |
| mit- | mitspielen / mitmachen / mitgehen / ... |
| raus- | rausgehen / rausholen / ... |
| vorbei- | vorbeifliegen / vorbeischießen / ... |
| weg- | weglaufen / wegfahren / wegbringen / ... |
| weiter- | weiterfahren / weitergehen / weiterspielen / ... |
| zurück- | zurücklaufen / zurückfahren / zurückkommen / ... |
| zusammen- | zusammenarbeiten / zusammenleben / ... |

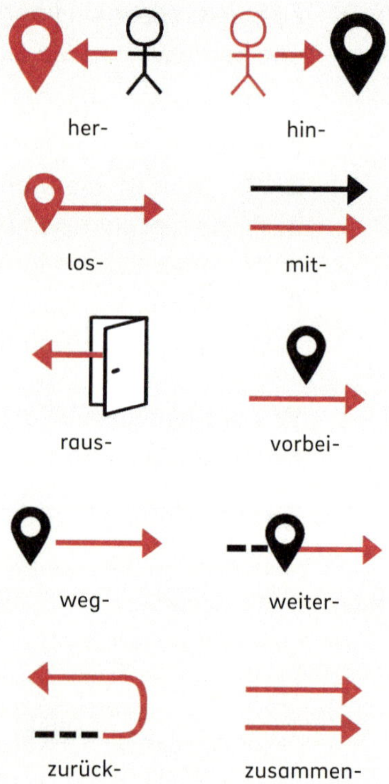


### Verben: trennbare Verben

WDH

| | |
|---|---|
| | Sie / Er kommt her. |
| her \| kommen | Sie / Er ist hergekommen. |
| | Komm (bitte) her! |

### Sätze: Verbindungsadverbien *daher, darum* und *deswegen*

| *Grund* ⟶ | *Folge* |
|---|---|
| Du sprichst jetzt meistens Deutsch. | Daher ist es doch ganz normal, dass dir das englische Wort manchmal nicht sofort einfällt. |
| Früher habe ich immer alles im Kopf übersetzt. Das mache ich jetzt seltener. | Deswegen ist das Sprechen jetzt auch viel einfacher. |
| Ich hatte immer Angst, dass ich Fehler mache und die Leute mich nicht verstehen. | Darum habe ich jeden Tag meine Aussprache trainiert. |

| | |
|---|---|
| Du sprichst jetzt meistens Deutsch. | Daher / Darum / Deswegen ... |
| Du sprichst jetzt meistens Deutsch, | daher / darum / deswegen ... |

### Sätze: Konjunktion *weil*

WDH

| *Folge* ⟵ | *Grund* |
|---|---|
| Jetzt ist *Eichhörnchen* mein Lieblingswort, | weil es so lustig klingt. |

### Sätze: zweiteilige Konjunktionen *je ..., desto ...* und *je ..., umso ...*

| | |
|---|---|
| Man lebt lange in einem Land. | → Das Sprechen klappt gut. |
| Man lebt **länger** in einem Land. | → Das Sprechen klappt **besser**. |
| Je **länger** man in einem Land lebt, | desto **besser** klappt das Sprechen. |
| Je **länger** man in einem Land lebt, | umso **besser** klappt das Sprechen. |

### Wortbildung: Nomen aus Verben

| | |
|---|---|
| sprechen | ● (das) Sprechen |
| schreiben | ● (das) Schreiben |
| lesen | ● (das) Lesen |
| Deutsch lernen | ● (das) Deutschlernen |

Nun wünsche ich euch aber erst mal eine schöne Spielpause – mit viel Zeit zum ● Relaxen und ● Erholen!

Beim ● Fußballspielen bin ich sicherer geworden, aber du hast mir auch beim ● Deutschlernen sehr geholfen.

## KOMMUNIKATION

### sich über Sprachen austauschen:

*Meine Muttersprache ist ganz anders.*
*In unserer Schrift gibt es keine Großbuchstaben.*
*Ich kann dich / Sie / ... schwer / nicht (so gut) verstehen.*

### etwas benennen und um Erklärung bitten:

*Auf Deutsch sagt man dazu ...*
*Wie nennt ihr das?*
*Was ist der Unterschied zwischen ... und ...?*
*Kann mir das bitte jemand erklären?*

### Gefühle ausdrücken:

*Ich finde es nicht leicht, Deutsch zu lernen.*
*Ich habe Angst, Fehler zu machen.*

### sich bedanken:

*Ich möchte mich bei dir / Ihnen ganz herzlich (für ...) bedanken.*
*Dafür wollte ich einfach mal Danke sagen.*
*Vielen Dank für ...*
*Ich danke dir / Ihnen / ..., dass ...*

## WÖRTER

### (Sprachen-)Lernen

● das Alphabet

● die Aussprache

● der Buchstabe

● der Dialekt

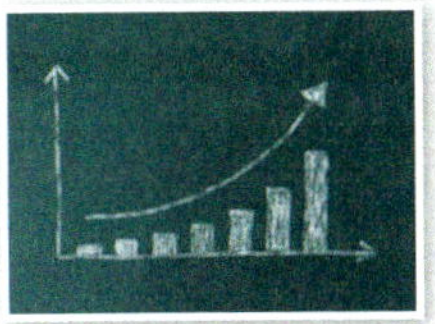
● die Entwicklung

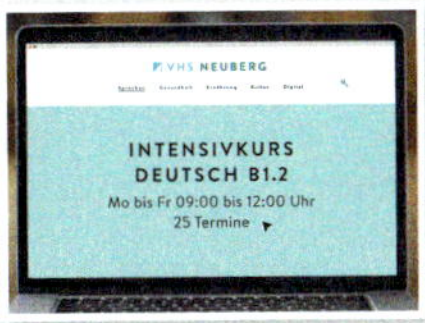

● der Intensivkurs

● die Lernerin /
● der Lerner

● die Nachhilfe

abschreiben

diskutieren

nachschlagen

vorlesen

**Fokus Alltag und Beruf:** www.hueber.de/miteinander

# Miteinander zum DTZ – Sprechen, Teil 3

**1 Vorbereitung**

**a** Lesen Sie die Situation. Welche Fragen sind möglich? Schreiben Sie zu jedem Punkt mindestens eine Frage.

> Ihre Lieblingsfußballmannschaft spielt kommendes Wochenende 300 Kilometer entfernt in einer großen Stadt. Sie möchten mit Ihren Freunden hinfahren, das Spiel ansehen und günstig übernachten.

1 Verkehrsmittel? Wie kommen wir hin?
2 Abfahrtszeit? Wann ______
3 Treffpunkt? ______
4 Tickets? ______
5 Unterkunft? ______
6 ... ______

**Tipp**
Bei dieser Aufgabe sprechen Sie zu zweit und sollen gemeinsam einen Kompromiss finden. Sie haben in der Prüfung dafür keine Vorbereitungszeit.

**b** Was macht man beim gemeinsamen Planen? Ergänzen Sie.

~~einen Gegenvorschlag machen~~ | einen Vorschlag machen | mit der Planung beginnen | reagieren: einverstanden sein | reagieren: nicht einverstanden sein | über einen neuen Punkt sprechen

1 ______
*Also, wir möchten ... Wir müssen / sollten noch einige Dinge besprechen.*
*Zuerst müssen wir überlegen: Wie / Was / Wann ...?*

2 ______
*Was hältst du davon, wenn wir ...?*
*Wir könnten doch ...!*
*Bist du einverstanden, wenn wir ...?*

3 ______
*Ja, das ist eine gute / tolle / super / ... Idee!*
*Das klingt wirklich gut! Einverstanden!*

4 ______
*Also, ich weiß nicht. Diese Idee finde ich nicht so gut, (weil) ...*
*Ehrlich gesagt gefällt mir der Vorschlag nicht, weil ...*

5 einen Gegenvorschlag machen
*Wäre es nicht besser, wenn wir ...?*
*Ich möchte etwas anderes vorschlagen: Wir könnten doch stattdessen ...*

6 ______
*Dann ist auch wichtig, dass wir ... mitnehmen / an ... denken / ...*
*Wir dürfen auch Folgendes nicht vergessen: ...*
*Wir müssen noch einiges besprechen, zum Beispiel ...*

**Tipp**
Versuchen Sie, auch einen Grund zu nennen: Warum möchten Sie es so machen? Warum finden Sie die Idee von Ihrer Partnerin / Ihrem Partner gut oder nicht so gut?

5 12 **c** Sortieren Sie den Anfang eines Gesprächs. Hören Sie dann und vergleichen Sie.

- ☐ Das ist eine gute Idee! Mit dem Auto sind wir flexibel und können überall hinkommen. Hast du ein Auto?
- ☐ Ich leider auch nicht. Wir könnten ein Auto mieten.
- ☐ Was hältst du davon, wenn wir mit dem Auto fahren?
- ☐ Das klingt super! Das wäre wirklich nett von ihm! Und wie lange bleiben wir in den Bergen? Bist du einverstanden, wenn ...?
- ☐ Nein, ich habe leider kein Auto. Und du?
- 1 Also, wir sollten unbedingt unseren Urlaub in den Bergen planen. Wir müssen noch einiges besprechen, zum Beispiel: Wie kommen wir hin?
- ☐ Also, ich weiß nicht. Diese Idee finde ich nicht so gut. Das ist doch so teuer! Wäre es nicht besser, wenn wir einen Bekannten fragen? Ich könnte meinen Nachbarn bitten. Er hat ein Auto und leiht es uns bestimmt.

**d** Zu zweit: Lesen Sie noch einmal die Situation in a und notieren Sie Vorschläge zu den Fragen. Spielen Sie dann ein Gespräch und benutzen Sie die Ausdrücke aus b.

*1 mit dem Zug*
*2 am Freitag*

**Tipp**
Fassen Sie am Ende noch einmal alles kurz zusammen:
„Also, wir haben gesagt, wir fahren mit ... und treffen uns um ..."

## 2 Prüfungsaufgabe *Sprechen, Teil 3*

Lesen Sie die Aufgabe. Sprechen Sie dann mit Ihrer Partnerin / Ihrem Partner.

**Situation:**
Ihr Deutschkurs ist bald zu Ende. Sie möchten eine Abschlussparty feiern und sollen das Fest organisieren.

**Aufgabe:**
Planen Sie gemeinsam, was Sie für die Party vorbereiten müssen. Hier haben Sie einige Notizen.

*Wo?*
*Essen / Getränke?*
*Geschenk für Kursleiterin / Kursleiter?*
*Wer kauft ein?*
*Kosten?*

Beispiel

Film

**Tipp**
Verstehen Sie ein Wort nicht, das Ihre Partnerin / Ihr Partner verwendet? Fragen Sie:
„Entschuldigung, was bedeutet ...?"
„Kannst du / Könnten Sie das bitte noch einmal sagen?"

# Miteinander wiederholen

## Station 1

### Wörter erklären: Was ist der Unterschied?

Zu zweit: Wählen Sie vier Begriffspaare. Fragen Sie sich gegenseitig, was die Wörter bedeuten. Die / Der andere erklärt.

das Alphabet – der Buchstabe

die Aussprache – der Dialekt

die Lehrerin – die Lernerin

der Intensivkurs – die Nachhilfe

die Arbeitsstelle – der Ausbildungsplatz

das Buch – das Magazin

◆ Was ist der Unterschied zwischen Intensivkurs und Nachhilfe? Kannst du mir das erklären?

▲ Na klar. In einem Intensivkurs lernt man in kurzer Zeit sehr viel. Nachhilfe bedeutet, dass eine Person Unterstützung beim Lernen bekommt, aber nicht in einem Kurs, sondern zu Hause oder online.

◆ Ach so. Danke für die Erklärung.

▲ Gern.

## Station 2

### Wettbewerb: Sätze ergänzen

In Gruppen: Ergänzen Sie zu allen Sätzen die erste Satzhälfte. Notieren Sie so viele Ideen wie möglich. Sie haben zehn Minuten Zeit. Vergleichen Sie dann im Kurs. Für jeden passenden Satz bekommen Sie einen Punkt. Das Team mit den meisten Punkten gewinnt.

*Ich habe gestern Sport gemacht,*

... deswegen fühle ich mich heute richtig gut.

*Ich habe lange geschlafen,*

... daher konnte ich meine Hausaufgaben nicht machen.

... darum konnte ich beim Fußballspiel nicht mitmachen.

... desto müder werde ich.

*Je länger ich auf den Bildschirm schaue,*

## Station 3

### Plakate: Vielen Dank!

Im Kurs: Hängen Sie zu allen Personen jeweils ein Plakat an die Wand. Gehen Sie herum und schreiben Sie Ihre persönlichen Dankesnachrichten an die Personen.

Ihre Mutter / Ihr Vater
eine Freundin / ein Freund
eine Kollegin / ein Kollege
eine Nachbarin / ein Nachbar
eine Lehrerin / ein Lehrer

*Du bist immer für mich da. Dafür wollte ich einfach mal Danke sagen.*

**eine Freundin / ein Freund**

*Danke, dass du mir letzte Woche beim Umzug geholfen hast.*

*Ich danke dir für die tolle Geburtstagstorte, die du für mich gebacken hast.*

# HOA

# DER GLÜCKSPILZ

# 8

5 🔊 13

## 1 Neulich an Hoas Kaffeemobil → AB 1

**a** Hören Sie das Gespräch und sortieren Sie die Themen (1–4).

☐ Berufe ☐ 1 Kaffee ☐ Träume und Wünsche ☐ Rätsel

**b** Hören Sie noch einmal. Was ist richtig? Umkreisen Sie.

Kostja trinkt jeden Tag Freitag (1) bei Hoa einen Kaffee und Hoa stellt ihm ein Rätsel. Sie tauschen heute die Rollen. Berufe. (2) Hoa muss raten: Was für ein Hobby einen Beruf (3) hat Kostja? Hoa braucht mehrere Versuche: Er ist nicht Metzger und auch nicht Erzieher. Kostja ist Tierarzt. Kfz-Mechatroniker. (4). Er ist zufrieden unzufrieden (5) mit seinem Beruf. Sein Traum Ziel (6) ist ein Studium. Hoa Kostja (7) will Informationen zum Thema *berufliche Weiterentwicklung* suchen.

## 2 Ich träume von einem Studium. → AB 2

5 🔊 14

**a** Was sagt Kostja? Verbinden Sie. Hören Sie dann die Sätze und vergleichen Sie.

1 Ich träume von
2 Mein Arbeitsplatz ist
3 Ich interessiere mich für
4 Ich wollte immer schon
5 Seit sechs Jahren arbeite
6 Für ein Studium

a viele andere Sachen.
b einem Studium.
c bin ich nicht geeignet.
d in einer Auto-Werkstatt.
e Spezialist für Elektromotoren werden.
f ich bei *Kfz Meier*.

**b** Zu zweit: Welche beruflichen Ziele und Wünsche haben Sie? Sprechen Sie.

| | |
|---|---|
| *Ich interessiere mich für eine Ausbildung zum / zur …*<br>*Ich träume von einem Studium / einer eigenen Firma / …*<br>*Für … bin ich gut / nicht geeignet.* | *Es wäre toll, wenn …*<br>*Ich möchte / hätte gern eine neue Stelle / …*<br>*Ich möchte gern mehr Geld verdienen / …*<br>*Ich wollte immer schon …* |

# A Die besten Chancen

**FACHKRÄFTEMANGEL ALS CHANCE?**

In vielen Bereichen fehlen Fachkräfte. Nicht nur Pflegekräfte und Erzieher*innen werden dringend gesucht, sondern auch Fachkräfte im Verkauf und in der Gastronomie, also z. B. in Gaststätten. Auch das Handwerk leidet sehr unter dem Fachkräftemangel.

Problematische Entwicklung: immer weniger Fachkräfte in Pflege, Gastronomie und Handwerk

Es gibt nicht genug Menschen mit einer Ausbildung, die dem Arbeitsmarkt zur Verfügung stehen. Dabei gibt es gerade jetzt die besten Chancen auf einen guten Arbeitsplatz. Tausende Arbeitsstellen sind zurzeit unbesetzt.

Nicht nur die „klassischen" Lehrlinge werden gesucht. Deutschland braucht auch dringend Fachkräfte aus dem Ausland und Quereinsteiger, die in einem anderen Beruf noch einmal neu starten möchten. Dabei haben auch ältere Bewerber*innen mit Berufserfahrung sehr gute Aussichten. Eine Weiterbildung lohnt sich immer.

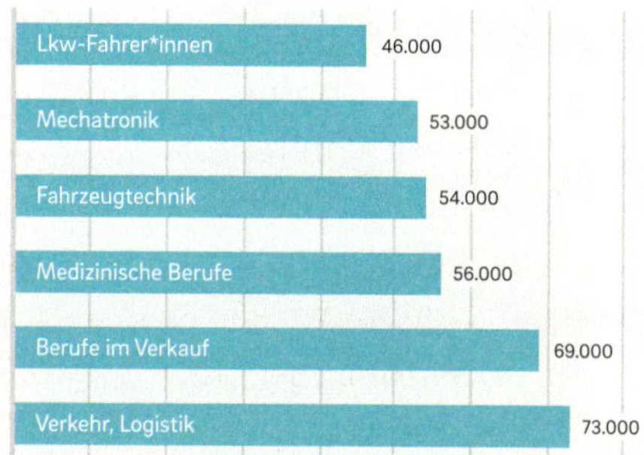


Grafik: Berufsgruppen mit den meisten offenen Arbeitsstellen

Das schwierigste Thema bei einer Weiterbildung ist die Finanzierung: Wie kann man Miete, Essen usw. bezahlen? Wer zahlt die Weiterbildung oder die Fortbildung? Die Angst davor, sich nichts mehr leisten zu können, ist oft größer als die Lust auf Veränderung. Die meisten wissen nicht, dass es staatliche Unterstützung für Auszubildende und Menschen in Weiterbildung gibt.

Wenn Sie eine neue Tätigkeit, einen besseren Lohn oder gute Karrierechancen haben wollen, dann informieren Sie sich gleich bei der *Bundesagentur für Arbeit*. Die wichtigsten Informationen stehen auf der Webseite. Berater*innen unterstützen Sie gern. Auch die Industrie- und Handelskammern in jedem Bundesland bieten Beratungsgespräche an.



**A1** **Lies das mal, Kostja!** → AB 3–6

**a** Fachkräfte dringend gesucht. Lesen Sie die Überschrift und sehen Sie die Grafik an. Was bedeutet *Fachkräftemangel*? Worum geht es in dem Text wohl? Sprechen Sie im Kurs.

> In der Grafik sieht man, dass in manchen Berufen viele Arbeitskräfte fehlen.

**b** Lesen Sie den Text und sehen Sie die Grafik an. Was ist richtig? Kreuzen Sie an.

1 ☐ Menschen mit einer guten Ausbildung werden gesucht.
2 ☐ In vielen Bereichen sind Arbeitsplätze nicht besetzt.
3 ☐ Ältere Menschen haben bessere Chancen als Personen aus dem Ausland.
4 ☐ Die meisten offenen Arbeitsstellen gibt es für medizinische Fachkräfte.
5 ☐ Eine Weiterbildung muss man immer selbst bezahlen.
6 ☐ Hilfe und Informationen gibt es im Internet und bei Beratungsstellen.

c Die Endungen kennen Sie schon! Ergänzen Sie. Kontrollieren Sie dann mit dem Text auf S. 26.

| | Das ist / sind ... | | Ich suche / möchte ... | |
|---|---|---|---|---|
| ● | ++ | der kürzere / ein kürzerer Weg | ++ | den / einen besser___ Lohn |
| | +++ | der kürzeste Weg | +++ | den besten Lohn |
| ● | ++ | das schwierigere / ein schwierigeres Thema | ++ | das höhere / ein höher___ Einkommen |
| | +++ | das schwierigst___ Thema | +++ | das höchste Einkommen |
| ● | ++ | die / eine wichtigere Information | ++ | die / eine besser___ Stelle |
| | +++ | die wichtigste Information | +++ | die beste Stelle |
| ● | ++ | die älteren / – älter___ Bewerber*innen | ++ | die besseren / – bessere Chancen |
| | +++ | die ältesten Bewerber*innen | +++ | die best___ Chancen |

d Was denken Sie? Entscheiden Sie. Sprechen Sie dann zu zweit wie im Beispiel. S. 108

1 Wissenschaftler, Schauspieler oder Architekt?
 • Beruf / interessant
2 Arabisch, Deutsch oder Japanisch?
 • Sprache / leicht
3 Tee, Wasser oder Saft?
 • Getränk / gesund
4 Hunde, Katzen oder Hasen?
 • Haustiere / beliebt

Architekt ist ein interessanter Beruf. Aber ich finde, Wissenschaftler ist ein interessanterer Beruf als Architekt. Schauspieler ist meiner Meinung nach der interessanteste Beruf.

Ja, das finde ich auch. Denn da kann man ...

## A2 Verstehst du? → AB 7

5 ◀) 15 a Welchen Ausdruck versteht Kostja nicht? Hören Sie und kreuzen Sie an.

- ☐ Berufsgruppen
- ☐ offene Arbeitsstellen
- ☐ Fahrzeugtechnik

5 ◀) 16 b Hören Sie einen Teil des Gesprächs noch einmal und ergänzen Sie.

Offene Arbeitsstellen, ______________________ (1): Die Arbeitsstellen sind nicht besetzt.

______________________ (2): Arbeitsstellen, die noch frei sind.

______________________ (3)?

*... das bedeutet / heißt: ...*
*Oder einfacher gesagt: ...*
*Verstehst du, was ...?*
*Verstehst du? / Hast du das verstanden?*

c Zu zweit: Erklären Sie selbst Wörter aus dem Text auf S. 26.

Was bedeutet *Einkommen*?

Einkommen, das bedeutet Gehalt oder Lohn. Einfacher gesagt: Das Geld bekommst du für deine Arbeit.

Einkommen | Quereinsteiger/in | Finanzierung | Fachkräfte | Karrierechancen

## A3 Eine Grafik beschreiben

Arbeiten Sie allein, dann zu zweit und im Kurs. PARTNER/IN A → S. 93 PARTNER/IN B → S. 95 → AB 8–9

# B Totaler Neuanfang

**Kostja:** Danke für den Link! Und sieh mal, was ich auf der Seite gefunden habe: Das bist doch du! 😃

**Hoa:** Ja genau! 🙈

**Kostja:** Voll cool!

**Hoa:** Meinst du? Aber hör dir unbedingt mal an, was die anderen erzählen. DAS ist interessant für dich.

## B1 Richtige Entscheidung! → AB 10–11

a Zu zweit: Lesen Sie den Chat. Was ist passiert? Fassen Sie in zwei Sätzen zusammen.

b Lesen Sie die Texte und ergänzen Sie.

**Richtige Entscheidung!**

1

TOM

„Ich habe immer gedacht: Studium und ich? Das passt nicht zusammen. Aber jetzt gibt es keine Zweifel mehr, denn es passt genau!" Mehr erfahren

**Gute Chancen garantiert**

2

GIANNA

„Wenn du beruflich mehr erreichen willst, dann ist eine Weiterbildung genau das Richtige für dich – genauso wie für mich!" Mehr erfahren

**Großes Glück im neuen Beruf**

3

JOHANNA

„Welcher Beruf ist der richtige? Erst nach einem Praktikum war die schwierige Frage für mich gelöst." Mehr erfahren

**Totaler Neuanfang mit Ende 50**

4

HOA

„Ich wollte schon immer selbstständig arbeiten. Aber ist man für so einen Schritt nicht irgendwann zu alt? Ich habe es ausprobiert." Mehr erfahren

Praktikum | Selbstständigkeit | Studium | Weiterbildung

1 Tom hat sich für ein ______________________ entschieden.

2 Gianna hat eine ______________________ absolviert.

3 Johanna hat erst ein ______________________ gemacht.

4 Hoa hat sich für die ______________________ entschieden.

5 17 **c** Kostja hört die Berichte der Personen. Was passt? Hören Sie und umkreisen Sie.

1 Tom hat nach der Schule eine Ausbildung ein Praktikum gemacht. Er wusste nicht, dass man auch ohne Abitur Abschluss studieren kann. Jetzt studiert er im 3. Semester Elektrotechnik Geschichte an einer Hochschule.

2 Gianna hatte feste flexible Arbeitszeiten und nette Kolleginnen und Kollegen. Aber sie hatte Lust auf mehr Aufgaben. Verantwortung. In der Weiterbildung musste sie auch am Samstag Sonntag in den Kurs.

3 Johanna hat die Arbeit in der Zahnarztpraxis viel wenig Spaß gemacht. Sie hat nach der Beratung ein Studium eine Umschulung gemacht und arbeitet jetzt als Zahntechnikerin in einer Zahnarztpraxis. in einem Labor.

## B2 Gute Chancen → AB 12–13

**a** Ergänzen Sie die Endungen rechts mithilfe der Überschriften in B1b.

- total___ Neuanfang
- groß___ Glück
- richtige Entscheidung
- gut__ Chancen

**b** Lesen Sie die Schlagzeilen und ergänzen Sie in der richtigen Form.

- Arbeitsplatz / interessant
- Kursprogramm / neu
- ~~Zeiten / schwer~~
- Nachfrage / groß

Immer weniger Fachkräfte:
*Schwere Zeiten* für Arbeitgeber **A**

ERSCHEINT IM FEBRUAR:
______________
______________ von der VHS **B**

______________
nach Erzieher*innen in Kita und Krippe! **C**

______________
______________:
Reiseführer*in auf Kreuzfahrtschiff **D**

**Schon fertig?**
Schreiben Sie eine Schlagzeile und präsentieren Sie sie im Kurs.
- Kollegin / nett
- Problem / groß
- Start / gut

## B3 Ich mache jetzt eine Umschulung zur Zahntechnikerin. → AB 14

5 18 **a** Hören Sie den Bericht von Johanna noch einmal. Sortieren Sie dann die Stationen.

- [ ] die Arbeit macht ihr keinen Spaß
- [1] nach der Schule eine Ausbildung gemacht
- [ ] Tipp: sie soll ein Praktikum machen
- [ ] geht zur Beratungsstelle
- [ ] Umschulung zur Zahntechnikerin
- [ ] Stelle im Zahntechnik-Labor ist super

**b** Haben Sie schon berufliche Veränderungen erlebt? Notieren Sie Ihre Stationen wie in a.

**c** Berufliche Veränderungen in Ihrem Leben. Erzählen Sie im Kurs.

| | |
|---|---|
| *Nach der Schule habe ich ... gemacht / als ... gearbeitet.*<br>*Aber die Arbeit hat mir nicht gefallen.*<br>*Ich wollte zeigen, dass ich mehr kann.*<br>*Darum bin ich zu einer Beratungsstelle gegangen.* | *Ich habe herausgefunden, dass ...*<br>*... hat mir eine Weiterbildung / ... empfohlen.*<br>*... hat mir einen guten Tipp gegeben: ...*<br>*Schließlich habe ich mich für ... entschieden.*<br>*Jetzt habe ich neue Aufgaben / ...* |

In meinem Heimatland war ich Kaufmann. Nach der Schule habe ich aber keine Ausbildung gemacht. Ich habe im Laden meines Vaters gearbeitet. Dann ...

# C HOA Spezial

## C1 Ein interessanter Vortrag → AB 15–16

5 ◀)) 19 **a** Hören Sie den Anfang eines Vortrags. Für wen ist dieser Vortrag interessant? Kreuzen Sie an.

☐ für Schüler/innen ☐ für Studierende ☐ für Berufstätige

5 ◀)) 20 **b** Hören Sie weiter und lesen Sie Kostjas Notizen. Ergänzen Sie.

**Warum ist Weiterbildung wichtig?**
- Fachkenntnisse
- Technologie und Digitalisierung
- Softskills

2

*– Fachkenntn. → müssen immer aktuell sein*
*– sehr gute IT-Kenntnisse!*
*– interkult. Kompetenz und Teamfähigkeit*
*(= ______ )*

5 ◀)) 21 **c** Hören Sie weiter und ergänzen Sie Kostjas Notizen.

neue Tätigkeit | neue Kenntnisse: Maschinen, technische Geräte | Wechsel von Beruf 1 zu Beruf 2

**Berufliche Weiterbildung: Was ist was?**
- Fortbildung
- Umschulung

3

*Fortbildung:* ______
______
*Umschulung:* ______
______

5 ◀)) 22 **d** Hören Sie weiter und machen Sie selbst Notizen. S. 107

**Wie finden Sie den richtigen Kurs?**
- Zeit?
- Dauer?
- Kosten?
- weitere Informationen

4

*– Vollzeit* ______
______
______
______

5 ◀)) 23 **C2 Entschuldigung, ich kann Sie sehr schlecht verstehen!** Was passt zusammen? Verbinden Sie. Hören Sie dann und vergleichen Sie.

1 Entschuldigung, ich kann
2 Könnten Sie bitte
3 Hier hinten versteht

(a) etwas lauter sprechen?
(b) man Sie sehr schlecht.
(c) Sie sehr schlecht verstehen.

## C3 Es gibt ein paar Fragen, mit denen Sie sich beschäftigen müssen. → AB 17–18

5 24 **a** Hören Sie die Sätze aus dem Vortrag noch einmal und ergänzen Sie.

| | | |
|---|---|---|
| 1 | Ist es ● ein Fortbildungskurs, | ______ Sie sich entschieden haben ? |
| 2 | Oder ist es vielleicht sogar ● ein Studium, | ______ Sie träumen ? |
| 3 | Ist es ● eine Umschulung, | ______ Sie sich interessieren ? |
| 4 | Es gibt ein paar ● Fragen, | *mit denen* Sie sich beschäftigen müssen . |

**b** Kostja ist im Vortrag von Dr. Steffke. Schreiben Sie seine Textnachricht an Hoa neu. S. 106

1 Sitze gerade in dem Vortrag. Für den Vortrag habe ich mich gestern noch angemeldet.
2 Den Vortrag hält Martin Steffke. Von Martin Steffke hast du mir erzählt.
3 Es geht um verschiedene Weiterbildungen. Er informiert uns genau über die Weiterbildungen.
4 Jetzt spricht er gerade über das Thema *Finanzierung*. Auf das Thema habe ich schon gewartet.

*1 Sitze gerade in dem Vortrag, für den ich mich gestern noch angemeldet habe.*

**c** Ein Haus / Arbeitsplatz für Glückspilze. Arbeiten Sie zu zweit, dann im Kurs. → S. 96

## C4 Es kam alles ganz anders. → AB 19–21

5 25 **a** Hören Sie den Anfang des Gesprächs. Was macht Kostja wohl? Sammeln Sie im Kurs.

Kostja macht vielleicht eine Umschulung zum ...

Vielleicht bleibt Kostja lieber ...

Ich glaube, Kostja ...

5 26 **b** Hören Sie weiter und vergleichen Sie mit Ihren Vermutungen aus a.

**c** Hören Sie noch einmal. Welche Sätze hören Sie? Kreuzen Sie an.

| | | | |
|---|---|---|---|
|  | [x] *Rate mal, was passiert ist!*<br>[ ] *Aber dann ist etwas Verrücktes passiert.*<br>[ ] *Was dann passiert ist, das glaubst du nicht!*<br>[ ] *Stell dir vor: ...*<br>[ ] *Es kam alles ganz anders.* |  | [ ] *Das hätte ich nie gedacht!*<br>[ ] *Also so was! Wirklich unglaublich!*<br>[ ] *Echt jetzt? Das ist / war ja wirklich eine Überraschung.*<br>[ ] *Damit habe / hätte ich ja überhaupt nicht gerechnet.* |

**d** Zu zweit: Ist Ihnen auch schon mal etwas Unerwartetes passiert? Erzählen Sie und reagieren Sie.

Extra

Film

# Das kann ich!

## GRAMMATIK

### Adjektive: Adjektivdeklination nach Nullartikel

| | Nominativ | Akkusativ | Dativ |
|---|---|---|---|
| ● | totaler Neuanfang | totalen Neuanfang | totalem Neuanfang |
| ● | großes Glück | großes Glück | großem Glück |
| ● | richtige Entscheidung | richtige Entscheidung | richtiger Entscheidung |
| ● | gute Chancen | gute Chancen | guten Chancen |

### Adjektive: Adjektivdeklination im Komparativ und Superlativ

| | | Nominativ: Das ist / sind ... | Akkusativ: Ich suche / möchte ... | Dativ: Ich rate zu ... | |
|---|---|---|---|---|---|
| ● | ++ | der kürzere / ein kürzerer | den / einen kürzeren | dem / einem kürzeren | Weg |
| | +++ | der kürzeste | den kürzesten | dem kürzesten | |
| ● | ++ | das höhere / ein höheres | das höhere / ein höheres | dem höheren / einem höheren | Einkommen |
| | +++ | das höchste | das höchste | dem höchsten | |
| ● | ++ | die / eine wichtigere | die / eine wichtigere | der / einer wichtigeren | Stelle |
| | +++ | die wichtigste | die wichtigste | der wichtigsten | |
| ● | ++ | die besseren / – bessere | die besseren / – bessere | den besseren / – besseren | Chancen |
| | +++ | die besten | die besten | den besten | |

### Sätze: Relativsatz mit Präpositionen

| | |
|---|---|
| Ist es ● ein Fortbildungskurs, | für den Sie sich entschieden haben? |
| Oder ist es vielleicht sogar ● ein Studium, | von dem Sie träumen? |
| Ist es ● eine Umschulung, | für die Sie sich interessieren? |
| Es gibt ein paar ● Fragen, | mit denen Sie sich beschäftigen müssen. |

## KOMMUNIKATION

**über (berufliche) Ziele und Wünsche sprechen:**

*Ich interessiere mich für eine Ausbildung zum / zur ...*
*Ich träume von einem Studium /*
*einer eigenen Firma / ...*
*Für ... bin ich gut / nicht geeignet.*
*Es wäre toll, wenn ...*
*Ich möchte / hätte gern eine neue Stelle / ...*
*Ich würde gern mehr Geld verdienen / ...*
*Ich wollte immer schon ...*

**über eine berufliche Veränderung sprechen:**

*Nach der Schule habe ich ... gemacht / als ... gearbeitet.*
*Aber die Arbeit hat mir nicht gefallen.*
*Ich wollte zeigen, dass ich mehr kann.*
*Darum bin ich zu einer Beratungsstelle gegangen.*
*Ich habe herausgefunden, dass ...*
*... hat mir eine Weiterbildung / ... empfohlen.*
*... hat mir einen guten Tipp gegeben: ...*
*Schließlich habe ich mich für ... entschieden.*
*Jetzt habe ich neue Aufgaben / ...*

**etwas erklären, Verständnis sichern:**

*..., das bedeutet / heißt: ...*
*Oder einfacher gesagt: ...*
*Verstehst du, was ...? / Verstehen Sie, was ...?*
*Verstehst du? / Verstehen Sie?*
*Hast du das verstanden? / Haben Sie das verstanden?*

**nach Werten einer Grafik fragen und eine Grafik beschreiben:**

*Wie hoch ist der Anteil der Menschen / ...?*
*Wie viel Prozent der Menschen / ...?*
*Die Grafik zeigt ...*
*Der Anteil (der Menschen / ..., die ...,) beträgt ... Prozent.*
*... Prozent (der Menschen / ..., die ...,) geben an, dass sie ...*
*Die Werte für ... liegen bei ... Prozent.*

**sagen, dass man jemanden nicht versteht:**

*Entschuldigung, ich kann Sie sehr schlecht verstehen.*
*Könnten Sie bitte etwas lauter / langsamer sprechen?*
*Hier (hinten / vorne / drüben / ... ) versteht man (Sie) sehr schlecht / überhaupt nichts.*

**von etwas Unerwartetem erzählen:**

*Stell dir vor: ...*
*Aber dann ist etwas Verrücktes passiert.*
*Rate mal, was passiert ist!*
*Was dann passiert ist, das glaubst du nicht!*
*Es kam alles ganz anders.*

**überrascht reagieren:**

*Das hätte ich nie gedacht!*
*Damit habe / hätte ich ja überhaupt nicht gerechnet.*
*Echt jetzt? Das ist / war ja wirklich eine Überraschung.*
*Also so was! Wirklich unglaublich!*

## WÖRTER

### Berufe und Arbeitsplatz

● die Architektin / ● der Architekt

● die Kauffrau / ● der Kaufmann

● die Metzgerin / ● der Metzger

● die Reiseführerin / ● der Reiseführer

● die Wissenschaftlerin / ● der Wissenschaftler

● die Gaststätte

● die Krippe

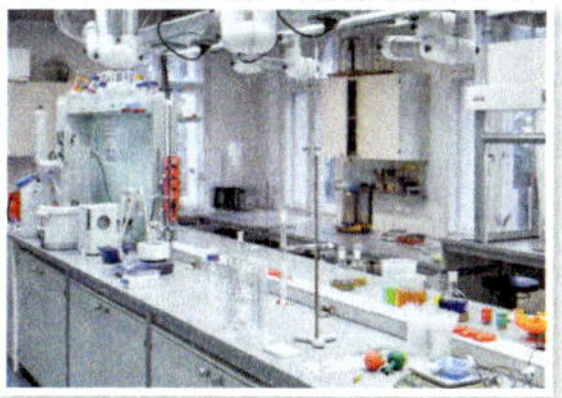
● das Labor

### Grafiken und Statistiken

● die / ● der Dritte

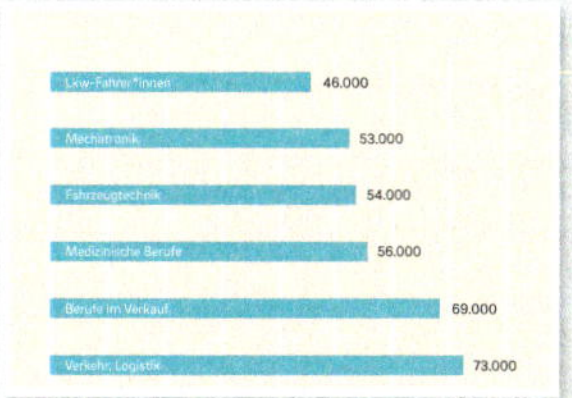

● die Grafik

● der Wert

**Fokus Alltag und Beruf:** www.hueber.de/miteinander

# Miteinander zum DTZ – Lesen, Teil 3

**1 Vorbereitung**

**a** Lesen Sie den Text und die Aufgaben. Markieren Sie zuerst wichtige Wörter in den Aufgaben. Wo finden Sie die markierten Wörter oder ähnliche Wörter im Text? Unterstreichen Sie.

**STADTBIBLIOTHEK DIGITAL**

Sie können viele unserer Bücher einfach als E-Book ausleihen. Mit Ihren persönlichen Benutzerdaten und Ihrem Passwort bekommen Sie bequem Zugang zu unserem Bibliothekskatalog und können aus mehr als 7000 elektronischen Büchern wählen. Klicken Sie auf „E-Book bestellen" – und schon können Sie den gewünschten Text herunterladen und ihn direkt am Bildschirm lesen. Die Installation eines E-Readers ist Voraussetzung dafür, dass tatsächlich alles auf Ihrem Gerät (Handy, Tablet, PC) sichtbar ist. Die Ausleihe ist befristet: Nach drei Wochen ist der Inhalt Ihres E-Books nicht mehr lesbar. Falls Sie das Buch noch länger benötigen, können Sie es ganz einfach selbst in Ihrem Benutzerkonto kostenlos verlängern und das E-Book für weitere drei Wochen nutzen.

1 Die Stadtbibliothek bietet für Besucher Computerplätze an, wo man digitale Bücher lesen kann.
☐ richtig ☐ falsch

2 Was muss man tun, um ein E-Book mehr als drei Wochen nutzen zu können? Man kann
- a ☐ eine Gebühr bezahlen.
- b ☐ online verlängern, muss aber nichts bezahlen.
- c ☐ nichts tun, denn eine Verlängerung ist nicht möglich.

**Tipp**
Für die richtige Lösung ist nicht jede Information im Text wichtig. Sie müssen also nicht jedes Wort verstehen.

**b** Lösen Sie jetzt die Aufgabe: Kreuzen Sie in a an.

**2 Prüfungsaufgabe *Lesen, Teil 3*.** Lösen Sie jetzt die Prüfungsaufgabe.

*Lesen Sie die drei Texte. Zu jedem Text gibt es zwei Aufgaben. Entscheiden Sie bei jedem Text, ob die Aussage richtig oder falsch ist und welche Antwort (a, b oder c) am besten passt. Markieren Sie Ihre Lösungen für die Aufgaben 31–36 auf dem Antwortbogen (S. 198).*

**Sprachinteressierte aufgepasst!**

Wollten Sie immer schon einmal wissen, wie man sich auf Spanisch, Polnisch oder Kroatisch begrüßt oder im Restaurant bestellt? Dann kommen Sie vorbei, denn vom 3. bis 10. März feiern wir die „Woche der europäischen Sprachen"! Dabei bieten wir in unserer Abendreihe „40 wichtige Wörter und Sätze" Schnupperkurse an. Außerdem erfahren Sie bei Vorträgen von verschiedenen Expertinnen und Experten Spannendes über die Geschichte der europäischen Sprachen. Genaue Informationen zum Programm finden Sie in unserer Info-Broschüre, auf unserer Homepage unter www.vhs-kledering.org oder direkt im Sekretariat (zu den Öffnungszeiten).

Wir freuen uns auf Ihre Teilnahme!

**31** Dieses Angebot der Volkshochschule gilt nicht das ganze Jahr.
richtig/falsch?

**32** Für wen ist das Angebot? Es ist
- **a** für Leute, die Spanisch, Polnisch oder Kroatisch sprechen.
- **b** für Sprachexpertinnen und -experten.
- **c** für alle, die sich für Sprachen interessieren.

### AUSBILDUNG – CHANCE FÜR DIE ZUKUNFT?

„Ich will nicht studieren, sondern eine Berufsausbildung machen. Aber welcher Job passt zur mir?" Viele Jugendliche stellen sich diese Frage und kennen gleichzeitig die Angebote auf dem Arbeitsmarkt nicht. Beim Thema Ausbildung denken viele zuerst an klassische Berufe wie Mechatroniker/in, Friseur/in oder Bürokauffrau bzw. Bürokaufmann, die immer gebraucht werden. Es gibt aber viele andere Ausbildungen mit sicheren Arbeitsmöglichkeiten.

Um jungen Leuten bei ihrer Entscheidung zu helfen, bietet sich der Besuch der Berufsmesse an, die gerade in der Zentralen Markthalle stattfindet. Dort bekommt man Informationen über Jobs der Zukunft mit Garantie – im Bereich IT-Systeme, Umweltschutz oder in der modernen Pflege. Außerdem lernt man alte Berufe kennen, die zwar heute selten sind, aber wo junge Menschen mit Talent und Interesse für handwerkliche Arbeit gebraucht werden. Der Instrumentenbauer Werner Neusse zum Beispiel baut seit dreißig Jahren Flöten und sucht dringend Azubis. „Es ist ein Job mit viel Abwechslung, und ein Roboter wird ihn niemals so gut machen können wie ein Mensch."

**33** Nur mit klassischen Berufen hat man in Zukunft Chancen auf dem Arbeitsmarkt.
richtig/falsch?

**34** Werner Neusse
- **a** sucht neue Mitarbeiter*innen.
- **b** sucht eine andere Arbeit.
- **c** braucht einen Roboter in der Werkstatt.

**Liebe Eltern der Klassen 10a und 10b,**

vor wenigen Wochen hat das neue Schuljahr begonnen, in dem Ihr Kind ein vierwöchiges Praktikum in einer Firma machen soll. Aus diesem Grund möchten wir Sie herzlich zu einem Infoabend am 30. April um 18.30 Uhr im Festsaal einladen.

Dabei erfahren Sie alles über die Betriebe, mit denen unsere Schule schon seit vielen Jahren zusammenarbeitet und welche Ansprechpartner/innen es gibt. Eine interaktive Präsentation führt Sie in die einzelnen Firmen. Danach erzählen Schülerinnen und Schüler der 11. und 12. Klassen von ihren Praktikumserfahrungen und sind gespannt auf Ihre Fragen.

Für ein leckeres Buffet sorgen die Kochgruppen der 9. Klassen.

Um die Zahl der Besucher/innen besser abschätzen zu können, bitten wir Sie um telefonische Anmeldung unter 0839123 oder eine kurze E-Mail an: sekretariat@gym-hhg.org

Wir freuen uns auf Ihr Kommen!

Mit freundlichen Grüßen

Carmen Löschenkohl

Schulleiterin

**35** Der Infoabend ist für Schülerinnen und Schüler der 11. und 12. Klassen.
richtig / falsch

**36** Die Schulleiterin lädt die Teilnehmenden
- **a** zu einem Kochkurs ein.
- **b** zu Essen und Trinken ein.
- **c** zu einer Führung durch die Schule ein.

# Miteinander wiederholen

**8**

STATION 1

**Würfelspiel: Gute Freunde sind Menschen, …**

Zu viert: Würfeln Sie und ergänzen Sie einen der vier Sätze mit *über, auf, an*, … Spielen Sie vier Runden.

⚀ = über ⚁ = auf ⚂ = an
⚃ = von ⚄ = mit ⚅ = JOKER

Gute Freunde sind Menschen, …
Ein netter Nachbar ist ein Mann, …
Eine nette Kollegin ist eine Frau, …
Mein Geburtstag ist ein Fest, …

5: *mit*. Gute Freunde sind Menschen, mit denen ich gern spreche.

6: Joker! Ich nehme *für*. Ein netter Nachbar …

sich freuen | (nach)denken | telefonieren | sprechen | …

STATION 2

**Personen vergleichen: Drillinge**

In Gruppen: Vergleichen Sie die Brüder und schreiben Sie Sätze. Welche Gruppe findet die meisten Sätze in 5 Minuten?

Nick Chris Finn

*Finn hat kürzere Haare als Nick.*
*Chris hat einen leichteren Rucksack als Finn.*
*Nick hat die hässlichste Brille.*

groß / klein | schwer / leicht | dünn / dick | lang / kurz | hübsch / hässlich

STATION 3

**Rollenspiel: Also so was!**

Zu zweit: Erzählen Sie Ihrer Partnerin / Ihrem Partner eine kurze Geschichte. Sie / Er reagiert überrascht.

1 im Supermarkt einkaufen / an der Kasse warten / plötzlich entdecken: vor mir Fußball-Superstar vom SC Neuberg stehen / Selfie machen
2 zu Hause sein / auf dem Balkon sitzen und Kaffee trinken / auf einmal Papagei auf den Balkon fliegen und „Hallo" sagen
3 zu Hause für … ein tolles Essen kochen / soll Überraschung sein / … nach Hause kommen und eine Pizza mitbringen
4 …

Rate mal, was passiert ist! Ich war gestern im Supermarkt und …

Also so was! Wirklich unglaublich!

# SAMIR

# EIN NEUER JOB? 9

**1 Was für ein Tag!**

**a** Sehen Sie das Bild an. Was denken Sie: Wie geht es Samir und Ludmilla? Sprechen Sie im Kurs.

*Ich glaube, Ludmilla geht es nicht gut. Vielleicht hustet sie.*

*Samir ist auf dem Weg …*

6 🔊 01 **b** Samirs Telefonat mit Bruno. Hören Sie und sortieren Sie die Themen (1–6).

- ☐ Vollzeit arbeiten
- ☐ die Arbeit auf der Baustelle
- ☐ Ludmillas Erkältung
- 1 Stress und Chaos
- ☐ kaum Schlaf in den Nächten
- ☐ Larinas Bauchschmerzen

6 🔊 02 **c** Hören Sie das Telefongespräch weiter. Was ist richtig? Kreuzen Sie an.

1 ☐ Samir ist ganztags berufstätig, er hätte aber gern mehr Zeit für die Familie.
2 ☐ Er findet den Weg zur Arbeit sehr lang, denn im Moment braucht er eine knappe Stunde.
3 ☐ Bruno möchte endlich in Rente gehen.
4 ☐ Samir ist mit seinem Einkommen zufrieden, weil sein Chef nach Tarif zahlt.
5 ☐ Samir hat ein Inserat aufgegeben, um einen neuen Job zu finden.
6 ☐ Bruno meint, dass Fachkräfte gesucht werden und Samir sehr gut ausgebildet ist.
7 ☐ Bruno will Samir bei der Bewerbung helfen.

**2 Der Weg zum Traumjob** → AB 1

**a** Was ist Ihnen bei einem Job wichtig? Schreiben Sie Wünsche an einen Job auf Kärtchen. S. 109

flexible Arbeitszeiten | angenehme Atmosphäre | gutes Einkommen | interessante Tätigkeiten | …

**b** Zu dritt: Ziehen Sie ein Kärtchen und sprechen Sie. S. 109

◆ Ein gutes Einkommen: Ist das wirklich so wichtig?
▲ Ja, das finde ich sehr wichtig.
■ Soll das heißen, dass du den Job sonst nicht machen würdest?
▲ Ja, sicher! Also klar, wenn ich gar keinen Job hätte, …

*Muss das sein?*
*Ist das wirklich so wichtig?*
*Bist du da sicher?*
*Soll das heißen, (dass) …?*

# A Suchen Sie nach neuen Herausforderungen?

**Elektroniker für Energie- und Gebäudetechnik (m/w/d)**

Suchen Sie nach neuen Herausforderungen?
Schicken Sie heute noch Ihre Bewerbungsunterlagen an: personal@mp-elektrotechnik.de

**Aufgaben**
selbstständige Installation und Überprüfung von elektrischen Anlagen
Analyse von Störungen

**Voraussetzungen**
abgeschlossene Ausbildung oder vergleichbare Qualifikation
gern Berufserfahrung
Zuverlässigkeit und Teamfähigkeit

**Unser Angebot**
unbefristeter Arbeitsvertrag in Vollzeit
flexible Arbeitszeiten (Gleitzeit)
30 Tage Urlaub
Bei Fragen hilft Dunja Roth,
Tel. +49 (0)722 78139509

FAMILIENFREUNDLICHER ARBEITGEBER

●●●●● D-net

**Bruno:** Schau mal, die folgende Anzeige habe ich gerade gesehen. Wäre das vielleicht ein passender Job für dich? Das ist ja in Neuberg ein führendes Unternehmen! www.mp-elektro.de/jobs 13:12

**Samir:** Super. Danke!!! Ich glaub, ich ruf da gleich mal an! 13:12

## A1 Eine passende Stelle für dich? → AB 2–5

**a** Lesen Sie den Chat und fassen Sie den Inhalt zusammen. Vergleichen Sie zu zweit.

**b** Lesen Sie den Chat noch einmal und ergänzen Sie die Tabelle.

| | | |
|---|---|---|
| ● | der passende Job | ein ____________ Job |
| ● | das führende Unternehmen | ein ____________ Unternehmen |
| ● | die *folgende* Anzeige | eine folgende Anzeige |
| ● | die fallenden Preise | – fallende Preise |

folgen → folgend
die / eine folgende Anzeige
= die / eine Anzeige, die folgt

**c** Wie kann man das auch sagen? Schreiben Sie und sprechen Sie dann zu zweit. S. 107

eine Aufgabe, die herausfordert | ein Job, der anstrengt | eine Gelegenheit, die passt | Kollegen, die streiten | ein Vater, der allein erzieht | Chancen, die steigen | ein Roboter, der spricht | ein Preis, der fällt | ein Kind, das spielt

*eine Aufgabe, die herausfordert*
*= eine herausfordernde Aufgabe*

◆ Eine Aufgabe, die herausfordert, ...
▲ ... ist eine herausfordernde Aufgabe.
Ein Job, der anstrengt, ...

## A2 Die Stellenanzeige

**a** Lesen Sie die Anzeige. Wie steht das dort? Markieren Sie und sprechen Sie zu zweit.

1 Anlagen installieren und überprüfen
2 Störungen analysieren
3 eine ähnliche Qualifikation
4 zuverlässig sein
5 im Team arbeiten können
6 Arbeitsvertrag: nicht befristet

*In der Anzeige steht das so: ...*
*Statt ... kann man auch schreiben: ...*

**b** Ist die Stelle für Samir passend? Überlegen Sie zu zweit und vergleichen Sie im Kurs.

6 03 **A3 Ich hätte dazu noch ein paar Fragen.**

a Lesen Sie Samirs Fragen. Hören Sie dann das Telefonat und machen Sie Notizen zu den Antworten.

*Ab wann ist die Stelle frei? (meine Kündigungsfrist = vier Wochen)*
*Was heißt „flexible Arbeitszeiten"? Gibt es eine Kernarbeitszeit?*
*Wie Unterlagen mailen: Alle Unterlagen zusammen? Einzelne Dateien?*

b Hören Sie noch einmal und ergänzen Sie Ihre Notizen. Sprechen Sie dann im Kurs.

**A4 Meine Qualifikationen passen sehr gut zu der ausgeschriebenen Stelle.** → AB 6

a Lesen Sie das Bewerbungsanschreiben. Welcher Abschnitt passt zu welcher Frage? Ordnen Sie zu.

Samir Al Sayed Neues Westviertel 45 79993 Neuberg samiralsayed@mmail.de +49 (0)178 164 525 761

M. P. Elektrotechnik
Ebertallee 57
79997 Neuberg

18. September 20..

**Bewerbung um die Stelle als Elektroniker für Energie- und Gebäudetechnik**

Sehr geehrte Frau Roth,

A Ihre Annonce auf dem Jobportal hat mein Interesse geweckt. Hiermit möchte ich mich um die Stelle als Elektroniker für Energie- und Gebäudetechnik bewerben.

B Meine Qualifikationen passen sehr gut zu der ausgeschriebenen Stelle. Vor zwei Jahren habe ich meine Ausbildung zum Elektroniker für Energie- und Gebäudetechnik abgeschlossen. Seitdem arbeite ich mit großer Freude in diesem Beruf. Nun suche ich nach einer neuen Herausforderung, um meine Kompetenzen zu erweitern, und ich denke, dass das in Ihrem Unternehmen möglich ist.

C Ich bin zuverlässig und übernehme gern Verantwortung. Ich bin es gewohnt, auch herausfordernde Aufgaben selbstständig zu erledigen. Gleichzeitig bin ich gern Teil eines Teams.

D Ich würde mich sehr freuen, wenn ich Sie in einem persönlichen Gespräch von meinen Qualifikationen überzeugen könnte.

Mit freundlichen Grüßen

*Samir Al Sayed*

1 ☐ Was wünsche ich mir? / Wie soll es weitergehen?
2 ☐ Was sind meine Qualifikationen? (Ausbildung / Berufserfahrung)
3 ☐ Warum schreibe ich?
4 ☐ Was kann ich gut? (persönliche Fähigkeiten)

b Lesen Sie noch einmal. Wo bezieht sich Samir auf die Informationen aus der Anzeige auf S. 38? Markieren Sie zu zweit im Anschreiben in a. Sprechen Sie dann im Kurs.

In der Anzeige steht: Suchen Sie nach neuen Herausforderungen?

Genau, und Samir schreibt dann: Nun suche ich nach einer neuen Herausforderung ...

**A5 Ihre Annonce hat mein Interesse geweckt.** Arbeiten Sie allein, dann zu zweit. → S. 97 → AB 7–9

# B Verstehen Sie, was ich sagen will?

6 04

## B1 Schön, dass Sie da sind! → AB 10

**a** Sehen Sie das Bild von Samirs Vorstellungsgespräch an. Wie ist die Stimmung? Was denken Sie? Ist das typisch für ein Vorstellungsgespräch? Sprechen Sie im Kurs.

> Die Leute lachen. Vielleicht ...

> Ich glaube, bei Vorstellungsgesprächen ist die Stimmung eher ...

**b** Was ist richtig? Hören Sie das Gespräch und umkreisen Sie.

1 Frau Köhn fragt, wie die Bewerbung / der Weg zur Firma für Samir war.
2 Samir hat im Stau gestanden. / alle überholt.
3 Mit dem E-Bike müsste Frau Köhn eine Stunde / eine Viertelstunde früher losfahren.
4 Herr Wendel besitzt kein Fahrrad. Kurze Strecken läuft er. / fährt er mit dem Bus.
5 Samir kann sich nicht in jeder Gegend / zu jeder Jahreszeit zum Radfahren motivieren.
6 Als Auszubildender hatte er für den Weg zur Lehrstelle eine Fahrgemeinschaft. / ein Jobbike.

**c** Hören Sie noch einmal. Was macht das Gespräch angenehm? Kreuzen Sie an und sprechen Sie im Kurs.

- ☐ Das Gesprächsthema ist einfach.
- ☐ Alle erzählen etwas von sich.
- ☐ Die Chefin redet wenig.
- ☐ Alle duzen sich.
- ☐ Alle kennen sich gut.
- ☐ Samir ist so wie immer.

## B2 Small Talk beim Vorstellungsgespräch

**a** Lesen Sie die Fragen, die am Anfang eines Vorstellungsgesprächs oft gestellt werden. Notieren Sie zu jeder Frage ein paar Stichwörter.

1 Schön, dass Sie da sind. Haben Sie gut zu uns gefunden?
2 Fühlen Sie sich wohl hier in der Stadt?

**b** Kursspaziergang. Fragen Sie und antworten Sie. Tauschen Sie die Rollen.

◆ Schön, dass Sie da sind. Haben Sie gut zu uns gefunden?
▲ Ja, danke! Das war kein Problem. Ich bin ...

6 ◀)) 05

## B3 Wie ich in Ihrem Lebenslauf sehe, ... → AB 11–16

**a** Hören Sie. Über welche sechs Themen wird noch gesprochen? Kreuzen Sie an.

1 [x] Ausbildung
2 [ ] private Probleme
3 [ ] Sprachkenntnisse
4 [ ] Arbeitsvertrag
5 [ ] Berufserfahrung
6 [ ] Fähigkeiten / Interessen
7 [ ] Wünsche
8 [ ] Urlaub
9 [ ] Probezeit

**b** Zu dritt: Wählen Sie zwei Themen aus a. Was sagt Samir zu diesen Themen? Notieren Sie.

- das Gelernte anwenden
- schnell Deutsch lernen
- flexible Arbeitszeiten
- um Hilfe bitten
- Fehler finden
- Chef: zufrieden sein
- nach Lösungen suchen
- ein kürzerer Arbeitsweg
- Lehre als Elektroniker
- ein Studierender: ihm helfen
- unbefristet
- gern selbstständig arbeiten
- sich seinen Beruf selbst aussuchen
- Neues lernen und ausprobieren
- einen Ausbildungsplatz finden
- Geräte und Anlagen kennenlernen
- nach der Lehre als Angestellter arbeiten
- Frage: Wie lange (dauern)?

*Berufserfahrung: nach der Lehre als Angestellter arbeiten, ...*

**c** Zu dritt: Hören Sie noch einmal und ergänzen Sie Ihre Notizen. Sprechen Sie dann im Kurs.

**d** Suchen Sie die passenden Wörter in b und ergänzen Sie die Tabelle. Ordnen Sie dann zu:
G = Was passiert gerade? V = Was ist schon passiert?

| | | | |
|---|---|---|---|
| [ ] | studieren → studierend | die / der Studierende | eine Studierende / ein ______ |
| | | = eine Person, die gerade studiert | |
| [ ] | anstellen → angestellt | die / der Angestellte | eine Angestellte / ein ______ |
| | | = eine Person, die angestellt ist / wurde | |

**e** Wie sagt man das? Arbeiten Sie allein, dann zu zweit. PARTNER/IN A → S. 100 PARTNER/IN B → S. 104

6 ◀)) 06

## B4 Ich weiß gar nicht, wie man das auf Deutsch sagt. → AB 17

**a** Hören Sie weiter. Machen Sie Notizen und beantworten Sie die Fragen im Kurs.

1 Was bedeutet das Sprichwort „Reisende soll man nicht aufhalten"?
2 Welches Wort fällt Samir nicht ein? Wie erklärt er es?

**b** Hören Sie noch einmal. Was hören Sie? Kreuzen Sie an.

1 [ ] Verstehen Sie, was ich sagen will?
  [ ] Verstehen Sie mich?
2 [ ] Haben Sie gesagt, dass ...?
  [ ] Möchten Sie damit sagen, dass ...?
3 [ ] Ich meine so was Ähnliches wie: ...
  [ ] Versteht ihr, was ich meine?
4 [ ] Ich weiß gar nicht, wie man das in anderen Sprachen sagt.
  [ ] Ich weiß nicht, wie man das auf Deutsch sagt.
5 [ ] Ach, jetzt fällt mir das Wort nicht ein. Ich meine ...
  [ ] Entschuldigung, ich weiß das Wort nicht auf Deutsch.

**c** Welche Redewendung verwenden Sie oft? Erklären Sie die Bedeutung.

*Ich sage oft: a „piece of cake". Das heißt übersetzt „ein Stück Kuchen". Ich weiß nicht genau, ob man das so auch auf Deutsch sagt. Aber ich meine dann etwas Ähnliches wie „Das ist einfach".*

Beispiel

Film

# C SAMIR Spezial

**1**

**Samir:**
Rat mal, was ich hier habe! 🧐
11:02

**Bruno:** Äh, die Zusage für den neuen Job? Oder ne, wart mal, ist das schon dein Vertrag? 11:03

**Samir:** 🙂 11:04

**2**

**Samir:** Mann, dieser Vertrag! Gar nicht so einfach zu verstehen. 😳 Was soll denn das bedeuten?

Er verpflichtet sich, auch andere Arbeiten auszuführen, die seinen Vorkenntnissen und Fähigkeiten entsprechen.

11:20

**Bruno:** Das steht immer in solchen Verträgen. Das heißt einfach nur: Du musst als Angestellter auch mal andere Aufgaben erledigen – natürlich nur, wenn du das auch kannst. Zum Beispiel die Werkstatt aufräumen. 😉
11:22

**Samir:** Und das hier?

In diesem Zeitrahmen darf er – unter Berücksichtigung der betrieblichen Erfordernisse – seine Arbeitszeit nach eigenem Ermessen frei einteilen.

11:25

**Bruno:** „Nach eigenem Ermessen" heißt: Du kannst selber entscheiden. „Unter Berücksichtigung der betrieblichen Erfordernisse" bedeutet: Je nachdem, was im Betrieb los ist, können sie nicht garantieren, dass du mit der Arbeitszeit total flexibel bist. 11:30

**Samir:** Okay. Danke. Soll ich unterschreiben? 🤔 11:35

**Bruno:** Das kannst natürlich nur du entscheiden. Oder du fragst noch mal einen richtigen Experten. Sooo viel Ahnung habe ich auch nicht. 11:36

**Samir:** Ach, ich glaub, ich mach das jetzt einfach. 💪 Und dann muss ich nur noch kündigen. 😙 11:40

**Bruno:** Super. 🥳 Sag doch vorher deinem Chef, dass du einen neuen Job hast. Ist irgendwie netter, als einfach eine Kündigung zu schicken. 11:41

## C1 Post!

**a** Lesen Sie Chat 1. Welche Neuigkeiten hat Samir? Sprechen Sie mit Ihrer Partnerin / Ihrem Partner.

**b** Lesen Sie jetzt Chat 2 und machen Sie Notizen zu den Fragen. Sprechen Sie im Kurs.

1 Was ist Samirs Problem?
2 Was macht Bruno?
3 Was macht Samir mit dem Vertrag?
4 Welche beiden Tipps gibt Bruno?

**c** Wie erklärt Bruno die folgenden Ausdrücke? Verbinden Sie und vergleichen Sie mit dem Chat.

1 sich verpflichten
2 Arbeiten ausführen
3 den Fähigkeiten entsprechen
4 nach eigenem Ermessen

(a) das, was man kann
(b) etwas tun müssen
(c) das kann man selber entscheiden
(d) Aufgaben erledigen

**C2** **Gar nicht so einfach zu verstehen.** Arbeiten Sie zu zweit, dann im Kurs. → S. 105 → AB 18

**C3** **Hiermit kündige ich.** → AB 19–20

**a** Was gehört in eine Kündigung? Ordnen Sie zu.

1 Betreff | 2 Anrede | 3 das Arbeitsverhältnis kündigen (mit Datum) | 4 um Bestätigung bitten | 5 um ein Arbeitszeugnis bitten | 6 Dank | 7 Grüße | 8 Unterschrift

24. September 20..

- ☐ Ich bedanke mich recht herzlich für die gute Zusammenarbeit und Ihre große Unterstützung.
- ☐ Herzliche Grüße
- ☐ Kündigung
- 8 Samir al Sayed
- ☐ Außerdem bitte ich Sie, mir ein qualifiziertes Arbeitszeugnis auszustellen.
- ☐ Sehr geehrter Herr Sobinsky,
- ☐ Bitte bestätigen Sie den Erhalt dieser Kündigung und das Beendigungsdatum schriftlich.
- ☐ hiermit kündige ich das mit Ihnen bestehende Arbeitsverhältnis ordentlich und fristgerecht zum nächstmöglichen Zeitpunkt. Das ist der 30. Oktober.

**b** Schreiben Sie die Kündigung richtig.

*Kündigung*
*Sehr geehrter Herr ...*

**Schon fertig?**
Suchen Sie ein Kündigungsschreiben im Internet und machen Sie Notizen: Welche interessanten Sätze finden Sie noch?

**C4** **Was ist alles passiert?** Zu dritt: Sehen Sie das Bild an und lesen Sie die Nachrichten. Wählen Sie eine Rolle (Ludmilla, Bruno oder Samir) und antworten Sie Anna, Rainer oder Finn. Erzählen Sie in einer Textnachricht, was in der letzten Zeit passiert ist. → AB 21

**Anna:** Hi Ludmilla! Lange nichts gehört. Wie geht es dir?

**Rainer:** Hallo Bruno! Was macht eigentlich Samir? Ist er nicht Vater geworden?

**Finn:** Hi Samir! Alles in Ordnung bei dir? Gibt's was Neues?

- Bewerbung
- Stellenanzeige
- Kündigung
- Ratschläge
- Stress
- Vorstellungsgespräch
- Erkältung
- ...

*Hey Anna! Danke, mir geht es wieder gut. Ich war ziemlich krank. Aber jetzt ist es besser. Bei uns ist viel passiert. Stell dir vor: Samir hat ...*

Extra

Film

# Das kann ich!

## GRAMMATIK

### Nomen: Partizip Präsens als Nomen

| | *Nominativ* | *Akkusativ* | *Dativ* |
|---|---|---|---|
| ● | der Studierende<br>ein Studierender | den / einen Studierenden | dem / einem Studierenden |
| ● | das Folgende<br>ein Folgendes | das Folgende<br>ein Folgendes | dem / einem Folgenden |
| ● | die / eine Studierende | die / eine Studierende | der / einer Studierenden |
| ● | die Studierenden<br>– Studierende | die Studierenden<br>– Studierende | den Studierenden<br>– Studierenden |

### Nomen: Partizip Perfekt als Nomen

| | *Nominativ* | *Akkusativ* | *Dativ* |
|---|---|---|---|
| ● | der Angestellte<br>ein Angestellter | den / einen Angestellten | dem / einem Angestellten |
| ● | das Gelernte<br>ein / etwas Gelerntes | das Gelernte<br>ein / etwas Gelerntes | dem / einem Gelernten<br>etwas Gelerntem |
| ● | die / eine Angestellte | die / eine Angestellte | der / einer Angestellten |
| ● | die Beschäftigten<br>– Beschäftigte | die Beschäftigten<br>– Beschäftigte | den Beschäftigten<br>– Beschäftigten |

### Adjektive: Partizip Präsens als Adjektiv

| | *Nominativ* | *Akkusativ* | *Dativ* |
|---|---|---|---|
| ● | der passende Job<br>ein passender Job | den / einen passenden Job | dem / einem passenden Job |
| ● | das führende Unternehmen<br>ein führendes Unternehmen | das führende Unternehmen<br>ein führendes Unternehmen | dem / einem führenden Unternehmen |
| ● | die / eine folgende Anzeige | die / eine folgende Anzeige | der / einer folgenden Anzeige |
| ● | die fallenden Preise<br>– fallende Preise | die fallenden Preise<br>– fallende Preise | den fallenden Preisen<br>– fallenden Preisen |

| | **Partizip Präsens**<br>(studieren → studierend) | **Partizip Perfekt**<br>(anstellen → angestellt) |
|---|---|---|
| Etwas passiert gerade. | ein studierender Rentner =<br>ein Rentner, der gerade studiert<br>ein Studierender =<br>ein Mann, der gerade studiert | |
| Etwas ist passiert / wurde gemacht. | | ein angestellter Mitarbeiter =<br>ein Mitarbeiter, der angestellt ist / wurde<br>ein Angestellter =<br>ein Mann, der angestellt ist / wurde |

## KOMMUNIKATION

**nach der Wichtigkeit fragen:**

*Muss das sein?*
*Ist das (wirklich) so wichtig?*
*Bist du da sicher?*

**Formulierungen vergleichen:**

*In der Anzeige / Hier steht das so: ...*
*Statt ... kann man auch schreiben: ...*

**nachfragen:**

*Verstehen Sie / Verstehst du mich?*
*Verstehen Sie / Verstehst du, was ich meine / (damit) sagen will?*
*Soll das heißen, (dass) ...?*
*Haben Sie / Hast du gesagt, (dass) ...?*
*Möchten Sie / Möchtest du damit sagen, dass ...?*

**ausdrücken, dass man ein Wort nicht kennt oder vergessen hat:**

*Entschuldigung, ich weiß das Wort nicht auf Deutsch.*
*Ich weiß (gar) nicht, wie man das auf Deutsch / in anderen Sprachen sagt.*
*Ach, jetzt fällt mir das Wort nicht ein.*

**Wörter erklären:**

*Ich meine (so was Ähnliches wie) ...*
*Das / ... heißt / bedeutet (einfach nur) ...*
*Das heißt übersetzt ...*

**den Grund für die Bewerbung nennen:**

*Ihre Annonce (...) hat mein Interesse geweckt.*
*Mit großem Interesse habe ich Ihre Anzeige (...) gelesen.*
*Hiermit möchte ich mich (um die Stelle) als ... bewerben.*

**Qualifikationen und Berufserfahrung nennen:**

*Vor ... Jahren habe ich ... gemacht / abgeschlossen. Seitdem arbeite ich ...*
*Ich habe in ... als ... gearbeitet. Dabei habe ich ...*
*Ich konnte in verschiedenen Bereichen Erfahrungen sammeln. So war ich ...*
*Ich war ... im Unternehmen ... tätig.*

**persönliche Fähigkeiten nennen:**

*Ich bin es gewohnt, ...*
*Es fällt mir leicht, ...*
*Gleichzeitig / Außerdem bin ich (gut darin,) ...*
*Ich bin zuverlässig und ...*

**die eigenen Vorstellungen äußern:**

*Ich würde mich sehr freuen, wenn ich Sie in einem persönlichen Gespräch von meinen Qualifikationen überzeugen könnte.*
*Über eine Einladung zu einem persönlichen Gespräch würde ich mich sehr freuen.*

**eine Kündigung schreiben:**

*Hiermit kündige ich ... fristgerecht zum 30. Oktober / nächstmöglichen Zeitpunkt.*
*Bitte bestätigen Sie den Erhalt dieser Kündigung (...) schriftlich.*

## WÖRTER

**Arbeit**

● die Lehre

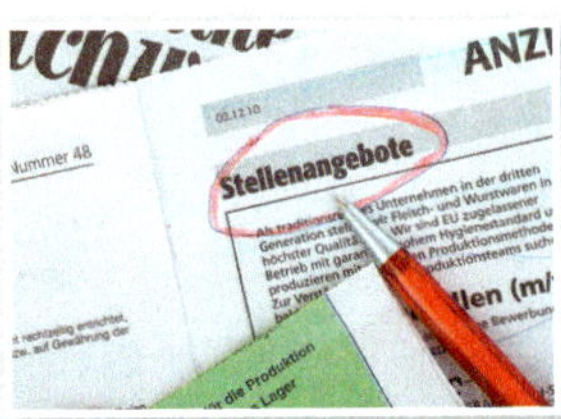


● das Inserat / ● die Annonce

● die (Kündigungs-)Frist

● die Rente

**Fokus Alltag und Beruf:** www.hueber.de/miteinander

# Miteinander zum DTZ – Hören, Teil 4

6 🔊 07

**1 Vorbereitung**

**a** Lesen Sie die Sätze (A–D). Kreuzen Sie dann an: Was ist das Thema (1 oder 2)?

**A** Büroarbeit ist typisch für unsere moderne Zeit. ___

**B** Mit anderen Leuten im gleichen Raum zu arbeiten, macht die Konzentration schwer. ___

**C** Beim Arbeiten Kolleginnen und Kollegen zu haben, ist positiv für das Betriebsklima. ___

**D** Die fehlende Bewegung beim Sitzen am Schreibtisch schadet der Gesundheit. ___

**1** ☐ Gesund bleiben im Job  **2** ☐ Vorteile und Nachteile von Bürojobs

**b** Lesen Sie die Sätze noch einmal und ergänzen Sie: In welchen Sätzen gibt es Hinweise, ob jemand etwas gut findet (+) oder nicht gut findet (–)? Wo gibt es keine Hinweise (/)?

**Tipp**
Das Lesen der Sätze vor dem Hören ist sehr wichtig! Man sieht oft schon, ob jemand eine Sache gut oder nicht gut findet. Das kann beim Hörverstehen helfen.

**c** Was halten die Personen (1–4) von Bürojobs? Hören Sie die Aussagen. Notieren Sie dann und sprechen Sie.

| | | findet Bürojobs gut | findet Bürojobs nicht gut | kein Hinweis |
|---|---|---|---|---|
|  | 1 | ○ | ○ | ⊗ |
|  | 2 | ○ | ○ | ○ |
|  | 3 | ○ | ○ | ○ |
|  | 4 | ○ | ○ | ○ |

Ich glaube, Person 2 ist ...

Sie hat aber auch gesagt, dass ...

**d** Hören Sie noch einmal und markieren Sie: Welcher Satz aus a passt zu den Aussagen von welcher Person (1–4)?

| | A | B | C | D |
|---|---|---|---|---|
| Person 1 | ☒ | ☐ | ☐ | ☐ |
| Person 2 | ☐ | ☐ | ☐ | ☐ |
| Person 3 | ☐ | ☐ | ☐ | ☐ |
| Person 4 | ☐ | ☐ | ☐ | ☐ |

6 🔊 08 **2** **Prüfungsaufgabe *Hören, Teil 4***
Lösen Sie jetzt die Prüfungsaufgabe.

**Tipp**
Sie hören immer ein Beispiel. Den Satz, der zum Beispiel passt, können Sie schon durchstreichen. Achtung: Zwei Sätze passen zu keiner Aussage.

*Sie hören Aussagen zu einem Thema.*
*Welcher der Sätze a–f passt zu den Aussagen 18–20?*
*Markieren Sie Ihre Lösungen für die Aufgaben 18–20 auf dem Antwortbogen (S. 198).*
*Lesen Sie jetzt die Sätze a–f. Dazu haben Sie eine Minute Zeit.*
*Danach hören Sie die Aussagen.*

**Beispiel**

☐ a ☐ b ☐ c ☒ d ☐ e ☐ f

**18** ...

**19** ...

**20** ...

**a** Wichtig ist, dass man beim Vorstellungsgespräch gut angezogen ist.
**b** Die Person, die sich bewirbt, soll Interesse für den neuen Job zeigen.
**c** Man soll beim Jobinterview immer Augenkontakt mit dem Gesprächspartner halten.
**d** ~~Es hilft, wenn man locker bleibt und sich so verhält, wie man normalerweise ist.~~
**e** Berufserfahrung ist wichtiger als das Aussehen.
**f** Gleich über Geld und Überstunden zu sprechen, kann ein Problem sein.

**Tipp**
So können Sie vorher zu Hause üben: Lesen Sie in Modellprüfungen zum *Hören, Teil 4* die Aussagen a–f und überlegen Sie dann: Was könnten die vier Personen sagen, die interviewt werden? Versuchen Sie, die Aussagen mit eigenen Worten zu formulieren.

**Tipp**
Bei der Prüfung sind nach *Hören, Teil 4* insgesamt circa 25–30 Minuten vorbei und Sie sind mit dem ersten Teil der Prüfung fertig. Ärgern Sie sich nicht, wenn Sie denken, dass Sie nicht alles verstanden haben. Konzentrieren Sie sich neu, denn es geht ohne Pause gleich weiter mit dem Lesen!

# Miteinander wiederholen



STATION 1

### Lied: Soll das etwa heißen, …?

Hören Sie das Lied und ergänzen Sie den Text. Hören Sie dann noch einmal und singen Sie mit.

Soll das etwa heißen, dass

Verstehst du, was ich meine

Wie hast du das gemeint

Willst du damit sagen, dass

6 🔊 09

Ein guter Kandidat wär ich:
_______________________________?
Willst du mich nur motivier'n oder ist das ernst gemeint?
_______________________________ du mir so sehr vertraust?
_______________________________ du wirklich an mich glaubst?

Du hast ne Lehre abgeschlossen und bist wirklich gut!
Du wendest das Gelernte an! Du brauchst nur etwas Mut.
Dieser Job ist in der Gegend, besser geht es kaum.
_______________________________?
Du musst dir nur vertrau'n!

STATION 2

### Bilderrätsel: Unterschiede finden

Zu zweit: Sehen Sie die Bilder an. Notieren Sie 6 Unterschiede. Eine/r schließt die Augen. Die / Der andere stellt 3 Fragen. Tauschen Sie dann die Rollen.

sitzen – fliegen | hängen – stehen
lachen – weinen | lesen – schreiben
telefonieren – Musik hören | schlafen – spielen

◆ Wo ist die hängende Lampe?
▲ Ich glaube oben.

| *oben* | *unten* |
|---|---|
| *eine hängende Lampe* | *eine stehende Lampe* |

STATION 3

### Plakat: Das kann ich gut!

Allein: Was fällt Ihnen leicht? Was können Sie besonders gut? Schreiben Sie drei Sätze über sich auf ein Plakat.
Im Kurs: Ergänzen Sie weitere Sätze auf den Plakaten der anderen.

*Es fällt mir leicht, eine lange Strecke zu schwimmen.*
*Ich bin gut darin, Geburtstagstorten zu backen.*
*Andere loben mich dafür, dass ich im Chaos cool bleibe.*

*Du kannst supergut organisieren.*

*Du bist topfit und kannst andere zum Sport motivieren.*

*Du gibst nicht so schnell auf.*

# AHMET

# GUT VERSICHERT 10

**1 Oh nein, so ein Mist!** → AB 1

**a** Welche Gegenstände sehen Sie auf dem Bild? Kreuzen Sie an.

☐ • Badehose ☒ • Fahrradkorb ☐ • Fahrradlenker ☐ • Gepäckträger ☐ • Handtuch
☐ • Schwimmbrille ☐ • Schwimmflügel ☐ • Sonnencreme ☐ • Wasserball

**b** Was glauben Sie: Was ist passiert? Warum liegen die Sachen auf der Straße? Sprechen Sie zu zweit.

> Ich glaube, Ahmet ist vom Fahrrad gefallen.

6 🔊 10 **c** Was ist richtig? Hören Sie und umkreisen Sie.

1 Ahmet hat einen Kratzer am Auto Fahrradlenker gemacht.
2 Ahmet ist gegen Alevs Fahrrad gegen ein Auto gefahren.
3 Alev ist erschrocken, weil Autos gehupt auf der Kreuzung geparkt haben.
4 Selda fragt, ob Ahmet eine Unfallversicherung Haftpflichtversicherung hat.
5 Sie sagt, dass Ahmet die Versicherung Polizei anrufen soll.
6 Selda soll in die Mainzer Straße zum Schwimmbad kommen.

| gegen | • einen Baum |
|---|---|
| | • ein Auto |
| | • eine Tür |

**2 Hast du schon gehört, …?**

**a** Zu zweit: Haben Sie schon eine ähnliche Situation erlebt? Berichten Sie.

> Mein Bruder ist mal beim Abbiegen mit dem Fahrrad gestürzt. Seine Einkäufe sind alle auf die Straße gefallen und ... Das war echt ärgerlich.

**b** Kursspaziergang. Erzählen Sie die Geschichte, die Sie in a gehört haben, anderen im Kurs.

> Hast du schon gehört, was Jans Bruder passiert ist? Stell dir vor, ...

# A Ich hatte den Ausweis doch in die Tasche gesteckt ...

6 🔊 11 **A1 Was genau ist passiert?** → AB 2

**a** Wie sind die Personen im Gespräch? Hören Sie und kreuzen Sie an.

1 Die Polizistin ist ☐ freundlich. ☐ ungeduldig.
2 Ahmet ist ☐ durcheinander. ☐ entspannt.

**b** Was ist richtig? Hören Sie noch einmal und umkreisen Sie.

Ahmet ist mit dem Rad hinter vor (1) seiner Enkelin hergefahren. Plötzlich haben Autos gebremst gehupt (2), weil auf der Kreuzung an der Ampel (3) ein Lkw stehen geblieben war. Ahmets Enkelin ist erschrocken und plötzlich stehen geblieben losgefahren (4). Ahmet hat nicht sofort gemerkt, dass sie vom Rad gefallen gestiegen (5) war. Er ist dann nach links rechts (6) gefahren und mit dem Fahrrad gegen die Tür eines parkenden Autos gestoßen gefallen (7). Es gibt keine mehrere (8) Zeugen, die gesehen haben, was passiert ist. Die Polizistin informiert den Besitzer des Fahrzeugs und Ahmets Versicherung die Polizei (9) kümmert sich darum, dass der Schaden bezahlt wird.

**A2 Ich hatte den Ausweis in die Tasche gesteckt, ...** → AB 3–7

**a** Sehen Sie die Bilder an und lesen Sie. Sortieren Sie: 1 = Was war zuerst? 2 = Was war danach?

A

B

C

A [2] Ahmet und Alev sind losgefahren.
[1] Kurz vorher hatte Ahmet den Ausweis in die Tasche gesteckt.

B ☐ Die Autos haben gehupt,
☐ weil ein Lkw auf der Kreuzung stehen geblieben war.

C ☐ Ahmet hat zu spät gesehen,
☐ dass Alev angehalten hatte.

**b** Lesen Sie noch einmal die Sätze in a und ergänzen Sie die Tabelle.

| | | |
|---|---|---|
| stecken | sie / er hat gesteckt | sie / er *hatte gesteckt* |
| stehen bleiben | sie / er ist stehen geblieben | sie / er _____ __________ |
| an halten | sie / er hat angehalten | sie / er _____ __________ |

**c** Zu zweit: Lesen Sie abwechselnd einen Satzanfang vor. Die / Der andere ergänzt. Kontrollieren Sie: Passen die Satzteile zusammen? Notieren Sie Ihre Sätze. Vergleichen Sie dann im Kurs.

1 Ich bin zur Polizei gegangen, weil ...
2 Ich konnte mir keine Kinokarte kaufen, weil ...
3 Ich musste zu Fuß nach Hause gehen, weil ...
4 Ich war sauer, weil ...
5 Ich bin zu spät gekommen, weil ...
6 Ich war nicht mehr hungrig, weil ...

- jemand mein Fahrrad gestohlen hatte.
- meine Freundin unsere Verabredung abgesagt hatte.
- meine Freunde nicht auf mich gewartet hatten.
- ich gerade gefrühstückt hatte.
- jemand mein Auto beschädigt hatte.
- ich ein großes Stück Kuchen gegessen hatte.
- der Zug bereits abgefahren war.
- ich meinen Geldbeutel verloren hatte.
- ich vergessen hatte, Geld mitzunehmen.
- ...

## A3 Nachdem ich die Schule beendet hatte, ... → AB 8

**a** Pierres Blog. Lesen Sie und markieren Sie in jedem Satz: Was ist zuerst passiert?

### ÜBER MICH

Bevor ich nach Wien umgezogen bin, habe ich viele Jahre in Paris gelebt. (1) Nachdem ich die Schule dort beendet hatte, habe ich eine Ausbildung zum Bäcker gemacht. (2) Ich habe gut Deutsch gelernt, bevor ich in Wien eine eigene Bäckerei eröffnet habe. (3) Und natürlich ebenfalls superwichtig: Bevor man sich selbstständig macht, muss man sich gut informieren. (4) Ich habe die Bäckerei erst eröffnet, nachdem ich mehrere Gründerseminare besucht hatte. (5) Nachdem es am Anfang ein paar Schwierigkeiten gab, läuft das Geschäft jetzt sehr gut. (6)

| | |
|---|---|
| Zuerst habe ich viele Jahre in Paris gelebt. | Dann bin ich nach Wien umgezogen. |
| Nachdem ich viele Jahre in Paris gelebt hatte, | bin ich nach Wien umgezogen. |
| Bevor ich nach Wien umgezogen bin, | habe ich viele Jahre in Paris gelebt. |

**b** In Gruppen: Wählen Sie einen Satzanfang. Machen Sie ein Plakat und schreiben Sie so viele Ergänzungen wie möglich.

*Ich konnte nicht schlafen, ...*
*- nachdem ich einen Horrorfilm gesehen hatte.*
*- weil ich zu viel Kaffee getrunken hatte.*

Ich konnte nicht schlafen, ...

Mein Handy funktionierte nicht mehr, ...

Ich habe mich bei meiner Nachbarin entschuldigt, ...

**c** Kettengeschichte. In Gruppen: Jede/r schreibt einen Satz und gibt den Zettel weiter. Die / Der Nächste ergänzt einen weiteren Satz.

*Gestern hatte ich ein aufregendes Erlebnis.*
*Ich hatte eingekauft und ging nach Hause.*
*Nachdem ich über die Straße gegangen war, ...*

# B Bevor Sie das Formular abschicken, ...

**K&G** VERSICHERUNGEN

**Richtig versichert?**

Haus, Hund, Smartphone oder Auto: Man kann fast alles versichern. Aber ist das wirklich nötig? Hier lesen Sie, welche Versicherungen besonders wichtig sind und welche man vielleicht nicht unbedingt braucht.

**Pflicht:**
Bei einigen Versicherungen kann man sich nicht aussuchen, ob man sie haben möchte oder nicht: Sie sind verpflichtend. So braucht zum Beispiel jeder eine *Kranken-* und *Pflegeversicherung*. Auch die *gesetzliche Rentenversicherung* ist für viele Angestellte ein Muss. Jeden Monat wird automatisch ein Teil des Lohns oder Gehalts eingezahlt, damit man später eine Rente bekommt.
Wer ein Auto oder Motorrad hat, muss außerdem eine *Kfz-Haftpflichtversicherung* abschließen. Ohne diese Versicherung wird das Fahrzeug nicht zugelassen und man darf damit nicht auf der Straße fahren.

**Sehr wichtig:**
Zusätzlich zu den Pflichtversicherungen sollte man eine *private Haftpflichtversicherung* haben. Sie schützt vor hohen Kosten, wenn man aus Versehen einer anderen Person einen Schaden zufügt.

**Eventuell wichtig:**
Welche Versicherungen außerdem sinnvoll sind, hängt von der persönlichen Situation ab. Studierende brauchen andere Versicherungen als Rentner, Hausbesitzer andere als Mieter. Prüfen Sie deshalb genau, welche Versicherungen zu Ihrer Lebenssituation passen.

Mehr Informationen finden Sie hier:
Hausratversicherung | Auslandskrankenversicherung | Versicherungen für Hausbesitzer | Unfallversicherung | Handyversicherung | Tierkrankenversicherung | Brillenversicherung | weitere Versicherungen

**B1 Ahmet prüft seine Versicherungen.** → AB 9–11

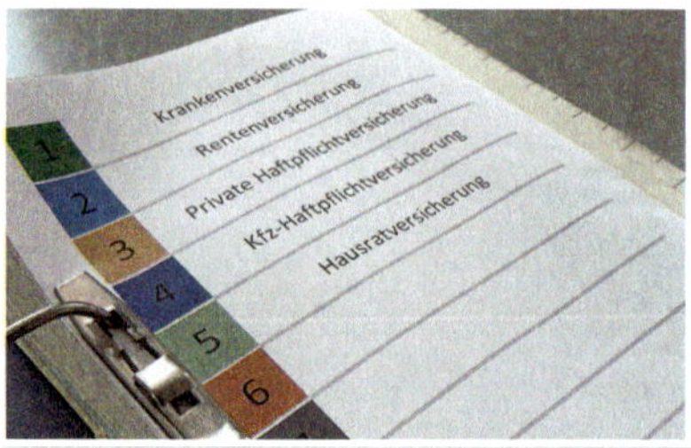


**a** Lesen Sie und sehen Sie Ahmets Ordner an. Welche Versicherungen hat Ahmet? Markieren Sie im Text.

**b** Lesen Sie die Situationen.
Welche Versicherung ist zuständig?
Sprechen Sie mit Ihrer Partnerin / Ihrem Partner.

1 Ahmet hat starke Rückenschmerzen und muss zum Arzt.
2 Ahmet hat ein neues Auto gekauft und möchte jetzt damit fahren.
3 Wenn Ahmet alt ist, arbeitet er nicht mehr. Er bekommt aber trotzdem Geld.
4 Ahmet spielt mit Alev im Garten Fußball. Er schießt den Ball gegen das Küchenfenster des Nachbarn. Die Scheibe geht kaputt.

**c** Welche Versicherungen haben Sie? Welche sind noch wichtig für Sie? Sprechen Sie im Kurs.

**B2 Ahmets Anruf bei der Versicherung**

6 12 **a** Worüber sprechen Ahmet und die Mitarbeiterin? Hören Sie und kreuzen Sie an.

1 ☐ den Schaden, den Ahmet melden möchte
2 ☐ ein technisches Problem mit der Webseite
3 ☐ das Formular, das Ahmet ausfüllen soll
4 ☐ wie man Ahmets Nachnamen schreibt
5 ☐ Ahmets Versicherungsnummer
6 ☐ welche Versicherung Ahmet noch braucht

6 13 **b** Was sagt die Mitarbeiterin? Hören Sie und verbinden Sie.

während

1 Nachdem Sie das Formular ausgefüllt haben,
2 Bevor Sie das Formular abschicken,
3 Sie können mich auch fragen,

a während ich schreibe.
b überprüfen Sie bitte noch mal alle Angaben.
c schicken Sie es einfach an uns zurück.

## B3 Was machen Sie, nachdem ...? → AB 12–13

**a** Zu zweit: Schreiben Sie zwei Fragen. Machen Sie dann einen Kursspaziergang und stellen Sie Ihre Fragen. Antwortet jemand mit *Ja*? Dann machen Sie einen Strich.

1 immer sofort die Hausaufgaben machen / nachdem / vom Deutschkurs zurückkommen
2 oft Musik hören / während / Hausaufgaben machen
3 jeden Abend Serien schauen / bevor / ins Bett gehen
4 heute nach Hause gehen / nachdem / Unterricht zu Ende sein
5 immer aufs Handy schauen / während / auf den Bus warten
6 immer die Bedienungsanleitung lesen / bevor / ein Gerät benutzen

*Hörst du oft Musik, während du Hausaufgaben machst? |||*

**b** Kursstatistik. Was haben Sie in a erfahren? Sammeln Sie Ihre Ergebnisse im Kurs.

Drei Personen hören oft Musik, während sie ...

*Musik während Hausaufgaben |||*

**c** Spiel. Nachdem ich heute Morgen aufgestanden bin, ... Arbeiten Sie in Gruppen. → S. 101

## B4 Einen Schaden melden → AB 14

6 14

**a** Ergänzen Sie. Hören Sie dann und vergleichen Sie. Zu zweit: Spielen Sie das Gespräch.

den Namen bitte buchstabieren | Schreibt man das ... mit ... oder mit ... | wird am Ende mit ... geschrieben | Würden Sie mir ... Ihren Namen sagen

◆ Guten Tag. Was kann ich für Sie tun?
▲ Ich habe eine Haftpflichtversicherung bei Ihnen und möchte einen Schaden melden.
◆ Um was für einen Schaden geht es denn?
▲ Ich bin mit meinem Fahrrad aus Versehen gegen ein parkendes Auto gestoßen. In der Autotür ist jetzt ein Kratzer.
◆ Okay, dann brauchen Sie das Formular C. Sie können es von der Webseite herunterladen. __________ bitte __________? (1)
▲ Ahmet Yavuz.
◆ __________ vorne ______ J __________ Y? (2)
▲ Mit Y. Und hinten mit Z.
◆ Entschuldigung, wie bitte?
▲ Mein Name __________ Z __________. (3)
◆ Können Sie __________? (4)
▲ Natürlich: Y-A-V-U-Z.
◆ Vielen Dank, Herr Yavuz. Kann ich noch etwas für Sie tun?
▲ Nein, im Moment nicht. Danke.

**b** Zu zweit: Sie möchten einen Schaden melden und rufen Ihre Haftpflichtversicherung an. Spielen Sie ein Gespräch wie in a. S. 109

Während Ihre Nachbarn bei Verwandten sind, sollen Sie in der Wohnung die Blumen gießen. Dabei fällt aus Versehen ein Blumentopf auf einen Glastisch. Beides ist kaputt.

# C AHMET Spezial

**Schadensmeldung – Haftpflichtversicherung**

| Angaben zur / zum Versicherten | |
|---|---|
| Name: Ahmet Yavuz | Telefon (mit Vorwahl): 0120 78 11 12 09 |
| Anschrift: Morgenstraße 15, 79999 Neuberg | E-Mail-Adresse: a.yavuz@meinemail.com |
| Versicherungsnummer: | |
| **Angaben zum Schaden** | |
| Was wurde beschädigt? | |
| Art des Schadens? | |
| Wann ist der Schaden entstanden? | Datum: 14.06.20.. Uhrzeit: |
| Wo ist der Schaden entstanden? | Neuberg: ______, Ecke Dürerstraße |
| Wie ist der Schaden entstanden? Bitte beschreiben Sie genau, was passiert ist: Meine 5-jährige Enkelin und ich waren | |
| Hat die Polizei den Schaden aufgenommen? | Ja [X] Nein [ ] Wenn ja: Aktenzeichen Y-746003/24 |
| **Angaben zur geschädigten Person** | |
| Name: Afrim Tola | Anschrift: Grüner Weg 29, 79999 Neuberg |
| Sind Sie mit der geschädigten Person verwandt? | Ja [ ] Nein [X] |
| Leben Sie mit der geschädigten Person zusammen? | Ja [ ] Nein [X] |
| Sind Sie der Arbeitgeber der geschädigten Person? | Ja [ ] Nein [X] |
| **Unterschrift der / des Versicherten** | |
| Ich bestätige, dass ich das Formular nach bestem Wissen ausgefüllt habe. | |
| Ort, Datum: Neuberg, 18.06.20.. | Unterschrift des Versicherten: Ahmet Yavuz |

**C1 Ahmets Schadensmeldung** → AB 15–16

**a** Zu zweit: Lesen Sie das Formular und ergänzen Sie die Informationen für Ahmet.

~~Ahmet Yavuz~~ | ein geparktes Auto | Kratzer an der Autotür | Mainzer Straße | 15:15 Uhr | 4101320-H

**b** Wie ist der Schaden entstanden? Zu zweit: Schreiben Sie die Schadensmeldung ins Formular. Beschreiben Sie genau, was passiert ist. Vergleichen Sie dann mit einem anderen Paar. S. 106

5-jährige Enkelin | mit dem Rad unterwegs | Autos haben gehupt | Enkelin erschrocken und stehen geblieben | nach links gefahren | parkendes Auto | aus Versehen mit dem Fahrrad gegen die Tür gestoßen

## C2 Eine Schadensmeldung schreiben → AB 17

**a** Sehen Sie die Bilder an. Was passiert dort? Ordnen Sie zu.

A ☐

B ☐

C ☐

1 aus Versehen gegen eine Straßenlaterne gelaufen
2 einen großen Fernseher die Treppe hinuntergetragen
3 Fernseher hinuntergefallen und der Bildschirm zerbrochen

**b** Schreiben Sie eine Schadensmeldung zu der Situation in a. Vergleichen Sie dann zu zweit.

einem Freund beim Umzug geholfen | Umzugsauto stand auf der Straße | Laterne nicht gesehen

*Am Samstag habe ich meinem Freund Paul Kotschinsky beim Umzug ...*

## C3 Wie ist der Schaden entstanden? → AB 18

**a** Zu zweit: Was ist hier passiert? Wählen Sie eine Situation (A / B) und überlegen Sie sich eine Geschichte dazu. Schreiben Sie dann eine Schadensmeldung. S. 110

A

*A Am ... habe ich meiner Schwester beim Umzug geholfen. Ich habe eine Leiter getragen. Dabei ...*

B

**Schon fertig?**

Zu zweit: Überlegen Sie sich noch eine Situation, in der eine Person aus Versehen etwas beschädigt, was einer anderen Person gehört. Schreiben Sie eine Schadensmeldung.

**b** Hängen Sie Ihre Texte aus a im Kursraum auf und lesen Sie die Texte der anderen. Welchen Text finden Sie am besten und warum? Sprechen Sie.

Extra

Film

# Das kann ich!

## GRAMMATIK

### Lokale Präposition: *gegen* + Akkusativ

| | | |
|---|---|---|
| gegen | ● einen Baum | fahren / laufen / stoßen / ... |
| | ● ein Auto | |
| | ● eine Tür | |

### Verben: Plusquamperfekt

| | *Perfekt* | *Plusquamperfekt* |
|---|---|---|
| stecken | sie / er hat gesteckt | sie / er hatte gesteckt |
| stehen bleiben | sie / er ist stehen geblieben | sie / er war stehen geblieben |
| an\|halten | sie / er hat angehalten | sie / er hatte angehalten |

Plusquamperfekt = Präteritum von *haben / sein* + Partizip Perfekt

| *zuerst* | *danach* |
|---|---|
| Präteritum / Perfekt | Präsens |
| Plusquamperfekt | Präteritum / Perfekt |

### Sätze: Konjunktionen *bevor*, *während* und *nachdem*

1 Bevor ich in Paris gelebt habe, ...
2 Während ich in Paris gelebt habe, ...
3 Nachdem ich in Paris gelebt hatte, ...

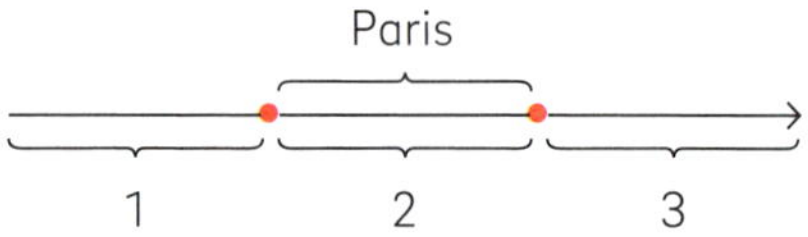


| | |
|---|---|
| Bevor ich nach Wien umgezogen bin, | habe ich viele Jahre in Paris gelebt. |
| Ich habe viele Jahre in Paris gelebt, | bevor ich nach Wien umgezogen bin. |

| | |
|---|---|
| Während ich in Paris gelebt habe, | habe ich eine Ausbildung zum Bäcker gemacht. |
| Ich habe eine Ausbildung zum Bäcker gemacht, | während ich in Paris gelebt habe. |

| | |
|---|---|
| Nachdem ich viele Jahre in Paris gelebt hatte, | bin ich nach Wien umgezogen. |
| Ich bin nach Wien umgezogen, | nachdem ich viele Jahre in Paris gelebt hatte. |

## KOMMUNIKATION

**etwas Überraschendes erzählen:**

*Hast du schon gehört, was / wer / …?*
*Stell dir vor, …*

**einen Schaden bei der Versicherung melden:**

◆ *Ich möchte einen Schaden melden.*
▲ *Um was für einen Schaden geht es denn?*
◆ *Ich bin / habe aus Versehen …*

**nachfragen / angeben, wie man ein Wort schreibt:**

◆ *Schreibt man das (Wort) / Ihren Namen / … (vorne / hinten / …) mit … oder mit …?*
▲ *Das (Wort) / Mein Name / … wird (am Ende / …) mit … geschrieben.*
◆ *Können Sie das (Wort) / den Namen / … bitte buchstabieren?*

## WÖRTER

### Verkehr und Unfall

abbiegen

beschädigen

bremsen

erschrecken

hupen

stoßen (gegen)

● der Lastkraftwagen (Lkw) / Laster

● der Schaden

● die Zeugin / ● der Zeuge

**Fokus Alltag und Beruf:** ➚ www.hueber.de/miteinander

# Miteinander zum DTZ – Lesen, Teil 4

**1 Vorbereitung**

**a** Zu zweit: Welche Wörter kennen Sie schon? Kreuzen Sie an und erklären Sie.

| | | |
|---|---|---|
| ☐ • der Haushalt | ☐ • die Übernachtung | ☐ gelten |
| ☐ • der Transport | ☐ • die Panne | ☐ betragen |
| ☐ • der Notfall | ☐ • die Ermäßigung | ☐ empfehlen |
| ☐ • der Schutz | ☐ • die Kündigung | ☐ übernehmen |

> Wenn mein Auto nicht mehr weiterfahren kann, weil etwas kaputt ist, dann habe ich eine Panne.

> Ah, interessant! Dieses Wort habe ich noch nie gehört.

**b** Lesen Sie den Text und unterstreichen Sie alle Wörter aus a, die Sie kennen. Markieren Sie weitere Wörter und Sätze, die Sie verstehen.

## HERMES-Reiseschutz – Ihre Versicherung für unterwegs

Für wen gilt der Reiseschutz?
Mit dem *Hermes*-Reiseschutz-Paket sind nicht nur Sie persönlich, sondern auch Ihre Partnerin / Ihr Partner im gemeinsamen Haushalt sowie Ihre Kinder bis zum 19. Lebensjahr geschützt, auch wenn Sie getrennt verreisen.

**Geltungsbereich**
Der *Hermes*-Reiseschutz gilt nicht nur bei Reisen im Inland, sondern in ganz Europa und in den Ländern rund ums Mittelmeer – das ganze Jahr über. Er bietet Hilfe im Notfall bei Reisen mit dem eigenen Pkw, mit Bus, Bahn, Fahrrad, Flugzeug und Schiff.
Hinweis: Bei Mietwagen kann der Reiseschutz nicht in Anspruch genommen werden.
Für einen umfassenden Versicherungsschutz weltweit empfehlen wir den *Hermes*-Weltreise-Schutz als Ergänzung.
Mehr dazu unter www.hermes-weltreise.org

**Leistungspaket**
Folgende durch Panne oder Notfall entstandenen Kosten werden übernommen:
- Rückholung des beschädigten Fahrzeugs und Transport zu einer Kfz-Werkstatt, die Ihrer Meldeadresse in Deutschland am nächsten liegt
- Heimreise nach Krankheit oder Unfall (Rücktransport mit Krankenwagen oder Notfall-Jet)
- Rückerstattung zusätzlich angefallener Übernachtungskosten am Urlaubsort
- Kontaktaufnahme via Tele-Medizin mit deutschsprachigen MedizinerInnen für Beratung im Ausland
- Helikopter-Rettung bei Bergnot und Wanderunfällen

Achtung: Bei selbstverschuldeten Bergunfällen mit hohem Risiko erfolgt keine Übernahme der Kosten!

**Kosten**
Die Kosten für das Standardpaket *Hermes*-Reiseschutz betragen pro Kalenderjahr € 52,80. Für junge Erwachsene zwischen 20 und 25 Jahren gilt eine Ermäßigung von 50 %. Für Jugendliche von 15 bis 19 Jahren gilt die Gratis-Mitgliedschaft im *Hermes*-Club mit kostenloser Reiseversicherung.

**Kündigung**
Eine Kündigung des Versicherungsschutzes für das nächste Jahr ist jeweils bis zum 31. Oktober des laufenden Jahres möglich und muss schriftlich (per Post oder E-Mail) erfolgen. Unsere Kontaktadressen finden Sie hier.

**Tipp**
Der Lesetext beim Prüfungsteil *Lesen, Teil 4* ist lang, und es gibt möglicherweise einige Wörter, die Sie nicht kennen. Sie müssen aber nicht alles verstehen, um die Aufgaben zu lösen.

**c** Lesen Sie die Aufgaben 1–3. Suchen Sie dann im Text auf S. 58: In welchen Zeilen finden Sie Informationen dazu? Ergänzen Sie.

| | Zeile/n | richtig | falsch |
|---|---|---|---|
| 1 Der Reiseschutz gilt nur, wenn die Familie zusammen in Urlaub fährt. | ______ | ☐ | ☐ |
| 2 Das Zurückbringen des kaputten Autos nach Deutschland ist möglich. | ______ | ☐ | ☐ |
| 3 Jugendliche können das Angebot nicht nutzen. | ______ | ☐ | ☐ |

**d** Lösen Sie jetzt die Aufgaben in c und kreuzen Sie an: richtig oder falsch?

**2** **Prüfungsaufgabe *Lesen, Teil 4***
Lösen Sie jetzt die Prüfungsaufgabe.

*Lesen Sie den Text. Entscheiden Sie, ob die Aussagen 37–39 richtig oder falsch sind. Markieren Sie Ihre Lösungen für die Aufgaben 37–39 auf dem Antwortbogen (S. 198).*

**ROBINSON premium**
(Navigationsgerät)

**Geräteinformationen:**
Größe: 7 Zoll (17,8 cm), inkl. USB-Anschluss, Mikrofon, Touchscreen

**Sprachsteuerung**
*ROBINSON premium* bietet sprachgesteuerte Navigation. Das Eingeben der Zieladresse ist einfach über Ihre Stimme möglich, ohne dass Sie die Hände vom Lenkrad nehmen müssen. Zur besseren Orientierung gibt das Gerät leicht verständliche Fahranweisungen und zusätzliche Informationen (Geschwindigkeitsbeschränkungen, Ortseinfahrten etc.)

**Vorinstallierte POIs**
Durch bereits gespeicherte Informationen zu möglichen POIs (*points of interest* = interessanten Punkten wie Firmen, Tankstellen, Restaurants etc.) ist eine Eingabe der Adresse nicht mehr nötig. Alle Ziele können vor der Fahrt direkt auch am Touchscreen angewählt werden. Eigene wichtige Adressen werden gespeichert und in den Favoriten angezeigt.

**Aktiver Fahrspurassistent**
Eine 3-D-Animation zeigt rechtzeitig die richtige Fahrspur für Ihre gewählte Route an. Zusätzlich kann mit der *Bird-Eye-Funktion* der Blick aus der Vogelperspektive angezeigt werden. Sie bietet einen klaren Überblick über Kreuzungen, Ausfahrten und Einbahnstraßen.

**Smartphone-Link**
Mit dem Smartphone-Link kann *ROBINSON premium* mit Ihrem Smartphone verbunden werden. Damit können Sie auf aktuelle Verkehrsinfos und andere Echtzeitdienste zugreifen. Wichtig: Beachten Sie eventuelle Zusatzgebühren Ihres Mobilfunkanbieters, vor allem im Ausland. *ROBINSON premium* bringt Sie sicher ans Ziel! Wir wünschen Ihnen eine gute Fahrt!

**37** Man kann dem Navigationsgerät einfach sagen, wohin man fahren will.
richtig / falsch?

**38** Das Gerät merkt sich Ziele, zu denen man oft fährt.
richtig / falsch?

**39** Alle Dienste mit dem Smartphone-Link sind immer und überall kostenlos.
richtig / falsch?

**Tipp**
Lesen Sie zuerst die Aufgaben 37–39 und dann erst den Text. So können Sie sich besser auf die für Sie wichtigen Inhalte konzentrieren.

# Miteinander wiederholen



## Station 1

### Eine Geschichte erzählen: Was ist auf dem Weg zum Deutschkurs passiert?

In Gruppen: Schreiben Sie die Wörter auf Kärtchen. Mischen Sie sie und legen Sie sie verdeckt auf den Tisch. Eine / Einer zieht ein Kärtchen und sagt einen Satz mit diesem Wort. Dann ist die / der Nächste an der Reihe und erzählt die Geschichte weiter.

abbiegen | anhalten | beschädigen | bremsen | erschrecken | fahren | hupen | stehen bleiben | stoßen | ...

◆ Was ist auf dem Weg zum Deutschkurs passiert?
▲ *abbiegen* ... Ich wollte von der Bahnhofstraße in die Poststraße abbiegen. Und dann ...
■ *fahren* ... Dann bin ich aus Versehen gegen eine Mülltonne gefahren.
◆ *hupen* ...

## Station 2

### Satzpuzzle: Bevor ich zu der Party gegangen bin, ...

Wählen Sie ein Thema und ergänzen Sie die Sätze. Schneiden Sie die Sätze dann in zwei Hälften. Zu zweit: Tauschen Sie mit Ihrer Partnerin / Ihrem Partner. Sie / Er setzt Ihre Satzhälften wieder zusammen und liest vor. Kontrollieren Sie: Stimmt das?

1 **Gestern war ich auf einer Geburtstagsparty.**
Bevor ich zu der Party gegangen bin, ...
Während ich auf der Party war, ...
Nachdem ich wieder zu Hause angekommen war, ...

2 **Letztes Wochenende bin ich mit dem Zug nach Wien gefahren.**
Bevor ich losgefahren bin, ...
Während ich im Zug saß, ...
Nachdem ich am Bahnhof angekommen war, ...

3 **Am Samstag war ich im Kino.**
Bevor ich ins Kino gegangen bin, ...
Während ich im Kino war, ...
Nachdem der Film zu Ende war, ...

*Bevor ich zu der Party gegangen bin,*

*habe ich noch Blumen gekauft.*

## Station 3

### Wörter diktieren: Wie schreibt man das?

Zu zweit: Jede / Jeder notiert fünf Wörter aus der Lektion. Die / Der andere darf die Wörter nicht sehen. Eine / Einer diktiert, die / der andere schreibt. Wenn Sie sich nicht sicher sind, fragen Sie nach. Kontrollieren und korrigieren Sie gegenseitig.

◆ Mein erstes Wort ist *Fahrradkorb*.
▲ Schreibt man das hinten mit *b* oder mit *p*?
◆ Mit *b*.
▲ Okay, schau mal: Ist das richtig so?
◆ Nicht ganz. *Fahrrad* wird mit zwei *r* geschrieben.
▲ Ach so ... Und jetzt? Ist es jetzt richtig?
▲ Ja, so stimmt es.

*Fahrradkorb*
*verpflichtend*

*Fahrradkor~~p~~b*
*Fahrradkorb*

LUNA

# EIN SUPER TEAM!

# 11

6 15 **1 Das gibt es doch nicht!** → AB 1–3

**a** Sehen Sie das Bild an und hören Sie. Sprechen Sie zu zweit über die Fragen.

1 Wer ist sauer auf wen? 2 Was ist passiert? Was ist das Problem?

Medikamente | System | Liste | Chefarzt: Visite | doppelte Arbeit

**b** Vorwürfe. Wer sagt was? Ordnen Sie zu: Frank (F) oder Luna (L). Hören Sie dann noch einmal.

1 [F] Also, das gibt es doch nicht!
2 [ ] Irgendjemand vergisst das immer.
3 [ ] Kannst du etwa keinen Computer bedienen?
4 [ ] Wie sprichst du denn mit mir?
5 [ ] Ich finde, dass wir das jetzt klären müssen.
6 [ ] Kannst du bitte sachlich bleiben?

irgendjemand = eine Person (Man weiß nicht, wer genau.)

**c** Zu zweit: Machen Sie Ihrer Partnerin / Ihrem Partner einen Vorwurf. Sie / Er reagiert.

Kuli genommen | Kaffee ausgetrunken | Lautsprecher zu laut eingestellt | ...

| | |
|---|---|
| *(Also,) das gibt es doch nicht!* | *(Moment mal!) Wie sprichst du denn mit mir?* |
| *Kannst du etwa kein- ... bedienen / ...?* | *Kannst du bitte sachlich bleiben?* |
| *Hast du etwa kein- ...?* | *Reg dich doch nicht so auf!* |
| *Warum hast du das gemacht?* | *Ich finde, dass wir das klären müssen.* |

◆ Das gibt es doch nicht! Du hast einfach meinen Kuli genommen!
▲ Reg dich doch nicht so auf. Ich will nur kurz was aufschreiben.

**2 Arme Luna!** Was würden Sie an Lunas Stelle tun? Erzählen Sie. → AB 4

Ich würde versuchen, ruhig zu bleiben.

Ich würde ...

# A Statt dich zu ärgern, ...

**A1 Das klappt ja auch nicht so richtig.**

**a** Sehen Sie das Bild an und lesen Sie. Was meinen Sie? Warum ist Luna unglücklich?

6 16 **b** Was ist richtig? Hören Sie das Gespräch und kreuzen Sie an.

1 ☐ Luna möchte nicht mit Margot sprechen.
2 ☐ Margot weiß, warum Frank unfreundlich ist.
3 ☐ Luna arbeitet gern mit Frank zusammen.
4 ☐ Margot rät Luna, allein mit Frank zu sprechen.
5 ☐ Luna findet Margots Vorschlag nicht so gut.
6 ☐ Margot geht bald in Rente.

**A2 ... statt sie ins Computersystem einzutragen.** → AB 5–8

**a** Lesen Sie die Sätze. Welches Bild passt? Kreuzen Sie an.

| | |
|---|---|
| Ich notiere die Medikamente in eine Liste. | Ich trage sie **nicht** ins Computersystem ein. |
| Ich notiere die Medikamente in eine Liste, | statt sie ins Computersystem einzutragen. |
| Ich notiere die Medikamente in eine Liste, | statt dass ich sie ins Computersystem ein trage. |

A ☐

B ☐

**b** Zeichnen Sie Pfeile zu den Bildern wie in a. Ergänzen Sie dann: Was soll die Person tun? Was nicht?

1 Statt dass Luna sich ärgert,
sollte sie mit Frank direkt sprechen.

Luna soll ______________________________.
Sie sollte *sich* nicht ______________.

2 Statt eine Nachricht zu schreiben,
sollte Frank Luna anrufen.

Frank soll ____________________.
Er sollte keine ______________________________.

**c** Was machen Sie lieber? Sagen Sie einen Satz mit *statt dass / statt ... zu.* Ihre Partnerin / Ihr Partner reagiert. S. 110

1 die Wohnung aufräumen — ins Kino gehen / im Park spazieren gehen / ...
2 abends eine Serie schauen — einen Roman lesen / mit Freunden chatten / ...
3 Einzeltickets für den Bus kaufen — eine Jahreskarte kaufen / mit dem Fahrrad fahren / ...
4 Sehenswürdigkeiten besichtigen — in der Innenstadt einkaufen / in die Bücherei gehen / ...

Statt die Wohnung aufzuräumen, gehe ich lieber ins Kino. Und du?

Ich liege lieber auf der Couch, statt dass ich die Wohnung aufräume.

**d** Spiel. Was machst du statt ...? In Gruppen: Schreiben Sie Satzanfänge auf Kärtchen. Mischen Sie. Ziehen Sie der Reihe nach ein Kärtchen. Ergänzen Sie den Satz.

Hausaufgaben machen | in den Tierpark gehen | ins Konzert gehen | eine Zeitung lesen | Verwandte besuchen | Filme sehen | mit Freunden ausgehen | zu Hause frühstücken | ...

*Statt zu Hause zu frühstücken, ...*

Statt zu Hause zu frühstücken, kaufe ich beim Bäcker einen Kaffee.

## A3 Ich fühle mich schrecklich. → AB 9–10

**a** Was bedeutet ungefähr das Gleiche? Verbinden Sie.

1 Ich weiß, man soll nicht schlecht über andere sprechen.
2 Ich fühle mich schrecklich.
3 Er war sehr unfreundlich.
4 Ich weiß gar nicht, was ich tun soll.
5 So kann ich im Team nicht weiterarbeiten.
6 Wie geht es dir jetzt?
7 Ich bin sicher, dass du das hinkriegst.

a Mir geht es gar nicht gut.
b Mir ist klar, dass man nichts Schlechtes über andere erzählen soll.
c Die Zusammenarbeit macht mir so keinen Spaß mehr.
d Er war gar nicht nett.
e Du schaffst das bestimmt.
f Was kann ich denn jetzt machen?
g Wie fühlst du dich jetzt?

**b** Zu zweit: Wählen Sie eine Situation und überlegen Sie, was man tun könnte. Notieren Sie.

1 Ihr Kollege hat Ihnen gestern gesagt, dass Sie zu laut telefonieren. Er war richtig sauer und hat gesagt, dass er sich bei der Chefin beschweren will.

2 Ihre Nachbarin hat gestern erzählt, dass Ihre Kinder im Hof die Mauer beschädigt haben. Sie hat gesagt, dass Ihre Kinder schlecht erzogen sind. Sie will den Vermieter informieren.

*sich beim Kollegen entschuldigen*
*beim Telefonieren die Bürotür zumachen*

*noch mal mit der Nachbarin sprechen*
*einen Kuchen für sie backen*

**c** Rollenspiel. Arbeiten Sie zu zweit. → S. 102

# B Warum warst du gestern so sauer?

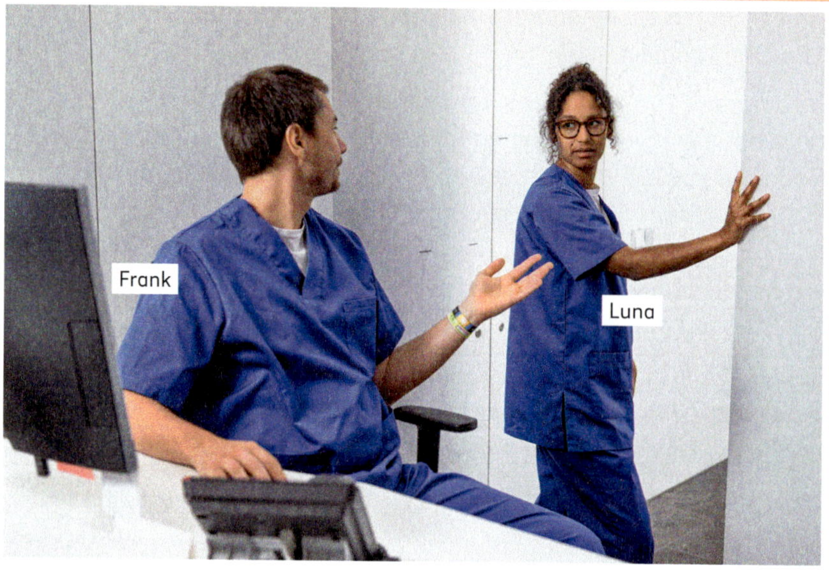


## B1 Die Medikamente müssen eingegeben werden. → AB 11–12

6 🔊 17 **a** Wie geht die Geschichte weiter? Zu zweit: Sortieren Sie. Hören Sie dann und vergleichen Sie.

- ☐ Frank sagt: Sonst kann keine Visite gemacht werden.
- ☐ *1* Luna möchte wissen, warum Frank am Tag zuvor sauer war.
- ☐ Frank meint, dass er wegen Luna Stress hatte, weil sie die Medikamente nicht eingetragen hat.
- ☐ Frank findet diese Methode nicht gut und will ihr das Computersystem noch einmal zeigen. Die Medikamente müssen in den PC eingegeben werden.
- ☐ Luna erklärt Frank, dass sie bis jetzt immer eine Liste erstellt hat. Die Liste kann bei der Übergabe einfach weitergegeben werden.

**b** Lesen Sie die Sätze in a noch einmal und ergänzen Sie.

Die Liste **kann** bei der Übergabe **weiter|gegeben** **werden**.

1 Die Medikamente *müssen* in den PC ______ ______.

2 Sonst ______ keine Visite ______ ______.

**c** Wie kann man die Sätze in b anders sagen? Sprechen Sie im Kurs.

Man kann die Liste bei der Übergabe weitergeben.

Man … Sonst …

## B2 Regeln → AB 13

**a** Was muss man im Krankenhaus beachten? Sprechen Sie.

**Krankenhausregeln**

1 im Zimmer leise sprechen
2 im Krankenhaus nicht rauchen
3 keine Hunde mitbringen
4 Besuchszeiten beachten

Im Zimmer muss leise gesprochen werden!

**b** Regeln für unsere Sprachschule, … Arbeiten Sie in Gruppen, dann im Kurs. → S. 98–99

## B3 Du machst das ganz anders als wir. → AB 14–15

6 18 **a** Warum sind Frank und Luna überrascht? Hören Sie weiter und ergänzen Sie *Frank* und *Luna*.

1 ________ wusste nicht, dass es einen festen Ablauf bei der Dienstübergabe gibt.

2 ________ dachte, dass die Dienstübergabe klar ist. Aber das ist nicht so.

**b** Hören Sie noch einmal und beantworten Sie die Fragen.

1 Was meint Frank, wenn er sagt: „Du hast deine eigenen Regeln"?
2 Wie viele Punkte hat der Ablauf der Dienstübergabe?
3 Wo kann Luna den Ablaufplan für die Dienstübergabe finden?

6 19 **c** Hören Sie das ganze Gespräch. Wer sagt was? Verbinden Sie.

*Warum warst du gestern so sauer?*
*Ich hatte einen Riesenstress wegen dir.*
*Ich habe eine Idee. Ich zeige dir …*
*Willst du damit sagen, dass …?*
*Ich will dir gern helfen.*
*Danke, dass du mir das gezeigt hast.*
*Das ist so wirklich praktischer / …*
*Du machst … ganz anders als wir.*
*Wie meinst du das denn jetzt?*
*Wirklich? Dir hat niemand erklärt / gezeigt, wie …?*
*Wenn du Fragen hast, komm zu mir.*

**d** Gespräche am Arbeitsplatz. Lesen Sie und ergänzen Sie mit Ausdrücken aus c.

▲ Warum ______________________?
◆ Ich hatte ______________________ wegen dir.
Du machst die Salate ______________________ wir.
▲ Das hat mir niemand gezeigt.
◆ Wirklich? ______________________ gezeigt, wie wir hier die Salate machen? Ich zeige es dir jetzt.
▲ Danke. Das ist ______________________.

die Salate machen

**e** Zu zweit: Wählen Sie zwei Situationen und spielen Sie ähnliche Gespräche wie in d. Verwenden Sie auch andere Ausdrücke aus c. Tauschen Sie dann die Rollen und spielen Sie die anderen Situationen.

A die Soße rühren

B die Sandwiches belegen

C die Lebensmittel ordnen

D die Schaufenster putzen

Warum warst du gestern so sauer?

Ich hatte Stress wegen dir. Du hast die Sandwiches nicht richtig … Aber ich zeige dir, wie …

Danke, dass du mir das zeigst. Das ist so wirklich besser.

# C LUNA Spezial

| Abteilung 3 | Dienstplan März, KW 11 [A] | | | | | |
|---|---|---|---|---|---|---|
| [B] Personal | Mo. 13. | Di. 14. | Mi. 15. | Do. 16. | Fr. 17. | Sa. 18. | So. 19. |
| Bulut, Özlem | S | S | | | F | F | F |
| Fischer, Margot | U | U | U | U | U | U | U |
| Klein, Angela | S | | F | F | N | S | S |
| Krüger, Frank | | | | S | S | N | N |
| Mello, Luna | F | F | F | S | S | | |

F = Frühschicht (6:00–14:00) / S = Spätschicht (13:30–21:30) / N = Nachtschicht (21:00–6:30)
[C] U = Urlaub / ▭ = frei

## C1 Du meinst das nächste Wochenende? → AB 16

**a** Wo stehen die Informationen im Dienstplan? Ordnen Sie zu.

1 ☐ Hier stehen die Namen der Angestellten aus der Abteilung.
2 ☐ Der Dienstplan gilt in der Kalenderwoche 11.
3 ☐ Hier werden die Abkürzungen erklärt.

**b** Zu zweit: Sehen Sie den Dienstplan an und beantworten Sie die Fragen.

1 Wann hat Frau Bulut Frühschicht?
2 Wer arbeitet am Samstag?
3 Wer hat am Samstag Nachtschicht?
4 Wann muss Luna arbeiten?
5 Wann muss Frank arbeiten?

> Frau Bulut hat von Freitag bis ...

6 🔊 20 **c** Was ist richtig? Hören Sie und umkreisen Sie.

1 Frank ist mit dem Dienstplan einverstanden. / (unzufrieden.)
2 Margot kann / will den Plan nicht ändern.
3 Frank / Franks Ex-Frau muss am Wochenende auf Mia aufpassen.
4 Luna hat ein Terminproblem. / einen Vorschlag.
5 Frank und Luna tauschen ihre Schichten. / ihren Urlaub.

6 🔊 21 **d** Wann arbeiten Frank und Luna? Hören Sie und ändern Sie dann den Dienstplan oben.

**e** Zu zweit: Variieren Sie das Gespräch.

◆ Ich kann am Samstag nicht arbeiten. Das geht auf keinen Fall.
▲ Du meinst Samstag, den 20.? Ich kann doch für dich arbeiten!
◆ Bist du dir da sicher?
▲ Ja, das geht schon.

Freitag, 15. / das Treppenhaus putzen | Sonntag, 17. / Kuchen backen | Montag, 18. / das Fahrrad in der Werkstatt abholen | ...

**Schon fertig?** Denken Sie sich eigene Angaben aus, mit denen Sie das Gespräch variieren.

**f** Haben Sie schon einmal im Schichtdienst gearbeitet? Zu welchen Zeiten arbeiten Sie am liebsten?

## C2 Du brauchst dich nicht zu bedanken. → AB 17–20

**a** Lesen Sie die Textnachrichten und ordnen Sie zu.

~~Angebot~~ Bitte Dank Einladung Entschuldigung Rückfrage

**Frank:** Hallo Luna, vielen Dank, dass du mit mir die Schichten getauscht hast. Es tut mir leid, dass ich neulich so unfreundlich zu dir war. 20:13 ________________

**Luna:** Hallo Frank, du brauchst dich nicht zu bedanken. Das war doch selbstverständlich. Und: Wenn ich mal was falsch mache, kannst du mir das jederzeit sagen. 😉 20:21 *Angebot*

**Frank:** Übrigens, kannst du nächsten Montag etwas früher zur Spätschicht kommen? 20:23 ________________

**Luna:** Oh nein! Was willst du mir denn dieses Mal erklären? Habe ich denn wirklich wieder was falsch gemacht? 😳 20:23 ________________

**Frank:** 😂 Nein, nein, nein! Du brauchst keinen Schreck zu bekommen. Ich möchte dich nur zu einem ☕ einladen ... 20:24 ________________

**b** Wie hat sich die Beziehung zwischen Frank und Luna verändert? Sprechen Sie zu zweit.

◆ Am Anfang war Frank sauer auf Luna. Er war ...

▲ Ja, und jetzt verabreden sie sich und ...

**c** Lesen Sie die Nachrichten in a und ergänzen Sie.

| Du *brauchst* dich ______ ______ bedanken. |
|---|
| Du ______ ______ Schreck ______ bekommen. |

nicht brauchen ... zu = nicht müssen

**d** Morgen ist dein freier Tag! Jede / Jeder schreibt ihren / seinen Namen auf einen Zettel. Mischen Sie die Zettel und ziehen Sie einen Namen. Schreiben Sie einen Text für diese Person.

aufstehen Kaffee kochen mit dem Fahrrad fahren sich Sorgen / Stress / Gedanken machen Hausaufgaben machen einkaufen ...

*Anushka*

*Morgen ist dein freier Tag!*
*Du brauchst dir keine Mahlzeiten zu machen.*
*Ich koche für dich.*
*Du brauchst die Wohnung nicht zu putzen.*
*Ich putze alles gründlich.*

Extra

Film

# Das kann ich!

## GRAMMATIK

### Pronomen: Indefinitpronomen *irgendjemand*

| *Nominativ* | *Akkusativ* | *Dativ* | *Genitiv* |
|---|---|---|---|
| irgendjemand | irgendjemanden | irgendjemandem | irgendjemandes |

*auch so:* jemand, jemanden, ...

irgendjemand = eine Person (Man weiß nicht, wer genau.)

### Sätze: Konjunktionen *statt ... zu* + Infinitiv und *statt dass*

| | |
|---|---|
| Ich notiere die Medikamente in eine Liste. | Ich trage sie **nicht** ins Computersystem ein. |
| Ich notiere die Medikamente in eine Liste, | statt sie ins Computersystem einzutragen. |
| Ich notiere die Medikamente in eine Liste, | statt dass ich sie ins Computersystem ein¦trage. |

*auch möglich:* anstatt ... zu ... / anstatt dass ...

### Sätze: *nicht / kein- ... brauchen ... zu* + Infinitiv

| | |
|---|---|
| Du brauchst dich nicht | zu bedanken. |
| Du brauchst keinen Schreck | zu bekommen. |

Du brauchst dich nicht zu bedanken. =
Du musst dich nicht bedanken.

### Sätze: Infinitiv mit *zu*

WDH

| | |
|---|---|
| Es ist wichtig, | die Medikamente zu notieren. |
| *auch so:*<br>Es ist (nicht) gut / schwierig / leicht / interessant / ...,<br>(kein-) Zeit / Lust / Interesse / Grund / ... haben,<br>(nicht) vergessen / daran denken / empfehlen / bitten / ..., | ... zu ... |

### Verben: Passiv Präsens mit Modalverben

| | |
|---|---|
| Die Kolleginnen und Kollegen können die Liste bei der Übergabe | weiter¦geben. |
| Die Liste kann bei der Übergabe | weiter¦gegeben werden. |
| Die Pflegerinnen und Pfleger müssen die Medikamente in den PC | ein¦geben. |
| Die Medikamente müssen in den PC | ein¦gegeben werden. |

### Verben: Passiv Präsens

WDH

| | |
|---|---|
| Die Liste wird bei der Übergabe | weiter¦gegeben. |

# 11

## KOMMUNIKATION

### Ärger äußern

*(Also,) das gibt es doch nicht!*
*(Moment mal!) Wie sprichst du denn mit mir?*
*Kannst du etwa kein- ... bedienen / ...?*
*Hast du etwa kein- ...?*

### mit Konflikten am Arbeitsplatz umgehen:

*Kannst du bitte sachlich bleiben?*
*Reg dich doch nicht so auf!*
*Ich finde, dass wir das (jetzt) klären müssen.*

### (kritisch) nachfragen:

*Warum hast du das gemacht?*
*Warum warst du gestern so sauer?*
*Willst du damit sagen, dass ...?*
*Wie meinst du das denn jetzt?*
*Wirklich? Dir hat niemand erklärt / gezeigt, wie ...?*
*Hat dir niemand erklärt, ...?*

### ein Problem erklären und Lösungsvorschläge machen:

*Ich hatte einen Riesenstress / mehr Arbeit wegen dir.*
*Du machst ... ganz anders als wir.*
*Ich habe eine Idee. Ich zeige dir ...*
*Ich will dir gern helfen.*
*Wenn du Fragen hast, komm zu mir.*

### auf eine Erklärung reagieren:

*Danke, dass du mir das gezeigt hast.*
*Das ist so wirklich praktischer / besser / ...*

### Haltungen und Gefühle ausdrücken:

*Ich fühle mich schrecklich. / Mir geht es gar nicht gut.*
*... war sehr unfreundlich / gar nicht nett.*
*Ich weiß gar nicht, was ich tun soll. /*
*Was kann ich denn jetzt machen?*

### Mut zusprechen:

*Wie geht es dir jetzt? / Wie fühlst du dich jetzt?*
*Ich bin sicher, dass du das hinkriegst. /*
*Du schaffst das bestimmt.*

## WÖRTER

### Tätigkeiten

besichtigen

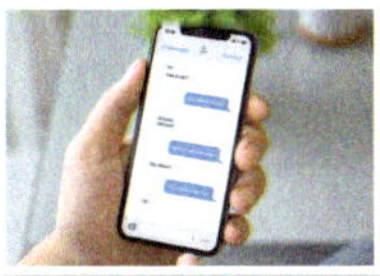
chatten

eintragen

erziehen

ordnen

rühren

### Am Arbeitsplatz

• der Abfall

• der Internet-anschluss

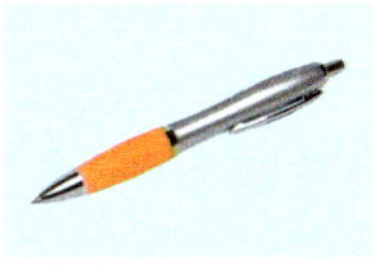
• der Kuli

• der Lautsprecher

• der PC

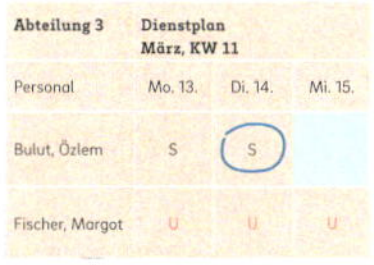

• die Schicht

### Orte in der Stadt

• die Bücherei

• die Innenstadt

• die Mauer

• das Schaufenster

• die Sehens-würdigkeit

• der Tierpark

**Fokus Alltag und Beruf:** www.hueber.de/miteinander

# Miteinander zum DTZ – Lesen, Teil 5

**1 Vorbereitung**

**a Lesen Sie die Sätze. Welches Wort passt? Umkreisen Sie.**

1 ◆ Hallo Simon! Wie geht es Ihnen dir dich denn?
2 ▲ Nicht so gut. Meine Kollegin und ich haben uns gestern gestreitet. gestreiten. gestritten.
3 ◆ Willst du mir erzählen, das was wo genau passiert ist?
4 ▲ Ehrlich gesagt war es mein Fehler. Ich glaube, ich muss mich dafür darauf davon entschuldigen.

**b In Gruppen: Sprechen Sie und erklären Sie Ihre Auswahl in a.**

Ich glaube, in Satz 1 heißt es „Ihnen“, oder?

Nein. Die Person duzt Simon, weil sie den Vornamen sagt.

Genau! Deswegen heißt es „dir“. Man sagt auf Deutsch: „Wie geht es dir?“

**c Zu zweit: In jedem Satz gibt es ein falsches Wort. Unterstreichen Sie. Lesen Sie dann die Sätze noch einmal und korrigieren Sie.**

1 Die Stimmung in unseres Büro ist total gut. *unserem*
2 Nach der Arbeit laufe ich mit Sabine noch etwas trinken. ______
3 Das mache ich gern, obwohl ich mit ihr so viel lachen kann. ______
4 Manchmal treffen wir sich auch am Wochenende. ______

**d Welches Wort passt? Umkreisen Sie.**

Kundenservice Buch-Club *Traumseite*
z. H. Frau Nora Kreisler
20255 Hamburg

**Reklamation** Lübeck, 7. Juni 20..

Hallo Liebe Sehr geehrte **(0)** Frau Kreisler,

schon seit vielen Jahren bin ich Mitglied in Ihrem Buch-Club. Bis jetzt sein war wäre **(1)** ich mit Ihrem Service immer sehr zufrieden. Doch bei der letzte letzten letzter **(2)** Lieferung gab es leider Probleme.
Ich habe ein Fachbuch mit nach vor **(3)** dem Titel „Probleme am Arbeitsplatz lösen“ bestellt. Statt der neuesten Ausgabe wurde mir aber eine alte aus dem Jahr 2018 geschickt. Außerdem habe ich auf meinem Konto gesehen, dass Sie mir nicht € 28,60, oder sondern zwar **(4)** € 38,60 berechnet haben.

Ich bitte frage rufe **(5)** Sie, mir das richtige Buch so bald und wenn wie **(6)** möglich zuzuschicken und den Betrag von € 10,– auf mein Konto zu überweisen.

Mit freundlichen Grüßen
Raffael Hönig

**Tipp**
Lesen Sie jeden Satz vom Anfang bis zum Ende und versuchen Sie, den Sinn zu verstehen. Konzentrieren Sie sich erst dann auf die richtige Antwortmöglichkeit.

**2** **Prüfungsaufgabe *Lesen, Teil 5***
Lösen Sie jetzt die Prüfungsaufgabe.

*Lesen Sie den Text und schließen Sie die Lücken 40–45. Welche Lösung (a, b oder c) passt am besten? Markieren Sie Ihre Lösungen für die Aufgaben 40–45 auf dem Antwortbogen (S. 198).*

Natura Optic Plus * Stiftstraße 82 * 66740 Saarlouis
Möbel Schiefer & Bruchmeier
Schwindstraße 52
66424 Homburg

**Reklamation**

Sehr geehrte **(0)**,

am 6.2.20.. haben wir bei **(40)** folgende Büromöbel bestellt:
6 Schreibtische (Artikelnr. 00343), 12 Bürostühle (Artikelnr. 001208), 3 Regale (Artikelnr. 00739).

Nach der gestrigen Lieferung haben wir aber beim Auspacken sofort gesehen, dass die Möbel weder hellbraun **(41)** aus Vollholz sind, sondern dunkelbraun und mit hohem Kunststoffanteil. Da wir ein umweltfreundlicher Betrieb sind, haben wir uns bei **(42)** Bestellung bewusst für Möbel ohne schädliches Plastik entschieden.

Wir haben Ihrer Firma den Auftrag gegeben, **(43)** sie im Internet gute Bewertungen hatte. Leider wurden wir sehr enttäuscht. Ein Produkt muss so **(44)** werden, wie es die Beschreibung verspricht! **(45)** hoffen wir, dass Sie die gesamte Lieferung zurücknehmen und das Geld zurücküberweisen.

Mit freundlichen Grüßen
Sara Hagendunst
(Personalabteilung Natura Optic Plus)

**Beispiel**

**(0)** **a** Damen und Herren
**b** Leute
**c** Dame und Herr

☒ a ☐ b ☐ c

**40** **a** Ihnen **b** Sie **c** Euch

**41** **a** auch **b** und **c** noch

**42** **a** der **b** die **c** den

**43** **a** obwohl **b** weil **c** trotz

**44** **a** geliefert **b** liefern **c** liefert

**45** **a** Deshalb **b** Manchmal **c** Sonst

**Tipp**
Markieren Sie immer eine Lösung, auch wenn Sie nicht ganz sicher sind!

# Miteinander wiederholen



## Station 1

### Aufgabenliste: Müssen oder nicht müssen?

Zu zweit: Schreiben Sie eine Aufgabenliste. Tauschen Sie mit einem anderen Paar Ihre Listen. Ergänzen Sie auf der anderen Liste: *(nicht) müssen, sollen, können* oder *dürfen*. Tauschen Sie dann die Listen zurück und sprechen Sie: Was muss / soll / kann / darf heute (nicht) gemacht werden?

*die Hausaufgaben machen* — *nicht dürfen*
*die Lehrerin / den Lehrer anrufen*
*die Kaffeemaschine sauber machen*

Unsere Aufgabenliste für heute ist: Die Hausaufgaben dürfen nicht gemacht werden.

## Station 2

### Domino-Spiel: Was passt zusammen?

Zu zweit: Schreiben Sie die Satzteile auf zehn Kärtchen. Welche Satzteile passen zusammen? Legen Sie eine Satzschlange und lesen Sie die Sätze vor.

- komm zu mir. | Das gibt es
- was ich tun soll. | Ich will dir
- nicht so auf! | Wie meinst du
- mir das gezeigt hast. | Das ist so
- dass du das hinkriegst. | Danke, dass du
- doch nicht! | Reg dich doch
- gern helfen. | Ich bin sicher,
- sachlich bleiben? | Ich weiß gar nicht,
- das denn jetzt? | Kannst du bitte
- wirklich praktischer. | Wenn du Fragen hast,

## Station 3

### Kettenspiel: Wir fahren in Urlaub!

Zu viert: A+B fahren in Urlaub. C+D sind die Nachbarn. C+D bieten Hilfe an, A lehnt die Hilfe ab. Am Ende wiederholt B alles noch einmal. Tauschen Sie dann die Rollen.

Lebensmittel einkaufen — Katzenfutter kaufen — das Treppenhaus putzen — Blumen gießen — Katze füttern — Briefkasten leeren — ...

A: Wir fahren nächste Woche in Urlaub!
C: Ach schön! Sollen wir euren Briefkasten leeren?
A: Danke, das ist sehr nett. Aber ihr braucht unseren Briefkasten nicht zu leeren.
D: Sollen wir eure Katze füttern?
A: Nein, ihr braucht auch unsere Katze nicht zu füttern.
C: ...

B: Also: Ihr braucht unseren Briefkasten nicht zu leeren, ihr braucht unsere Katze nicht zu füttern. Die Blumen braucht ihr auch nicht zu ...

# ZOFIA

# ZEIT AUFZURÄUMEN! 12

**1** **So viel Zeug!** Wie heißen die Sachen auf dem Bild? Ordnen Sie zu. (Nicht alles passt.)

☐ • DVD-Player ☐ • Festplatte ☐ • Lampe [2] • Lautsprecher
☐ • Monitor [3] • Softbox ☐ • Radio ☐ • Zahnbürste

6 🔊 22 **2** **Wozu braucht man das?** → AB 1

**a** Sehen Sie das Bild an. Was macht Zofia? Warum ist Ilias da? Sprechen Sie im Kurs.

◆ Ilias arbeitet doch im Reparaturcafé. Vielleicht ...
▲ Oder er schaut zu, wie ...

**b** Lesen Sie. Hören Sie dann. Welcher Post könnte von Zofia sein? Kreuzen Sie an.

☐ **A** Eine Menge zu tun: anschauen, ordnen, kaputte Apparate entsorgen! Das habe ich mir schon lange vorgenommen! So viel altes Zeug! Das kann alles weg. Ich weiß nicht, ob ich jemals wieder etwas Neues brauche!

☐ **B** Mir fällt es unheimlich schwer, mich von Sachen zu trennen. Heute zwinge ich mich, mein ganzes altes Zeug mal anzuschauen. Vielleicht kann man noch was retten? Zum Glück ist Ilias da, um mir zu helfen.

**c** Hören Sie noch einmal. Was ist richtig? Kreuzen Sie an.

1 ☐ Ilias ist sicher, dass er Zofia beim Aufräumen helfen kann.
2 ☐ Ilias schätzt, dass Zofias Papa den DVD-Player 15 Jahre lang benutzt hat.
3 ☐ Zofia benutzt die kleine Lampe immer noch zum Lesen.
4 ☐ Zofia braucht die Softbox zum Fotografieren bei schlechtem Licht.
5 ☐ Zofia will ein Vlogging-Kit zum Aufnehmen von Tutorials benutzen.

Wozu braucht man ein Vlogging-Kit?
Zum Aufnehmen von Tutorials.

**3** **Ratespiel. Wozu braucht man das?** Arbeiten Sie allein, dann in Gruppen. → S. 104 → AB 2

# A Wird schon alles okay sein!

## A1 Ich find's mega! → AB 3–6

**a** Lesen Sie. Warum ist Zofia von dem Kit so begeistert? Markieren Sie. Sprechen Sie dann im Kurs.

> Zofia findet gut, dass man das Gerät einfach bedienen kann.

**b** Zu zweit: Lesen Sie noch einmal und ergänzen Sie.

| | | | |
|---|---|---|---|
| 1 | Ilias vermutet: | „Damit *wirst* du bestimmt die allerbesten Tutorials | ______." |
| 2 | Zofia verspricht: | „Ich ______ mir auf jeden Fall Mühe | ______!" |
| 3 | Ilias denkt: | „Dann ______ bald überall Tutorials von dir im Netz | ______." |
| 4 | Ilias glaubt: | „______ schon alles okay | ______!" |

## A2 In 10 Jahren ... Arbeiten Sie in Gruppen. → S. 100 → AB 7–9

## A3 Ich fürchte, dass es Probleme gibt. → AB 10

**a** Was denken Sie: Wird Zofia das Kit bestellen? Sprechen Sie in Gruppen.

> Ich nehme an, Zofia wird ...

6 🔊 23

**b** Was passt? Hören Sie die Sprachnachrichten und verbinden Sie.

1 Zofia stört, dass die Ware erst verschickt wird,
2 Sie hat Sorge, dass es Probleme gibt,
3 Sie fürchtet, dass der Händler sich weigert,
4 Sie weiß nicht,
5 Ilias sagt, dass auf kommerziellen Webseiten
6 Er gibt den Tipp nachzufragen,

(a) ob Garantie auf dem Gerät ist.
(b) wenn man bezahlt hat.
(c) falls das Gerät nicht funktioniert.
(d) das Gerät umzutauschen.
(e) ob man auf Rechnung bestellen kann.
(f) *Allgemeine Geschäftsbedingungen* stehen.

**c** Zu zweit: Haben Sie schon einmal online eingekauft? Was haben Sie erlebt? Sprechen Sie. S. 111

## A4 Allgemeine Geschäftsbedingungen (AGBs)

**a** Zu zweit: Lesen Sie die Allgemeinen Geschäftsbedingungen und ordnen Sie die Überschriften zu.

Lieferung | Umtausch | Versandkosten | Zahlungsmöglichkeiten

1 ______________________:
Ausschließlich Vorkasse. Bezahlung mit Kreditkarte, Lastschrift und Kauf auf Rechnung nicht möglich.

2 ______________________:
In der Regel liefern wir innerhalb von 5 Tagen. Wir nennen bei der Bestellung den voraussichtlichen Liefertermin.

3 ______________________:
Gratis ab 100 Euro Bestellwert. Bis 100 Euro: pauschal 6,95 Euro (innerhalb Deutschlands).

4 ______________________ / Rückgabe der Ware:
Innerhalb von 14 Tagen nach Kauf, ohne Angabe von Gründen. Die Kosten für die Rücksendung trägt der Käufer.

**b** Zu zweit: Lesen Sie noch einmal die AGBs in a und beantworten Sie die Fragen.

1 Kann man mit Kreditkarte bezahlen?
2 Wie lange dauert die Lieferung?
3 Wann ist der Versand kostenlos?
4 Wie viel Zeit hat man zum Umtauschen?

**Schon fertig?**
Zu zweit: Notieren Sie noch zwei Fragen. Tauschen Sie die Fragen mit einem anderen Paar.

## A5 Danke für Ihre Anfrage! → AB 11

**a** Lesen Sie die Anfrage (A) und die Antwort (B). Korrigieren Sie dann die Sätze (1–4). S. 108

**A**

Sehr geehrte Damen und Herren,

ich interessiere mich für das Vlogging-Kit *Digi-Fix23* und habe eine Frage zu den Zahlungsmöglichkeiten. Akzeptieren Sie auch andere Zahlungsarten als Vorkasse (z. B. mit Kreditkarte oder auf Rechnung)?

Vielen Dank und freundliche Grüße
Zofia Lewandowska

**B**

Sehr geehrte Frau Lewandowska,

danke für Ihre Anfrage! Als kleines Unternehmen können wir keine anderen Zahlungsarten akzeptieren. Sie müssen die Ware im Voraus bezahlen. Da können wir leider keine Ausnahme machen. Ich hoffe auf Ihr Verständnis. Bitte melden Sie sich gern, falls Sie weitere Fragen haben sollten.

Mit freundlichen Grüßen
Artur Lang

1 Zofia hat eine Frage ~~zu ihrer Rechnung~~. *zu den Zahlungsmöglichkeiten*
2 Zofia möchte die Ware im Voraus bezahlen.
3 Der Händler schlägt andere Zahlungsarten vor.
4 Zofia muss das Vlogging-Kit mit Kreditkarte bezahlen.

**b** Zu zweit: Wählen Sie eine Frage. Schreiben Sie dann eine eigene Anfrage dazu.

Versandkosten: Ab welchem Bestellwert kostenfrei?

Lieferung: Wann?

Rückgabe der Ware: Wie lange möglich?

Kosten für die Rücksendung: Wer zahlt?

**c** Zu zweit: Tauschen Sie Ihre Anfrage aus b mit einem anderen Paar und schreiben Sie eine Antwort mit den Informationen aus A4.

**d** Zu viert: Lesen Sie die Anfragen und Antworten. Was ist gut? Könnte man etwas besser machen? Verbessern Sie Ihre Texte gemeinsam.

# B Das finde ich wirklich ärgerlich!

Betreff: Reklamation / Bestellnr. 932498174

Sehr geehrte Damen und Herren,

am 15.07. habe ich in Ihrem Online-Shop das Vlogging-Kit *Digi-Fix23* gekauft. Leider wurde das Gerät beschädigt geliefert. Außerdem fehlt ein Kabel. Das finde ich wirklich ärgerlich!
Ich möchte das Gerät zurückgeben. Ich bitte Sie, mir den gezahlten Betrag von 89,99 Euro zurückzuzahlen. Da ich den Schaden nicht verursacht habe, werde ich die Kosten für die Rücksendung nicht bezahlen. Bitte schicken Sie mir ein Retourenetikett.

Mit freundlichen Grüßen
Zofia Lewandowska

## B1 Reklamation → AB 12–13

a Lesen Sie die E-Mail. Was ist richtig? Umkreisen Sie.

1 Zofia hat am Gerät / am Kabel einen Schaden entdeckt.
2 Sie möchte das Gerät umtauschen. / zurückschicken.
3 Sie hat schon 89,99 Euro bezahlt. / zurückbekommen.
4 Sie sagt, sie ist nicht enttäuscht, / schuld, dass das Gerät nicht in Ordnung ist.
5 Sie bittet um ein Etikett für eine kostenfreie / schnelle Rücksendung.

b Was passt? Suchen Sie die passenden Wörter in der E-Mail und ergänzen Sie.

| der Ärger | *ärger* |
|---|---|
| der Freund | *lich* |

## B2 Ich bitte Sie, ...

a Zu zweit: Wählen Sie eine Situation (1 oder 2) und einen passenden Artikel (A–E). S. 111

1 Sie haben etwas bestellt, aber die Bestellung wurde verwechselt. Sie haben einen falschen Artikel bekommen (falsche Farbe / Größe / Marke, falsches Modell, ...). Sie möchten den falschen Artikel gegen den richtigen Artikel umtauschen. Sie bitten um ein Retourenetikett für die Rücksendung.

2 Sie haben etwas als Geburtstagsgeschenk bestellt. Der Artikel kommt zwei Wochen später als angekündigt. Sie möchten den Artikel zurückschicken, weil Sie ihn nun nicht mehr brauchen. Sie bitten um die Erstattung des gezahlten Betrags von ... Euro.

A 
• Schal

B 
• Essig und • Öl

C 
• Parfum

D 
• Kaffeemaschine

E 
• Grill

b Schreiben Sie eine Reklamation wie Zofia. Hängen Sie Ihren Text im Kursraum auf. S. 111

c Lesen Sie die Reklamationen der anderen. Was ist gut gelungen? Kommentieren Sie.

*kurz und gut* ☺ *sehr freundlich*

## B3 Da war ich richtig sauer! → AB 14–16

**a** Wer hat was erlebt? Lesen Sie den Chat und ordnen Sie in 1–5 zu: Z = Zofia, I = Ilias, X = niemand.

●●●●● D-net

**Ilias:** Na, machst du schon fleißig Videos mit dem neuen Kit? 17:54

**Zofia:** Nee. Sie haben das Kit schnell geliefert, aber es war kaputt, und es fehlte ein Kabel. Hab es zurückgeschickt, ohne es überhaupt auszuprobieren. Immerhin habe ich mein Geld schon erhalten. Das ging echt schnell. 17:56

**Ilias:** Im Online-Handel kann man Ware zurückgeben, ohne dass man Gründe angeben muss. Aber es kommt trotzdem vor, dass es Ärger gibt. Ich wollte mal ein kaputtes Ersatzteil umtauschen und habe dann wochenlang nichts vom Händler gehört. Irgendwann kam die Nachricht, dass es das Teil nicht mehr gibt. Auf mein Geld habe ich auch noch mal ziemlich lang gewartet. Da war ich richtig sauer! 17:59

**Zofia:** Verständlich! Ich hab das gleiche Modell jetzt bei einem anderen Anbieter bestellt. Kommt hoffentlich schon morgen. 18:01

1 ☐ hat den gezahlten Betrag schnell zurückbekommen.
2 ☐ musste Gründe für die Retoure nennen.
3 ☐ weiß, dass es manchmal Ärger beim Umtausch gibt.
4 ☐ hat bei einem Umtausch mehrere Wochen auf eine Antwort gewartet.
5 ☐ hat den gleichen Artikel bei einem anderen Händler bestellt.

**b** Haben Sie schon mal (online) etwas umgetauscht oder zurückgegeben? Wie sind Ihre Erfahrungen? Sprechen Sie im Kurs.

> *Im Laden hatte ich schon mal Probleme beim Zurückgeben. Man wollte mir mein Geld nicht zurückzahlen, sondern nur einen Gutschein geben.*

Beispiel

Film

**c** Wie kann man das auch sagen? Suchen Sie die passenden Sätze im Chat in a und ergänzen Sie.

| | |
|---|---|
| Ich habe das Kit zurückgeschickt. | Ich habe es überhaupt **nicht** aus|probiert. |
| Ich habe das Kit zurückgeschickt, | *ohne* es überhaupt ______________. |
| Im Online-Handel kann man Ware zurückgeben. | Man muss **keine** Gründe an|geben. |
| Im Online-Handel kann man Ware zurückgeben, | ______________ man Gründe an|geben muss. |

## B4 Wer hat was schon mal gemacht? Notieren Sie zwei Fragen auf Kärtchen.

Machen Sie dann einen Kursspaziergang. Fragen und antworten Sie.

| | |
|---|---|
| ein Geschenk / Konzertticket besorgen<br>etwas bestellen / bezahlen<br>ein Souvenir / Kleidung / Schuhe kaufen<br>etwas zurückschicken / entsorgen | nicht auf den Preis achten / die Rechnung prüfen<br>keine Angebote vergleichen / Gründe nennen<br>nicht auspacken / anprobieren / ausprobieren<br>nicht zweifeln / lange nachdenken |

*Hast du schon mal Schuhe gekauft, ohne sie anzuprobieren?*

*Hast du schon mal etwas bestellt, ohne dass du auf den Preis geachtet hast?*

◆ Hast du schon mal Schuhe gekauft, ohne sie anzuprobieren?
▲ Nein, noch nie. Hast du schon mal …?

# C ZOFIA Spezial

k

**Geld verdienen und gleichzeitig Platz schaffen!**
**7 Tipps fürs Verkaufen von gebrauchten Sachen**

Lesen Sie auch: Preiswert gebraucht kaufen

**A** 5

Reinigen Sie den Artikel gründlich, entfernen Sie Staub und Schmutz. Erledigen Sie notwendige Reparaturen.

**B** ☐

Fotografieren Sie den Artikel bei gutem Licht und von allen Seiten!

**C** ☐

Konzentrieren Sie sich auf lokale Plattformen! So sparen Sie Versandkosten.
→ Empfehlenswerte Plattformen

**D** ☐

Beschreiben Sie den Artikel genau: Marke, Größe, Farbe, Zustand (auf Schäden hinweisen!). Schreiben Sie keine Romane: Stichwörter reichen!

**E** ☐

Recherchieren Sie Preise für ähnliche Artikel. Dann wissen Sie, was Sie verlangen können.
→ Erfolgreich handeln

**F** ☐

Antworten Sie schnell auf ernsthafte Anfragen. Bleiben Sie cool bei unpassenden Kommentaren. Am besten einfach nicht reagieren.

**G** ☐

Seien Sie geduldig! Löschen Sie den Artikel nicht, bis der Verkauf abgeschlossen ist – falls jemand im letzten Moment seine Meinung ändert.

| der Preis | preiswert |
|---|---|
| empfehlen | empfehlenswert |

## C1 Gebraucht verkaufen → AB 17–18

**a** Zu zweit: Lesen Sie den Text. Was passt? Ordnen Sie zu.

1 Der beste Marktplatz  2 Geduld!  3 Guter Preis  4 Kurz und knapp formulieren  
5 ~~Maximal attraktiv~~  6 Scharfe Fotos  7 Schlau kommunizieren

**b** Welchen Tipp finden Sie besonders hilfreich? Haben Sie noch weitere Tipps? Sprechen Sie im Kurs.

◆ „Preise recherchieren" ist ein guter Tipp. Ich weiß oft nicht, welchen Preis man verlangen kann.
▲ Stimmt. Es ist auch wichtig, einen etwas höheren Preis zu nennen. Meistens wird ja noch gehandelt.

**c** Lesen Sie Mareks Nachricht. Wählen Sie einen Tipp und fassen Sie ihn mit eigenen Worten in einer Sprachnachricht zusammen.

**Marek:** Ich will mein altes Fahrrad verkaufen. Hast du vielleicht einen Tipp, was ich dabei beachten sollte?

00:13

Zofia

Verkaufe Handy *Simsam Space A*, inkl. Handy-Kette. Super Zustand, leichte Kratzer auf der Rückseite.

52x angesehen

**50 Euro**

| | | |
|---|---|---|
| NecMet: | Eine Frage: Funktioniert die Kamera denn trotz der Kratzer? | 17.07. 07:43 |
| Zofia | Klar, die Kratzer sind um die Kamera herum, aber nicht auf der Linse. Das Handy funktioniert einwandfrei. Auch der Akku ist vollkommen in Ordnung.  | 18.07. 06:12 |
| NecMet: | Cool. Dann hätte ich Interesse. Kann man am Preis noch was machen? | 18.07. 06:55 |
| Zofia: | Schlag was vor! | 18.07. 13:28 |
| NecMet: | 35? | 18.07. 13:32 |
| Zofia: | Einigen wir uns auf 40? | 18.07. 13:44 |
| NecMet: | 👍 Perfekt. Ich könnte es heute Abend abholen. Wo wohnst du denn? | 18.07. 13:46 |
| Zofia: | Beethovenstr. 67 | 18.07. 13:55 |
| NecMet: | Ach, cool. Gleich bei mir um die Ecke ... Gegen 20 Uhr? | 18.07. 13:56 |
| Zofia: | Ja, passt. Bis später! | 18.07. 13:57 |

## C2 Schlag was vor!

**a** Lesen Sie Zofias Anzeige und sehen Sie die Bilder an. Welche Tipps aus C1 hat Zofia beachtet? Welche nicht? Sprechen Sie im Kurs.

> Sie weist ehrlich auf den Schaden hin.

> Ja, aber ...

**b** Lesen Sie den Chat. Welche Themen besprechen Zofia und NecMet? Kreuzen Sie an.

1 ☐ Abholung  2 ☐ Preis  3 ☐ Versand  4 ☐ Zustand

**c** Lesen Sie den Chat noch einmal und beantworten Sie die Fragen im Kurs.

1 Wo sind die Kratzer, wo nicht?
2 Was schreibt Zofia Positives über das Handy?
3 Auf welchen Preis einigen sich die beiden?
4 Wo und wann treffen sie sich?

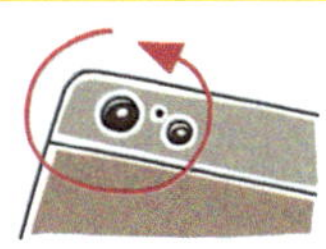

um die Kamera herum

## C3 Ihr Marktplatz. Arbeiten Sie allein, dann im Kurs.

→ S. 101  → AB 19–21

Extra

Film

# Das kann ich!

## GRAMMATIK

### Finale Präposition: *zum* + nominalisierte Verben

| Wozu braucht man ein Vlogging-Kit? | Zum Aufnehmen von Tutorials. |
|---|---|

### Verben: Futur I – Aussagen über die Zukunft

| | | |
|---|---|---|
| Zofia verspricht: | „Ich werde mir auf jeden Fall Mühe | geben!" |
| Ilias vermutet: | „Damit wirst du bestimmt die allerbesten Tutorials | machen." |
| Ilias glaubt: | „Wird schon alles okay | sein!" |
| Ilias denkt: | „Dann werden bald überall Tutorials von dir im Netz | stehen." |

| | werden |
|---|---|
| ich | werde |
| du | wirst |
| er / es / sie | wird |
| wir | werden |
| ihr | werdet |
| sie / Sie | werden |

Mach ich gleich. ≈ Das werde ich gleich machen.

In 10 Jahren gibt es keine DVDs mehr. ≈ In 10 Jahren wird es keine DVDs mehr geben.

### Sätze: Konjunktionen *ohne ... zu* + Infinitiv und *ohne dass*

| | |
|---|---|
| Ich habe das Kit zurückgeschickt. | Ich habe es überhaupt **nicht** aus probiert. |
| Ich habe das Kit zurückgeschickt, | ohne es überhaupt aus zuprobieren. |
| | ohne es überhaupt aus probiert zu haben. |
| | ohne dass ich es überhaupt aus probiert habe. |
| Im Online-Handel kann man Ware zurückgeben. | Man muss **keine** Gründe an geben. |
| Im Online-Handel kann man Ware zurückgeben, | ohne Gründe an geben zu müssen. |
| | ohne dass man Gründe an geben muss. |

### Wortbildung: Adjektive mit *-lich*

| | |
|---|---|
| der Ärger | ärgerlich |
| der Freund | freundlich |

### Wortbildung: Adjektive mit *-ig*

WDH

| | |
|---|---|
| der Wind | windig |
| die Langeweile | langweilig |

### Wortbildung: Adjektive mit *-wert*

| | |
|---|---|
| der Preis | preiswert |
| empfehlen | empfehlenswert |

### Lokale Präposition: *um ... herum* + Akkusativ

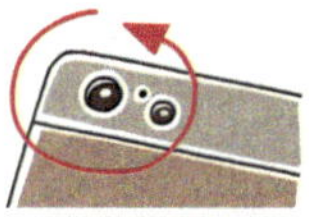

um die Kamera herum

| | | |
|---|---|---|
| um | den / einen Baum | herum |
| | das / ein Auto | |
| | die / eine Kamera | |
| | die / – Möbel | |

## KOMMUNIKATION

### nach dem Zweck fragen und den Zweck angeben:

*Was macht man damit?*
*Wozu / Wofür braucht man das / ...?*
*Das brauche ich / braucht man zum ... / für ...*

### Hypothesen aufstellen:

*Wir denken / glauben, (dass) ...*
*Ich vermute / nehme an, (dass) ...*
*Vermutlich wird es / gibt es ...*
*Vielleicht / Wahrscheinlich ...*

### Angst / Sorge ausdrücken:

*Ich habe (immer / manchmal) Sorge, dass ...*
*Ich fürchte, (dass) ...*

### einen Artikel reklamieren:

*Am ... habe ich in Ihrem Online-Shop ... gekauft.*
*Leider wurde ein falscher Artikel geliefert.*
*Leider wurde der Artikel beschädigt / zu spät geliefert.*
*Daher möchte ich ... zurückgeben / umtauschen.*
*Ich bitte Sie, mir den gezahlten Betrag von ... Euro zurückzuzahlen.*
*Bitte schicken Sie mir (möglichst bald) ein Retourenetikett.*

### nach dem Zustand fragen:

*In welchem Zustand ist das Gerät / ...?*
*Funktioniert ... (denn trotz ... / trotzdem)?*

### über den Zustand informieren:

*... ist wie neu / ganz in Ordnung / ziemlich alt.*
*Das Gerät ist in einem (sehr) guten Zustand.*
*... funktioniert einwandfrei / nicht mehr richtig.*

### den Preis verhandeln:

*Kann man am Preis noch was machen?*
*Schlag was vor!*
*Sagen wir: ...*
*Einigen wir uns auf ...?*

## WÖRTER

### Handel

die Allgemeinen Geschäftsbedingungen (AGB)

das Ersatzteil

die Händlerin / der Händler

die Käuferin / der Käufer

die Lieferung

der Transport

die Zahlungsmöglichkeiten

umtauschen

verpacken

### Alltagsgegenstände

die DVD

die Festplatte

der Grill

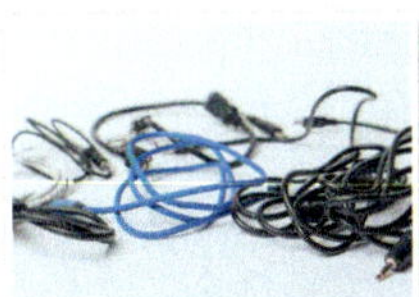
das Kabel

die Zahnbürste

**Fokus Alltag und Beruf:** www.hueber.de/miteinander

# Miteinander zum DTZ – Informationen

**1 Informationen zum *Deutsch-Test für Zuwanderer (DTZ)***
**Welche Antwort passt? Lesen Sie den Text und die Fragen. Kreuzen Sie an.**

Der *DTZ* besteht aus einer schriftlichen und einer mündlichen Prüfung. In der schriftlichen Prüfung gibt es die Prüfungsteile *Hören*, *Lesen* und *Schreiben* und sie dauert 100 Minuten ohne Pause.
Bevor die Prüfung beginnt, müssen Sie Ihre Daten (Familienname, Vorname, Geburtsdatum etc.) auf dem Antwortbogen kontrollieren. Die Prüfung beginnt mit dem *Hören*. Hier gibt es vier Teile. Danach folgt das *Lesen*, das aus fünf Teilen besteht. Für das *Lesen* haben Sie insgesamt 45 Minuten Zeit. Beim *Schreiben* müssen Sie in 30 Minuten eine E-Mail oder einen Brief schreiben. Auf dem Antwortbogen markieren Sie die Lösungen zum *Hören* und *Lesen*. Dort schreiben Sie auch Ihren Text. Sie dürfen keinen Bleistift, sondern nur einen blauen oder schwarzen Kugelschreiber benutzen. Nach jedem Prüfungsteil sammeln die Prüferinnen und Prüfer den jeweiligen Antwortbogen ein.
Die dreiteilige mündliche Prüfung dauert insgesamt circa 16 Minuten. Normalerweise macht man die Prüfung als Paarprüfung, also mit einer anderen Teilnehmerin / einem anderen Teilnehmer zusammen. Im ersten Teil stellt sich jede / jeder in circa zwei Minuten kurz vor. Bei den Teilen 2 und 3 sprechen Sie zu zweit jeweils ungefähr 6 Minuten. Danach beraten sich die Prüferinnen und Prüfer über die Bewertung.
Für das Niveau A2 muss man
– beim *Sprechen* das Niveau A2 erreichen und
– entweder beim *Hören* und *Lesen* oder beim *Schreiben* das Niveau A2 erreichen.
Für das Niveau B1 muss man
– beim *Sprechen* das Niveau B1 erreichen und
– entweder beim *Hören* und *Lesen* oder beim *Schreiben* das Niveau B1 erreichen.

**Tipp**
**Benutzen Sie einen schwarzen oder blauen Kugelschreiber. Nur so können Ihre Antworten ausgewertet werden. Nehmen Sie zur Sicherheit einen zweiten Kugelschreiber zur Prüfung mit, falls der erste nicht gut funktioniert.**

**1** Die Teile der schriftlichen Prüfung sind:
☐ *Hören*, *Schreiben* und *Sprechen*
☐ *Hören* und *Lesen*
☐ *Hören*, *Lesen* und *Schreiben*

**2** Wie lange dauert die schriftliche Prüfung insgesamt?
☐ 30 Minuten
☐ eine Dreiviertelstunde
☐ 1 Stunde und 40 Minuten

**3** Womit beginnt die schriftliche Prüfung?
☐ *Hören*
☐ *Lesen*
☐ *Sprechen*

**4** Wie lange dauert die mündliche Prüfung insgesamt?
☐ circa 2 Minuten pro Teilnehmerin / Teilnehmer
☐ circa 6 Minuten
☐ circa 16 Minuten

**5** Wann erreicht man das Niveau B1?
☐ Man muss beim *Sprechen* und bei einem anderen Prüfungsteil (*Hören* und *Lesen* oder *Schreiben*) das Niveau B1 erreichen.
☐ Man muss in allen Prüfungsteilen das Niveau B1 erreichen.
☐ Man muss nur beim *Sprechen* B1 erreichen, bei den anderen Prüfungsteilen genügt das Niveau A2.

**Tipp**
**Bei der Prüfung ist es erlaubt, ein Getränk mitzunehmen. Besorgen Sie sich am besten eine Flasche Wasser.**

## 2 Tipps zur Prüfungsvorbereitung

6 🔊 24

**a** Hören Sie das Interview. Welche Tipps kommen vor? Kreuzen Sie an.

1 ☐ sich einen Lernplan machen
2 ☐ rechtzeitig mit dem Lernen beginnen
3 ☐ wichtige Dinge auf Kärtchen schreiben und aufhängen
4 ☐ Werbeprospekte, Zeitungen und kurze Geschichten lesen
5 ☐ sich selbst laut Wörter und Texte vorlesen
6 ☐ Sendungen und Filme auf Deutsch ansehen
7 ☐ deutschsprachige Radiosender hören
8 ☐ so viel und so oft wie möglich im Alltag Deutsch sprechen
9 ☐ in einem ruhigen Raum lernen
10 ☐ in einer Lerngruppe mit anderen lernen

**b** Was machen Sie schon? Was möchten Sie gern ausprobieren? Welche anderen Lerntipps kennen Sie? Sprechen Sie.

*Mir hilft / helfen ... sehr gut.*
*Ich bin überzeugt von ...*
*Ich habe gute Erfahrungen mit ... gemacht.*
*Ich empfehle dir / euch, ... zu versuchen.*
*Du solltest / Ihr solltet ... probieren.*
*... finde ich sehr interessant / hilfreich.*
*... möchte ich gern ausprobieren.*
*... funktioniert (nicht) gut, weil ...*

> Den Tipp mit den Kärtchen kenne ich. Ich habe gute Erfahrungen damit gemacht. So lerne ich neue Wörter schneller.

> Mir helfen Wortschatz-Apps sehr gut. Wenn ich mit dem Bus unterwegs bin, mache ich verschiedene Übungen.

## 3 Prüfungssituation

Was hilft Ihnen kurz vor und während der Prüfung? Lesen Sie und schreiben Sie dann weitere Tipps auf einen Zettel. Hängen Sie sie im Kursraum auf. Welche finden Sie hilfreich?

> Wenn ich nervös bin, mache ich die Augen zu und atme dreimal langsam ein und aus. Dann bin ich ruhiger und kann mich besser konzentrieren.

> Manchmal weiß ich nicht die richtige Antwort bei einer Aufgabe. Dann kreuze ich die Lösung an, bei der ich das beste Gefühl habe ...

> Ich trinke ein Glas Wasser vor der Prüfung und gehe dann noch einmal auf die Toilette. Und ich habe immer meinen kleinen Glücksbringer in der Tasche. Das beruhigt mich und macht mir Mut.

> Zuerst löse ich die einfachen Aufgaben. Dann habe ich mehr Zeit zum Nachdenken bei schwierigen Fragen.

# Miteinander wiederholen

STATION 1

## Lied: Ohne nachzudenken?

Ergänzen Sie die Formen von *werden* und die anderen Verben. Hören Sie dann das Lied und vergleichen Sie. Hören Sie das Lied noch einmal und singen Sie mit.

bekommen | laufen | machen | tragen | vergessen

6 25

Ich räume auf und finde dabei ziemlich viele alte Sachen.
Mit denen *werde* ich bestimmt nie wieder etwas ______________.
Vase, Schuhe, Sonnenschirm, ein Hut und ein paar Spiele:
Sachen, die ich nicht mehr brauche! Das sind ganz schön viele.

Ohne nachzudenken ...

(...)
Wer weiß, vielleicht kann ich sogar noch einiges verkaufen?
Ich denke, das ________ doch bestimmt richtig super ______________.
Den Hut, den habe ich mal bei nem Wettbewerb gewonnen.
Vermutlich ________ ich dafür nicht mehr viel Geld ______________.
Unter diesem Schirm hab ich mit Kim verliebt gesessen.
Diesen tollen Abend ________ ich nie mehr ______________.
Ich mache ein paar Fotos und fang an, sie hochzuladen.
Doch halt: Diese Schuhe gibt's nicht mehr – in keinem Laden!
Ich ________ sie vielleicht doch irgendwann noch einmal ______________.
Je länger ich hier stehe, desto größer sind die Fragen ...

Ohne nachzudenken? ...

(...)

STATION 2

## Reaktionsspiel: Was passt?

In Gruppen: Schreiben Sie die Fragen auf Kärtchen und machen Sie einen Stapel. Eine / Einer zieht ein Kärtchen und liest vor. Wer zuerst eine passende Antwort sagt, bekommt einen Punkt.

Einigen wir uns auf 15 Euro? | Funktioniert das Gerät denn trotz des Alters? | Gibt es ein Problem? | In welchem Zustand ist das Gerät? | Kann man am Preis noch was machen? | Was kann ich für Sie tun? | Was macht man damit? | Wozu braucht man das?

Okay, meinetwegen. | Bitte schicken Sie mir ein Retourenetikett. | Das Gerät ist ziemlich alt. | Zum Beispiel fotografieren. | Ja, es funktioniert einwandfrei. | Das braucht man zum Fotografieren. | Ja, leider wurde ein falscher Artikel geliefert. | Ja, schlag was vor.

◆ Was macht man damit?
▲ Zum Beispiel fotografieren.

STATION 3

## Ratespiel: Wörter raten

In Gruppen: Schreiben Sie Wörter auf Kärtchen. Mischen Sie dann. Eine / Einer zieht ein Kärtchen und erklärt das Wort, darf es aber nicht sagen. Die anderen raten. Dann ist die / der Nächste an der Reihe.

das Ersatzteil | die Festplatte | der Grill | die Händlerin / der Händler | die Marke | der Schein | das Reisebüro | der Umtausch | die Zahnbürste | der Zustand | ...

◆ Er verkauft Sachen.
▲ Ein Verkäufer?
◆ Nein, ein anderes Wort.
■ Ein Händler?
◆ Genau, richtig.
▲ Okay, jetzt ich:
Man braucht sie zum ...

# EXTRA

## DEINE GESCHICHTE

**1** *Neuberg 365*

**a** Sehen Sie das Plakat an. Was meinen Sie: Worum geht es? Sprechen Sie im Kurs.

6 ◀)) 26 **b** Lesen Sie den Flyer und ergänzen Sie. Hören Sie dann und vergleichen Sie.

Jahr   Mut   ~~Projekt~~   Teil   Video

**NEUBERG 365 – DAS GESCHICHTEN-**<u>*Projekt*</u>

MEINE GESCHICHTE

Neuberger*innen aufgepasst!

Schick uns deine Geschichte ...
– über Glück, Erfolg, Freundschaft, ________ oder ...
– als ________, Audio oder Text.

Du bist ein ________ von Neuberg. So wie deine Geschichte.
Erzähl sie und lade sie zusammen mit einem Foto hoch:
www.neuberg365.de

**Jeden Tag eine Geschichte. Ein ganzes ________. *Neuberg 365*.**
Ein Gemeinschaftsprojekt von der Stadt Neuberg und *Neuberg Echo*.

**c** Wie finden Sie diese Aktion? Hätten Sie Lust mitzumachen und eine persönliche Geschichte zu erzählen? Sprechen Sie mit Ihrer Partnerin / Ihrem Partner.

> Das finde ich sehr interessant. Da würde ich mitmachen. Aber ich habe keine Idee für eine Geschichte.

> Hm, eine Idee hätte ich. Aber ich finde das schwierig, auf Deutsch ...

# Eine Geschichte für *Neuberg 365*

**A1** **Auf den ersten Blick.** Sehen Sie die Texte in **A2**, **A3** und **A4** an und beantworten Sie die Fragen.

1 Wer erzählt?
2 Was für Texte sind das?

Ankündigung eines Interviews | Artikel in Onlinezeitung | Fotostory im Internet

**A2** **Tonis Geschichte**

**BENNO IM BUS**
02. April um 9:33

Die besten Geschichten schreibt das Leben! Unser Reporter Benno fährt ab heute im Bus durch Neuberg. Und hört genau zu, wenn die Leute ihm ihre Geschichten erzählen. Für *Neuberg 365*! Hier sitzt er gerade bei Toni. Was erzählt Toni? Hier kannst du seine Geschichte hören. Vielleicht sitzt Benno morgen auch neben dir!? 😃

♥ 12 2

**a** Lesen Sie den Text. Was ist richtig? Umkreisen Sie.

1 Benno ist Busfahrer | Journalist von Beruf.

2 Für das Projekt *Neuberg 365* interviewt | filmt er Leute im Bus.

3 Heute erzählt Toni seine Geschichte. | etwas über Neuberg.

6 27 **b** Hören Sie den Anfang des Interviews. Zu welchem Thema möchte Toni eine Geschichte erzählen? Sprechen Sie mit Ihrer Partnerin / Ihrem Partner.

aufregende Geschichten mit Fahrgästen | Glück im Unglück | seine lustigste Taxifahrt

6 28 **c** Hören Sie weiter. Was ist passiert? Sortieren Sie.

☐ Kurz danach hat er Cem angerufen und hat den Bus gekauft.
☐ Am gleichen Tag hat Ahmets Neffe Cem von einem Bus erzählt.
1 Zuerst hat Toni einen Lottoschein bekommen und ihn ausgefüllt.
☐ Toni hat Cems Handynummer auf die Rückseite vom Lottoschein geschrieben. Dann hat er den Schein an seine Pinnwand gehängt.
☐ Am Ende war er trotzdem glücklich: Er hat zwar keinen Lottogewinn, aber einen super Bus.
☐ Eine Woche später hat er erfahren, dass er fünf richtige Zahlen auf dem Lottoschein hatte.

**d** Zu zweit: Hatte Toni Glück oder Pech? Was meinen Sie? Sprechen Sie zu zweit.

Ich finde, Toni hat Glück gehabt. Mit dem Bus kann er schöne Reisen machen.

Das stimmt, aber ...

## A3 Samirs Geschichte → AB 1–4

Das bin ich! Ganz allein. In Deutschland. Mann, war ich einsam. So ein Heimweh. *Wie geht's weiter? Wo finde ich nette Leute?* … Das Leben hier war nicht einfach.

Aber dann kam Bruno. 😅 Alles war plötzlich viel besser. @Bruno: Du hast soooo viel für mich getan! DANKE! 😊 ❤

Und jetzt gibt es noch Hoa! Wir kennen uns vom Kaffeemobil ☕ und reden oft miteinander. Hey, und wir haben ein gemeinsames Hobby entdeckt: 🥕 🌻 🍓

*Green Neuberg*: Das ist ein Verein mit ner Menge Leute. Sie verstehen sich alle super. Hoa und ich machen jetzt mit! Wir möchten eine grünere Stadt. Und wir lernen voneinander! Das ist z. B. Mangold.

Das nächste Projekt von *Green Neuberg*: eine Schmetterlingswiese. Bei uns im *Neuen Westviertel*. Mein Traum: Ludmilla, unsere Tochter Larina und ich auf einer bunten Blumenwiese. Wunderschön!

Das bin ich. Nicht mehr allein. In Deutschland. Und das war: **Meine Geschichte über Freundschaft in Neuberg.**

**a** Lesen Sie Samirs Fotostory. Was passt zu Samir auf Bild 1, Bild 2 und Bild 6? Sprechen Sie im Kurs.

aktiv | allein | froh | gesellig | schwach | traurig | unglücklich | vergnügt

> Auf Bild 1 ist Samir allein. Und ein bisschen …

> Auf Bild 2 ist das nicht mehr so. Da ist er …

**b** Lesen Sie die Sätze 1 und 2. Welches Bild passt? Kreuzen Sie an.

1 Wir kennen uns vom Kaffeemobil.

A ☐

B ☐

2 Sie verstehen sich super.

A ☐

B ☐

> Wir kennen **uns** vom Kaffeemobil.
> Sie verstehen **sich** super.

# Eine Geschichte für *Neuberg 365*

## A4 Carlotas Geschichte → AB 5–7

### EINE GESCHICHTE ÜBER MUT

*„Hallo Zofia, bitte schreib meine Geschichte auf! Du kannst das besser!“, lese ich vor einer Woche in einer Nachricht von Carlota. Ich treffe Carlota ein paar Tage später im Reparaturcafé, wo wir uns kennengelernt haben. Als Journalistin bin ich neugierig und als Freundin will ich gern helfen. Hier Carlotas Geschichte für unser Projekt Neuberg 365.*

Carlota stammt aus Peru. Sie lebt jetzt in Deutschland, wo sie arbeiten will. Darum lernt Carlota Deutsch und besucht einen Integrationskurs. Sie hat viele Monate Deutschunterricht und viele Stunden Hausaufgaben hinter sich. Jetzt bereitet Carlota sich gerade auf den *DTZ* vor. Das ist der *Deutsch-Test für Zuwanderer*. Vor dieser Prüfung hat Carlota Angst, das gibt sie offen zu. Trotzdem gibt sie jetzt nicht auf. „Ich denke an alles, was ich schon geschafft habe. Ich habe in Peru meinen Schulabschluss gemacht. Ich habe eine Ausbildung gemacht. Und jetzt werde ich auch diese Prüfung schaffen!“ Zum Glück hat Carlota einen guten Freund: Amadou, das Fußballtalent vom *SC Neuberg*. Amadou ist eine große Hilfe für Carlota. Er hat den *DTZ* schon geschafft und hat Carlota viele gute Tipps gegeben. „Der *DTZ* ist nichts, was den Leuten Angst machen sollte“, sagt Amadou. Und Carlota bereitet sich gut vor, sie wiederholt jeden Tag Wörter und Sätze. „Ich spreche viel Deutsch mit meinen Freunden“, erzählt sie. Carlota hat sich viel vorgenommen. „Nach der Prüfung mache ich in Deutschland eine Ausbildung. Ich möchte zukünftig als Werkfeuerwehrfrau arbeiten, Feuer löschen, Leute retten und so.“ Also volles Risiko! Vielleicht sogar Lebensgefahr? Viel Glück Carlota, und Danke für die Geschichte über deine Prüfung … und über ganz viel Mut!

***Zofia Lewandowska / Neuberg Echo***

**a** Was ist richtig? Lesen Sie und kreuzen Sie an.

1 ☐ Zofia kennt Carlota aus dem Reparaturcafé.
2 ☐ Carlota macht bald ihren Schulabschluss.
3 ☐ Amadou möchte auch den *DTZ* machen.
4 ☐ Carlota spricht häufig mit Freunden Deutsch.
5 ☐ Carlota macht nach den Prüfungen Urlaub.
6 ☐ Zofia findet Carlotas Pläne mutig.

**b** Lesen Sie noch einmal und ergänzen Sie.

Ich treffe Carlota *im Reparaturcafé, wo* wir uns kennengelernt haben.
Sie lebt jetzt ________, ______ sie arbeiten will.
Ich denke an ________, ________ ich schon geschafft habe.
Der *DTZ* ist ________, ________ den Leuten Angst machen sollte.

**c** Ergänzen Sie auf einem Kärtchen. Mischen Sie und lesen Sie vor. Raten Sie: Wer hat das geschrieben?

1 … ist / sind etwas, was ich täglich brauche.
2 Ich bin gern in / an / auf / … …, wo ich …
3 Mein Lieblingsplatz ist dort, wo ich …

*Ich bin gern am Hafen, wo ich den Fähren winken kann.*

**d** Gedichte. Arbeiten Sie allein, dann in Gruppen und im Kurs. → S. 99

**B1 Vorbereitung**

**a** Zu zweit: Sehen Sie die Bilder und Wörter an. Sprechen Sie mit Ihrer Partnerin / Ihrem Partner.

- Welches Bild gefällt Ihnen? Welches Gefühl zeigt es?
- Fällt Ihnen dazu eine Geschichte aus Ihrem Leben ein?
- Gibt es eine besondere Erinnerung oder ein bestimmtes Ereignis?

**b** Zu zweit: Stellen Sie sich vor, Sie sind in Neuberg. Sprechen Sie und machen Sie Notizen.

- Welche Geschichte möchten Sie für *Neuberg 365* erzählen?
- Wie möchten Sie die Geschichte erzählen? Als Video, Audio oder Text?
- Möchten Sie die Geschichte lieber allein erzählen oder zusammen mit anderen?

◆ Ich möchte einen Social-Media-Film machen – gern zusammen mit anderen. Mir ist letztes Jahr im Sommer was Lustiges passiert.
▲ Wir können gern zusammenarbeiten. Was ist dir denn passiert?
◆ Also, das war so: ...

■ Ich mache ein Interview mit meiner Frau. Ich möchte eine Geschichte von ihr erzählen. Sie hat mal ...
● Das klingt spannend. Finde ich eine gute Idee.

**B2 Mein / Unser Video, Audio, Text** → AB 8–10

**a** Projekt. Arbeiten Sie allein, zu zweit oder in Gruppen. → S. 102–103

**b** Präsentieren Sie Ihre Geschichte im Kurs und hängen Sie ein Bild dazu im Kursraum auf.

**c** Gehen Sie durch die „Galerie" und schreiben Sie freundliche Kommentare.

Extra

Film

# Kursevaluation

**C1** ***Miteinander!* – Unser Buch**

**a** Was hat Ihnen beim Deutschlernen mit *Miteinander!* gut / nicht so gut gefallen? Bewerten Sie. Vergleichen Sie dann mit Ihrer Partnerin / Ihrem Partner.

| | |
|---|---|
| Lieder | ☆☆☆☆☆ |
| Spiele | ☆☆☆☆☆ |
| Rollenspiele | ☆☆☆☆☆ |
| Filme und Clips | ☆☆☆☆☆ |
| Grammatikerklärungen | ☆☆☆☆☆ |
| Texte zum Lesen | ☆☆☆☆☆ |
| Geschichten zum Hören | ☆☆☆☆☆ |
| Übungen im Arbeitsbuch | ☆☆☆☆☆ |
| Ausspracheübungen | ☆☆☆☆☆ |
| Tests | ☆☆☆☆☆ |
| Portfolio | ☆☆☆☆☆ |
| Lernwortschatz | ☆☆☆☆☆ |
| ____________ | ☆☆☆☆☆ |
| ____________ | ☆☆☆☆☆ |

★★★★★ = super
★★★★☆ = gut
★★★☆☆ = okay
★★☆☆☆ = nicht so gut
★☆☆☆☆ = gar nicht

> Auf die Filme in Miteinander! habe ich mich immer gefreut. Die sind witzig.

> Mir haben die Rollenspiele gut gefallen. Da haben wir viel miteinander gesprochen.

**b** Sehen Sie die Bilder an. Wie heißen die Personen? Sprechen Sie zu zweit.

**c** Welche Geschichte / Person hat Ihnen am besten gefallen? Erzählen Sie im Kurs. S. 112

> Meine Lieblingsperson ist Pekka. Ich finde es cool, dass er einen Auftritt beim Stadtfestival hatte.

**C2** **Unser Kurs.** Sehen Sie die Wortwolke an. Was hat Ihnen im Kurs Spaß gemacht? Machen Sie gemeinsam auch eine Wortwolke. → AB 11

**C3** **Wie geht es weiter?** Kugellager. Welche Pläne haben Sie? Fragen und erzählen Sie.

eine Ausbildung machen | weiter Deutsch lernen | einen ...kurs machen | Urlaub machen | einen Job finden | heiraten | meine Verwandten besuchen | ...

◆ Ich werde voraussichtlich einen Berufssprachkurs machen. Und du?
▲ Erst mal nicht. Vorläufig habe ich noch meinen Job an der Tankstelle. Und im Herbst fliege ich in mein Heimatland und besuche meine Familie.

## GRAMMATIK

### Verben: reziproke Verben

| | sich kennen | |
|---|---|---|
| wir | kennen | uns |
| ihr | kennt | euch |
| sie | kennen | sich |

*auch so*: sich verstehen, ...

Ich kenne dich. + Du kennst mich.
→ Wir kennen uns.

### Sätze: Relativsätze mit *wo* und *was*

Ich treffe Carlota **im Reparaturcafé**, wo wir uns kennengelernt haben.

Mein Lieblingsplatz ist **dort**, wo ich mich entspannen kann.

Ich denke an **alles**, was ich schon geschafft habe.

Der *DTZ* ist **nichts**, was den Leuten Angst machen sollte.

## KOMMUNIKATION

**einen Text zeitlich strukturieren:**

*Zuerst / Am Anfang ...*
*Am gleichen Tag / Gleichzeitig ...*
*Dann / Später ...*
*(Kurz / Gleich) danach ...*
*Eine Woche / Etwas später ...*
*Am Ende / Schließlich ...*

## WÖRTER

### In der Stadt

● die Großstadt

● die Fußgängerzone

● der Hafen

● das Werk

### Medien

● die Aufnahme

● der Ausdruck

● das Fernsehen

hochladen

**Fokus Alltag und Beruf:** www.hueber.de/miteinander

# Aktionsseiten

## Lektion 7 PARTNER/IN A → KB S. 13

**2 Er schießt am Tor vorbei!**

**a** Zu zweit: Zeichnen Sie die Linien nach. Schreiben Sie die Wörter dann in eine Tabelle.

her-
hin-
los-
mit-
raus-
vorbei-
weg-
weiter-
zurück-
zusammen-

fahren / gehen / spielen / ...
fallen / gehen / setzen / ...
gehen / holen / ...
kommen / ...
spielen / machen / gehen / ...
laufen / fahren / bringen / ...
arbeiten / leben / ...
fliegen / schießen / ...
laufen / fahren / kommen / ...
laufen / fahren / ...

| her- | herkommen |
| --- | --- |
| hin- | hinfallen, ... |
| ... | ... |

**b** Was passiert auf den Bildern? Ergänzen Sie bei Bild 2, 4 und 6, Partner/in B bei Bild 1, 3 und 5.

loslaufen rausholen vorbeifliegen

Freddie ist verletzt. Er _______ heute nicht _______.

Timur schießt. Aber ... das gibt's doch nicht! Der Ball _______ am Tor _______!

Spielerwechsel: Sergey _______ _______ und Ronny kommt rein.

Jetzt wird es ernst. Der Schiedsrichter _______ die gelbe Karte _______.

Mario _______ _______! Zum Glück ist er nicht verletzt.

Es wird spannend! Hamza hat den Ball und _______ _______ in Richtung Tor.

**c** Was sagt die Reporterin? Fragen Sie ◆. Ihre Partnerin / Ihr Partner ▲ antwortet. Ergänzen Sie nun auch bei Bild 1, 3 und 5.

◆ Was sagt die Reporterin bei Bild 1?
▲ Freddie ist verletzt. Er ...
Und was sagt sie bei Bild 2?
◆ Timur schießt. Aber ...
das gibt's doch nicht! ...

**Schon fertig?**
Zu zweit: Schreiben Sie weitere Sätze mit den Wörtern aus a.

## Lektion 8 PARTNER/IN A → KB S. 27

### A3 Eine Grafik beschreiben

**a** Sehen Sie die Grafik an. Was passt? Verbinden Sie.

WAS BRINGT EINE WEITERBILDUNG?

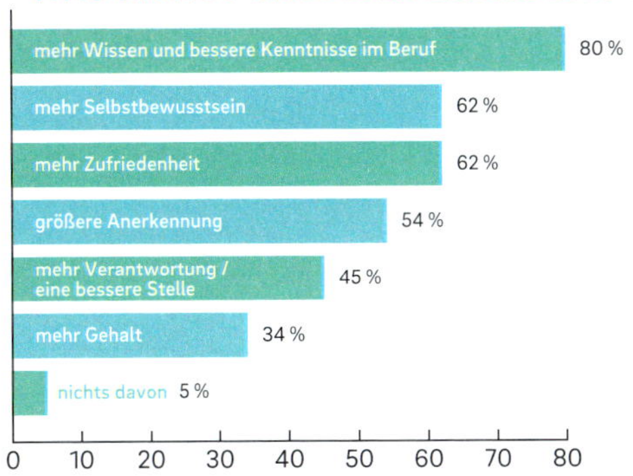


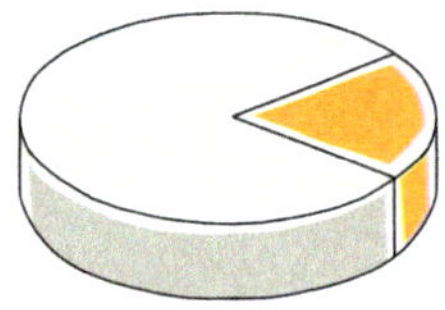

Der Anteil beträgt 20 %.

1 Die Grafik zeigt,
2 Der Anteil der Leute,
3 80 Prozent geben an,
4 45 Prozent der Leute
5 Die Werte

a die mehr Gehalt bekommen, beträgt 34 Prozent.
b welche Verbesserungen eine Weiterbildung bringt.
c haben durch die Weiterbildung eine bessere Stelle bekommen.
d dass sie mehr Wissen und bessere Kenntnisse im Beruf haben.
e für *mehr Selbstbewusstsein* und *Zufriedenheit* liegen bei 62 Prozent.

**b** Fragen Sie ◆. Ihre Partnerin / Ihr Partner ▲ antwortet. Ergänzen Sie die Tabelle.

**Was machen jüngere und ältere Menschen regelmäßig in ihrer Freizeit?**

| | Menschen zwischen 18 und 34 Jahren | Menschen ab 65 Jahren |
|---|---|---|
| Serien und Filme streamen | *85 %* | 19 % |
| Social Media nutzen | 91 % | ___ |
| ins Fitnessstudio gehen | ___ | 7 % |
| backen oder kochen | 66 % | ___ |
| das Internet nutzen | ___ | 92 % |
| in einem Verein aktiv sein | 30 % | ___ |

◆ Wie hoch ist der Anteil der Menschen zwischen 18 und 34 Jahren, die Serien und Filme streamen?
▲ Der Anteil beträgt 85 Prozent. Und wie viel Prozent der Menschen ab 65 Jahren streamen Serien und Filme?
◆ Das sind 19 Prozent.

*Wie hoch ist der Anteil der Menschen zwischen ... / ab ..., die ...?*
*Wie viel Prozent der Menschen zwischen ... / ab ... ...?*
*Der Anteil (der Menschen zwischen ... / ab ..., die ...,) beträgt ... Prozent.*
*... Prozent (der Menschen zwischen ... / ab ...) geben an, dass sie ...*
*... Prozent (der Menschen zwischen ... / ab ...) ...*
*Die Werte für ... liegen bei ... Prozent.*

**c** Wie ist das bei Ihnen? Sprechen Sie über die Aktivitäten aus b und machen Sie eine Kursstatistik.

Wie viele von euch gehen ins Fitnessstudio?

Eins, zwei, ... drei! Also ungefähr 30 Prozent der Kursteilnehmer/innen gehen ins Fitnessstudio.

## Lektion 7 PARTNER/IN B

→ KB S. 13

### 2 Er schießt am Tor vorbei!

**a** Zu zweit: Zeichnen Sie die Linien nach. Schreiben Sie die Wörter dann in eine Tabelle.

her-
hin-
los-
mit-
raus-
vorbei-
weg-
weiter-
zurück-
zusammen-

fahren / gehen / spielen / ...
fallen / gehen / setzen / ...
gehen / holen / ...
kommen / ...
spielen / machen / gehen / ...
laufen / fahren / bringen / ...
arbeiten / leben / ...
fliegen / schießen / ...
laufen / fahren / kommen / ...
laufen / fahren / ...

| her- | herkommen |
|---|---|
| hin- | hinfallen, ... |
| ... | ... |

**b** Was passiert auf den Bildern? Ergänzen Sie bei Bild 1, 3 und 5, Partner/in A bei Bild 2, 4 und 6.

hinfallen mitspielen rausgehen

1

Freddie ist verletzt. Er ________ heute nicht ________.

2

Timur schießt. Aber ... das gibt's doch nicht! Der Ball ________ am Tor ________!

3

Spielerwechsel: Sergey ________ ________ und Ronny kommt rein.

4

Jetzt wird es ernst. Der Schiedsrichter ________ die gelbe Karte ________.

5

Mario ________ ________! Zum Glück ist er nicht verletzt.

6

Es wird spannend! Hamza hat den Ball und ________ ________ in Richtung Tor.

**c** Was sagt die Reporterin? Ihre Partnerin / Ihr Partner ◆ fragt. Antworten Sie ▲. Fragen Sie dann und ergänzen Sie auch bei Bild 2, 4 und 6.

◆ Was sagt die Reporterin bei Bild 1?
▲ Freddie ist verletzt. Er ...
Und was sagt sie bei Bild 2?
◆ Timur schießt. Aber ... das gibt's doch nicht! ...

**Schon fertig?**
Zu zweit: Schreiben Sie weitere Sätze mit den Wörtern aus a.

## Lektion 8 PARTNER/IN B

→ KB S. 27

### A3 Eine Grafik beschreiben

**a** Sehen Sie die Grafik an. Was passt? Verbinden Sie.

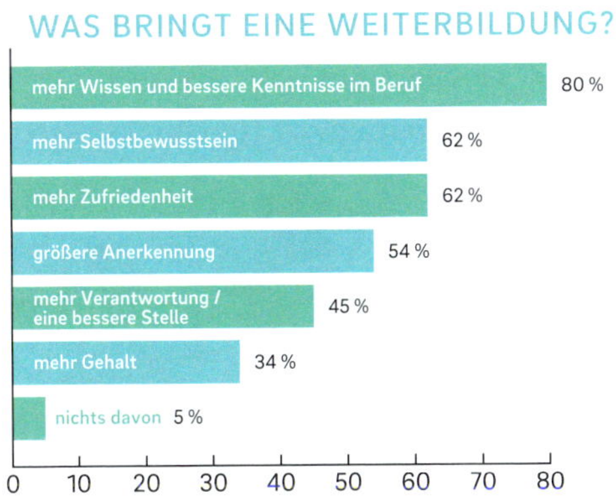

Der Anteil beträgt 20 %.

1 Die Grafik zeigt, — b
2 Der Anteil der Leute,
3 80 Prozent geben an,
4 45 Prozent der Leute
5 Die Werte

a die mehr Gehalt bekommen, beträgt 34 Prozent.
b welche Verbesserungen eine Weiterbildung bringt.
c haben durch die Weiterbildung eine bessere Stelle bekommen.
d dass sie mehr Wissen und bessere Kenntnisse im Beruf haben.
e für *mehr Selbstbewusstsein* und *Zufriedenheit* liegen bei 62 Prozent.

**b** Ihre Partnerin / Ihr Partner ◆ fragt. Antworten Sie ▲. Fragen Sie dann und ergänzen Sie die Tabelle.

**Was machen jüngere und ältere Menschen regelmäßig in ihrer Freizeit?**

| | Menschen zwischen 18 und 34 Jahren | Menschen ab 65 Jahren |
|---|---|---|
| Serien und Filme streamen | 85% | *19%* |
| Social Media nutzen | ____ | 43% |
| ins Fitnessstudio gehen | 27% | ____ |
| backen oder kochen | ____ | 60% |
| das Internet nutzen | 98% | ____ |
| in einem Verein aktiv sein | ____ | 15% |

◆ Wie hoch ist der Anteil der Menschen zwischen 18 und 34 Jahren, die Serien und Filme streamen?
▲ Der Anteil beträgt 85 Prozent. Und wie viel Prozent der Menschen ab 65 Jahren streamen Serien und Filme?
◆ Das sind 19 Prozent.

*Wie hoch ist der Anteil der Menschen zwischen … / ab …, die …?*
*Wie viel Prozent der Menschen zwischen … / ab … …?*
*Der Anteil (der Menschen zwischen … / ab …, die …,) beträgt … Prozent.*
*… Prozent (der Menschen zwischen … / ab …) geben an, dass sie …*
*… Prozent (der Menschen zwischen … / ab …) …*
*Die Werte für … liegen bei … Prozent.*

**c** Wie ist das bei Ihnen? Sprechen Sie über die Aktivitäten aus b und machen Sie eine Kursstatistik.

Wie viele von euch gehen ins Fitnessstudio?

Eins, zwei, … drei! Also ungefähr 30 Prozent der Kursteilnehmer/innen gehen ins Fitnessstudio.

## Lektion 8 → KB S. 31

**C3** **Es gibt ein paar Fragen, mit denen Sie sich beschäftigen müssen.**

c Ein Haus / Arbeitsplatz für Glückspilze. Zu zweit: Arbeiten Sie mit einem der Themen.

**Schritt 1** Wählen Sie ein Thema und ergänzen Sie.

**Ein Haus für Glückspilze**

Wir haben ...
- eine Wohnung, *die* modern und hell ist.
- einen Balkon, auf ______ wir frühstücken.
- einen Garten, um ______ sich ein Hausmeister kümmert.
- Nachbarn, ______ wir um Hilfe bitten dürfen.
- einen Hausmeister, auf ______ wir uns verlassen können.
- einen Hund, mit ______ wir jeden Tag spazieren gehen.

**Ein Arbeitsplatz für Glückspilze**

Wir haben ...
- eine Werkstatt, *die* hell und sauber ist.
- eine Kollegin, ______ wir immer fragen dürfen.
- einen Chef, ______ wir alles erzählen können.
- Projekte, für ______ wir uns interessieren.
- Aufgaben, mit ______ wir uns gern beschäftigen.
- Kolleg/innen, auf ______ wir uns verlassen können.

**Schritt 2** Sammeln Sie weitere Ideen zu Ihrem Thema.

Haus / Garten / Balkon / Schwimmbad / Wohnung / Terrasse / ...

Nachbarinnen / Nachbarn / Katze / Hund / Hausmeisterin / Hausmeister / Mitbewohnerin / Mitbewohner / ...

Arbeitsplatz / Werkstatt / Büro / Kantine / Pausenraum / Parkplatz / ...

Chefin / Chef / Kolleginnen / Kollegen / ...

Projekt / Aufgabe / Gehalt / Lohn / Dienstauto / ...

frühstücken mit | helfen | Kaffee trinken mit | modern / schön / hell / gemütlich / ruhig / sauber / ... sein | lachen mit | sich eignen für | sich interessieren für | sich kümmern um | sich verlassen können auf | spazieren gehen mit | sprechen mit | träumen von | um Hilfe bitten | zuhören | Lust haben auf | ...

*Unser Traum-Arbeitsplatz*
*der Arbeitsplatz → ruhig sein*
*mit den Kolleg*innen*
*→ jeden Tag Kaffee trinken*

**Schritt 3** Schreiben Sie einen Text wie in Schritt 1 und präsentieren Sie ihn im Kurs.

*Unser Traum-Arbeitsplatz*
*Wir wünschen uns ...*
*– einen Arbeitsplatz, der ruhig ist.*
*– Kolleg*innen, mit denen wir jeden Tag Kaffee trinken.*

## Lektion 9 → KB S. 39

**A5 Ihre Annonce hat mein Interesse geweckt.**

**a** Was passt? Ergänzen Sie.

Es fällt mir leicht, … | Außerdem bin ich gut darin, … | Ich war … im Unternehmen … tätig. | Ich habe in … als … gearbeitet. Dabei habe ich … | Ich bin zuverlässig und … | Mit großem Interesse habe ich Ihre Anzeige … gelesen. | Gleichzeitig bin ich … | Ich konnte in verschiedenen Bereichen Erfahrungen sammeln. So war ich … | Über eine Einladung zu einem persönlichen Gespräch würde ich mich sehr freuen. | Hiermit möchte ich mich (um die Stelle) als … bewerben.

**Warum schreiben Sie?**

*Ihre Annonce … hat mein Interesse geweckt.*

Mit großem

**Was sind Ihre Qualifikationen? Haben Sie Berufserfahrung?**

*Vor … Jahren habe ich … gemacht / abgeschlossen. Seitdem arbeite ich …*

**Was können Sie gut?**

*Ich bin es gewohnt, …*

**Was wünschen Sie sich?**

*Ich würde mich sehr freuen, wenn ich Sie in einem persönlichen Gespräch von meinen Qualifikationen überzeugen könnte.*

**b** Lesen Sie die Stellenanzeige. Notieren Sie Stichwörter zu Ihren Qualifikationen und Ihren persönlichen Fähigkeiten. Schreiben Sie dann ein kurzes Bewerbungsanschreiben wie in A4a.

**Wir suchen Mitarbeiter*innen jeder Art!**

Werden Sie ein Teil von uns. Als führendes Mega-Unternehmen suchen wir ständig motivierte Mitarbeiter*innen in ganz unterschiedlichen Bereichen (Technik, Soziales, Handwerk, …). Schicken Sie uns Ihre Bewerbungsunterlagen und sagen Sie, in welchem Beruf Sie für uns arbeiten möchten.

Ausbildung: Schulabschluss
Erfahrungen: Arbeit als Verkäuferin bei …
persönliche Fähigkeiten: freundlich, flexibel

**c** Tauschen Sie Ihr Anschreiben mit Ihrer Partnerin / Ihrem Partner und geben Sie Feedback.

**Schon fertig?**

Suchen Sie eine interessante Stellenanzeige im Internet und machen Sie Notizen für Ihr Anschreiben.

## Lektion 7 → KB S. 15

**A2 Wie sind Ihre Erfahrungen?**

**a** Machen Sie Notizen: Was finden Sie beim Deutschlernen einfach? Was ist / war schwierig für Sie? Was können Sie tun?

Lesen | Aussprache | Schreiben | anderes Alphabet | interkulturelle Unterschiede | Sprechen | Grammatik | ...

neue Wörter im Wörterbuch nachschlagen | einen Intensivkurs machen | Texte laut vorlesen und mit dem Handy aufnehmen | vor dem Spiegel üben | wichtige Wörter / Sätze aufschreiben | Übungen mehrmals machen | Filme / Serien auf Deutsch anschauen | Nachhilfe nehmen | ...

*– Ich lese gern.*
*→ Lesen ist einfach.*
*– früher: Schwierigkeiten mit der Aussprache*
*→ daher: jeden Tag vor dem Spiegel trainiert*

**b** In Gruppen: Sprechen Sie über Ihre Erfahrungen.

◆ Ich habe schon immer gern gelesen. Darum ist Lesen einfach für mich. Aber ich hatte früher große Schwierigkeiten mit der Aussprache. Daher habe ich anfangs jeden Tag vor dem Spiegel trainiert.

▲ Wow, und jetzt ist deine Aussprache richtig gut! Für mich ist Schreiben nicht so einfach. Meine Muttersprache ist da ganz anders. In unserer Schrift gibt es zum Beispiel keine Großbuchstaben. Deswegen schreibe ich oft schöne Sätze aus Magazinen und Büchern ab ... also ich meine: um zu üben.

■ Das ist eine gute Idee! Ich habe leider folgendes Problem: Meine Nachbarin ist total nett, aber sie spricht im Dialekt. Darum kann ich sie manchmal schwer verstehen. Habt ihr vielleicht einen Tipp für mich?

▲ Hm, du könntest doch ...

## Lektion 11 → KB S. 64

**B2 Regeln**

**b** Regeln für unsere Sprachschule, ... In Gruppen: Machen Sie Regeln für einen Ort.

**Schritt 1** Wählen Sie einen Ort, für den Sie Regeln schreiben möchten.

Kursraum | Toilette | Treppenhaus | Bibliothek | Hof | Kaffeeküche

**Schritt 2** Sammeln Sie Ideen. Sprechen und notieren Sie.

Abfall trennen | Handys benutzen / aufladen | den Internetanschluss nutzen | Kaffee kochen | nach dem Unterricht die Fenster schließen | telefonieren | ...

Ich wünsche mir, dass wir Handys benutzen können.

Ich möchte, dass wir im Unterricht Witze erzählen dürfen!

***im Kursraum***
*im Unterricht: Handys zum Recherchieren benutzen*
*in der Pause: mit dem Handy telefonieren*
*Witze erzählen*

**Schritt 3** Machen Sie ein Plakat.

> **Regeln für unseren Kursraum**
>
> *Im Unterricht dürfen Handys zum Recherchieren benutzt werden.*
> *In der Pause können Handys auch zum Telefonieren benutzt werden.*

**Schritt 4** Präsentieren Sie Ihr Plakat im Kurs.

◆ Wir stellen euch hier die Regeln für unseren Kursraum vor. Eine gute Regel ist: Im Unterricht dürfen ...
▲ Wichtig ist uns auch: Zum Telefonieren sollen Handys nur ...
...
◆ Habt ihr noch Fragen zu unseren Regeln?

> *Wir stellen euch hier ... vor.*
> *Eine wichtige / gute / ... Regel ist: ...*
> *Wichtig ist uns auch: ...*
> *Es gibt noch andere Regeln, z. B. ...*
> *Habt ihr noch Fragen dazu / zu ...?*

## Lektion *Extra* → KB S. 88

**A4 Carlotas Geschichte**

**d** Gedichte. Lesen und schreiben Sie kleine Gedichte.

**Schritt 1** Lesen Sie die kleinen Gedichte und ergänzen Sie *was* oder *wo*.

Fernsehen
ist nichts,
*was* wichtig ist.

Musik
ist alles,
... ______ wir brauchen.
... ______ uns glücklich macht.

Zuhause
ist dort,
... ______ du wohnst.
... ______ du gern bist.

Köln!
Das ist
die tolle Großstadt,
... ______ wir gern leben.
... ______ immer was los ist.

Medizin
ist etwas,
... ______ mich interessiert.
... ______ den Menschen hilft.
... ______ das Leben leichter macht.

**Schritt 2** In Gruppen: Schreiben Sie selbst ein Gedicht mit *was* und ein Gedicht mit *wo*. Schreiben Sie pro Zeile ein Wort mehr.

Fußball | Theater | Sport | Natur | Schach | Vertrauen | Tradition | ...

**So können Sie Ihre Gedichte schreiben:**

______
______ ______
______ ______ ______
______ ______ ______ ______
...

**Schritt 3** Lesen Sie Ihre Gedichte im Kurs vor.

# Aktionsseiten

## Lektion 9 PARTNER/IN A → KB S. 41

**B3** **Wie ich in Ihrem Lebenslauf sehe, ...**

**e** Wie sagt man das? Ergänzen Sie. Sprechen Sie dann zu zweit und kontrollieren Sie.

| | | |
|---|---|---|
| *der Mann, der gerade lernt*<br>= der Lernende | der Mann, der gerade spricht<br>= der Sprechende | ________<br>= der Anrufende |
| Menschen, die ausgewandert sind<br>= die Ausgewanderten | die Frau, die gerade reist<br>= ________ | die Frau, die angestellt wurde<br>= die Angestellte |
| Menschen, die gerade lehren<br>= ________ | die Frau, die gerade sucht<br>= die Suchende | ________<br>= das Gesagte |
| etwas, das gelernt wurde<br>= das Gelernte | die Frau, die (in einer Firma) beschäftigt ist<br>= ________ | Menschen, die gerade studieren<br>= die Studierenden |

◆ Der Mann der gerade lernt, das ist „der Lernende".
▲ Richtig! Und der Mann, der gerade spricht, ist ...

## Lektion 12 → KB S. 74

**A2** **In 10 Jahren ...**

**a** In Gruppen: Was wird es Ihrer Meinung nach in 10 Jahren nicht mehr geben? Warum? Einigen Sie sich auf drei Sachen und notieren Sie jeweils auch eine Begründung.

Abgase · Briefmarke · Briefkasten · Bücherei · Café · CD · Geldschein · Kino · Radio-Sender · Reisebüro · SMS · Ticket auf Papier · Wald · Wohnungsschlüssel · Zeitung · ...

*Ticket auf Papier – nur noch digital*
*SMS – nur noch Chats*
*Reisebüro – nur noch online*

**b** Arbeiten Sie mit einer anderen Gruppe zusammen und diskutieren Sie.

Wir denken, in zehn Jahren wird es keine Tickets auf Papier mehr geben, sondern nur noch digitale Tickets.

Ich vermute, dass das sogar schon in zwei oder drei Jahren so sein wird, weil ...

*Wir denken / glauben, es wird kein- ...*
*Ich vermute, dass es bald ...*
*Vermutlich wird es / gibt es ...*
*Vielleicht ...*
*Wahrscheinlich ...*

## Lektion 10 → KB S. 53

**B3 Was machen Sie, nachdem …?**

**c** Spiel: Nachdem ich heute Morgen aufgestanden bin, … In Gruppen: Werfen Sie eine Münze. Rücken Sie vor und ergänzen Sie den Satz auf dem Feld. Dann ist die / der Nächste an der Reihe.

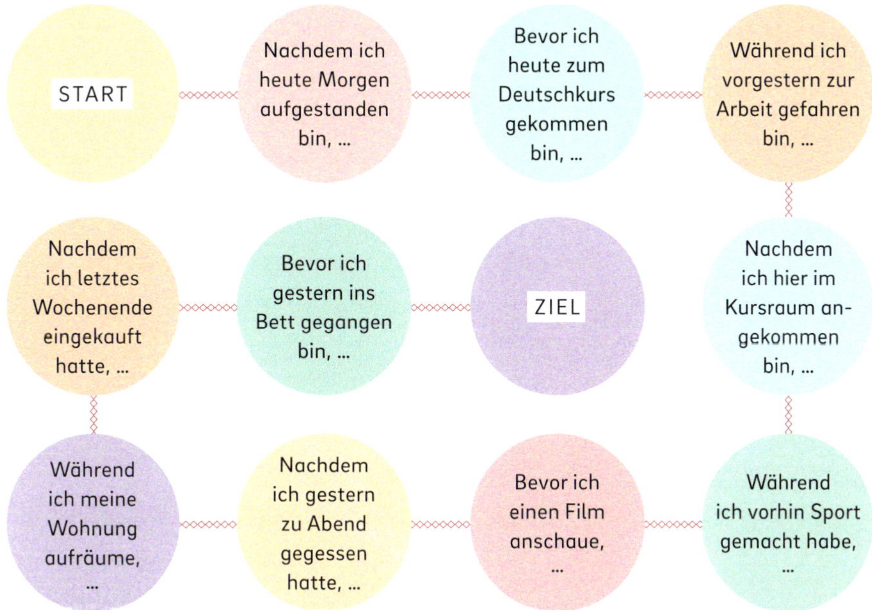

 = Rücken Sie ein Feld vor.

 = Rücken Sie zwei Felder vor.

Nachdem ich heute Morgen aufgestanden bin, habe ich eine halbe Stunde Deutsch gelernt.

## Lektion 12 → KB S. 79

**C3 Ihr Marktplatz**

**a** Wählen Sie einen Gegenstand, den Sie verkaufen möchten. Notieren Sie wichtige Informationen und einen Preis. Hängen Sie Ihre Anzeige im Kursraum auf.

**b** Die Hälfte des Kurses stellt sich zu den Anzeigen, die anderen gehen herum. Stellen Sie Fragen zu den Gegenständen und verhandeln Sie über den Preis.

| | | |
|---|---|---|
| *In welchem Zustand ist das Gerät / …?* | *… ist wie neu / ganz in Ordnung / ziemlich alt.* | *Kann man am Preis noch was machen?* |
| *Funktioniert … (denn trotzdem)?* | *Das Gerät ist in einem (sehr) guten Zustand.* | *Schlag was vor!* |
| | *… funktioniert einwandfrei / nicht mehr richtig.* | *Sagen wir: …* |
| | | *Einigen wir uns auf …?* |

## Lektion 11 → KB S. 63

**A3** **Ich fühle mich schrecklich.**

**c** **Rollenspiel. Zu zweit:** Wählen Sie ein Gespräch (1 oder 2). Spielen Sie das Gespräch zu Ihrem Thema aus b mithilfe Ihrer Notizen. Partner/in B erzählt, was passiert ist, Partner/in A gibt Tipps.

1

| Partner/in A | Partner/in B |
|---|---|
| Was ist passiert? ↘ | |
| | Weißt du, gestern ... ... war gar nicht nett / freundlich / höflich / ... |
| ↙ Und wie geht es dir jetzt? ↘ | |
| | Mir geht es gar nicht gut. Was kann ich denn jetzt machen? |
| ↙ Du solltest / könntest ... ↘ | |
| | Meinst du? |
| ↙ Ja! Du schaffst das bestimmt. | |

2

| Partner/in A | Partner/in B |
|---|---|
| Was ist denn los mit dir? ↘ | |
| | Weißt du, gestern ... Ich weiß, man soll nicht schlecht über andere sprechen. Aber ... war sehr unfreundlich / unhöflich / ... |
| ↙ Wie fühlst du dich jetzt? ↘ | |
| | Ich fühle mich schrecklich. Ich weiß gar nicht, was ich tun soll. Was rätst du mir? |
| ↙ Ich finde es sehr wichtig, dass ihr euer Problem gemeinsam löst. Wie wäre es, wenn ... ? ↘ | |
| | Muss das sein? |
| ↙ Ja, unbedingt. ↘ | |
| | Na gut, ich probiere es. |
| ↙ Ich bin sicher, dass du das hinkriegst. | |

Was ist denn los mit dir?

Weißt du, gestern hat meine Nachbarin bei mir geklingelt und ...

## Lektion *Extra* → KB S. 89

**B2** **Mein / Unser Video, Audio, Text**

**a** Projekt. Erzählen Sie Ihre eigene Geschichte.

**Schritt 1** Wählen Sie eine Geschichte aus.

- Wenn Sie **allein** arbeiten: Arbeiten Sie bei Schritt 2 weiter.
- Wenn Sie **zu zweit / in einer Gruppe** arbeiten: Jede / Jeder erzählt noch einmal kurz die eigene Geschichte aus B1b. Wählen Sie dann zusammen eine aus: Welche Geschichte möchten Sie erzählen? Warum? Sprechen Sie.

Ich finde ... am besten. Das ist echt eine ungewöhnliche Geschichte!

**Schritt 2** Machen Sie Notizen zum Inhalt der Geschichte. Die Fragewörter helfen Ihnen.

Wer?
Wann?
Was?
Warum?
Wo?
...?

| | |
|---|---|
| *Wer?* | *Maya* |
| *Wann?* | *letztes Jahr im Sommer* |
| *Was? Wo?* | *Goldkettchen in Fußgängerzone verloren / Suchanzeige Social Media / jemand meldet sich / Treffen in Café / Schulfreund aus Grundschule!* |

**Schritt 3** Entscheiden Sie: Möchten Sie die Geschichte als Video, Audio oder Text erzählen?

Was haltet ihr von ...?

Das können wir gern machen. Hm, aber wir könnten vielleicht auch ... Was meint ihr?

Oh ja, das ist noch besser! Das machen wir.

**Schritt 4** Finden Sie einen Titel für Ihre Geschichte. Sammeln Sie zuerst Ideen und wählen Sie dann die beste aus.

*Mayas Geschichte* | *Kette verloren, Freund gefunden!* | *Die Kette ist weg!*

**Schritt 5** Erzählen Sie Ihre Geschichte der Reihe nach. Was geschieht wann? Die Ausdrücke helfen Ihnen.

| | | |
|---|---|---|
| *Zuerst / Am Anfang ...* | *Dann / Später ...* | *Eine Woche / Etwas später ...* |
| *Am gleichen Tag / Gleichzeitig ...* | *(Kurz / Gleich) danach ...* | *Am Ende / Schließlich ...* |

**Schritt 6** Woran müssen Sie noch denken? Machen Sie Notizen.

Wenn Sie ein **Video** machen:
- An welchem Ort wird das Video gemacht?
- Brauchen Sie bestimmte Gegenstände? Wer besorgt sie?
- Wer sind die Darsteller/innen?
- Mit welchem Gerät machen Sie das Video?
- Wer nimmt das Video auf?
- Wer schneidet das Video hinterher am Computer?
- ______________________

Wenn Sie einen **Text** schreiben:
- Gibt es Bilder oder Fotos?
- Wenn ja, wer sucht / macht sie?
- Soll der Text am Computer getippt werden?
- Wenn ja, wer tippt ihn?
- Wer korrigiert den Text am Ende?
- Wer kümmert sich um den Ausdruck?
- ______________________

Wenn Sie ein **Audio** machen:
- Wer spricht im Audio?
- Wer ist die Gesprächspartnerin / der Gesprächspartner? (Machen Sie einen Termin mit ihr / ihm aus.)
- An welchem Ort nehmen Sie das Audio auf? Ist es dort ruhig genug?
- Mit welchem Gerät wird die Aufnahme gemacht?
- ______________________

**Schritt 7** Erzählen Sie jetzt Ihre Geschichte als Video, Audio oder Text.

# Aktionsseiten

## Lektion 9 PARTNER/IN B → KB S. 41

**B3 Wie ich in Ihrem Lebenslauf sehe, …**

**e** Wie sagt man das? Ergänzen Sie. Sprechen Sie dann zu zweit und kontrollieren Sie.

| der Mann, der gerade lernt<br>= der Lernende | der Mann, der gerade spricht<br>= der Sprechende | der Mann, der gerade anruft<br>= der Anrufende |
|---|---|---|
| Menschen, die ausgewandert sind<br>= ___ | die Frau, die gerade reist<br>= die Reisende | ___<br>___<br>= die Angestellte |
| Menschen, die gerade lehren<br>= die Lehrenden | die Frau, die gerade sucht<br>= ___ | etwas, das gesagt wurde<br>= das Gesagte |
| ___<br>___<br>= das Gelernte | die Frau, die (in einer Firma) beschäftigt ist<br>= die Beschäftigte | Menschen, die gerade studieren<br>= ___ |

◆ Der Mann der gerade lernt, das ist „der Lernende".
▲ Richtig! Und der Mann, der gerade spricht, ist …

## Lektion 12 → KB S. 73

**3 Ratespiel. Wozu braucht man das?**

**a** Suchen Sie ein Foto von einem Gegenstand, der zu einer Tätigkeit unten passt. Wählen Sie dann ein Detail des Gegenstands und speichern Sie auch diesen Teil als Foto.

backen | bezahlen | braten | chatten | drucken | duschen | Fahrrad / Auto fahren | fotografieren | Musik hören | reiten | rühren | schreiben | schwimmen | speichern | spielen | trocknen | …

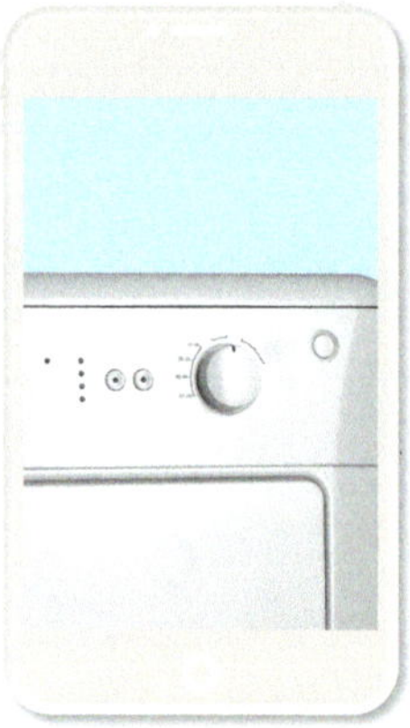

**b** In Gruppen: Zeigen Sie Ihr Detailfoto. Die anderen raten.

◆ Wozu braucht man das? Zum Waschen?
▲ Nein.
◆ Was macht man damit?
▲ Damit trocknet man.
■ Aha, man braucht es also zum Trocknen … Für die Wäsche?
▲ Richtig. Schau mal, so sieht das Gerät ganz aus.

*Was macht man damit?*
*Wozu / Wofür braucht man das?*
*Das braucht man zum Trocknen / für die Wäsche.*

## Lektion 9 → KB S. 43

**C2 Gar nicht so einfach zu verstehen.**

**a** Zu zweit: Lesen Sie die Sätze aus einem Arbeitsvertrag. Wie kann man das auch sagen? Ordnen Sie a bis i zu. Tipp: Markieren Sie ähnliche Wörter.

1 Die Beendigung des Arbeitsverhältnisses durch Kündigung [i] bedarf der Schriftform. [ ] Die elektronische Form ist ausgeschlossen. [ ]

2 Nach Ablauf der Probezeit [ ] gelten die gesetzlichen Kündigungsfristen [ ] (vier Wochen zum 15. oder zum Ende eines Kalendermonats).

3 Der Arbeitnehmer hat Anspruch auf [ ] einen gesetzlichen Mindesturlaub [ ] von 20 Arbeitstagen im Kalenderjahr.

4 Der Arbeitgeber gewährt zusätzlich [ ] einen vertraglichen Urlaub [ ] von weiteren 10 Arbeitstagen.

- **a** Das geht nicht per E-Mail.
- **b** wenn die Probezeit vorbei ist
- **c** gibt / bietet außerdem
- **d** muss ... bekommen
- **e** so viel Urlaub, wie im Vertrag steht
- **f** mindestens so viel Urlaub, wie im Gesetz steht
- **g** muss man das schriftlich machen
- **h** sind die Fristen gültig, die im Gesetz stehen
- **i** wenn man kündigen und das Arbeitsverhältnis beenden will

**b** Wählen Sie zwei Abschnitte des Vertrags und erklären Sie sie einfacher.

> Abschnitt 1 bedeutet: Wenn man kündigen und damit das Arbeitsverhältnis beenden will, dann muss man ...

**c** Welche anderen schwierigen Formulierungen kennen Sie aus Verträgen oder offiziellen Briefen? Was bedeuten sie? Notieren Sie. Sprechen Sie dann im Kurs.

*Es muss ein Nachweis erbracht werden. => Man muss ein Zeugnis als Beweis zeigen.*

> Ich habe oft gelesen: „Es muss ein Nachweis erbracht werden." Das heißt so was wie: Man muss ein Zeugnis oder ein anderes Dokument als Beweis zeigen.

# Auswahlaufgaben

## Lektion 7 → KB S. 15

**A3 Deswegen ist das mein Lieblingswort.**

**b Was ist Ihr Lieblingswort? Schreiben Sie auch einen Kommentar zu Salmas Blog.**

**Schritt 1** Machen Sie Notizen.
– Was ist Ihr Lieblingswort?
– Warum mögen Sie dieses Wort?

sieht lustig / schön aus | klingt lustig / schön | mein erstes Wort auf Deutsch | hat verschiedene Bedeutungen | fast das gleiche Wort wie in der Muttersprache | Das gleiche Wort bedeutet in der Muttersprache etwas ganz anderes. | Ein Wort mit dieser Bedeutung gibt es in der Muttersprache gar nicht. | ...

*Was?*
*Flughafen*
*Warum?*
*erstes Wort, das ich in Deutschland gesehen habe*

**Schritt 2** Schreiben Sie einen Kommentar mit Ihren Notizen aus Schritt 1.

*Ich bin vor acht Monaten hergekommen – mit dem Flugzeug. Das erste Wort, das ich gesehen habe, war „Flughafen“. Deswegen ist das seitdem mein Lieblingswort.*

## Lektion 8 → KB S. 31

**C3 Es gibt ein paar Fragen, mit denen Sie sich beschäftigen müssen.**

**b Kostja ist im Vortrag von Dr. Steffke. Ergänzen Sie seine Textnachrichten an Hoa.**

1 Sitze gerade in dem Vortrag. Für den Vortrag habe ich mich gestern noch angemeldet.
Sitze gerade in dem Vortrag, *für den* ich mich gestern noch *angemeldet habe*.
2 Den Vortrag hält Martin Steffke. Von Martin Steffke hast du mir erzählt.
Den Vortrag hält Martin Steffke, _____ _____ du mir _____ _____.
3 Es geht um verschiedene Weiterbildungen. Er informiert uns genau über die Weiterbildungen.
Es geht um verschiedene Weiterbildungen, _____ _____ er uns genau _____.
4 Jetzt spricht er gerade über das Thema *Finanzierung*. Auf das Thema habe ich schon gewartet.
Jetzt spricht er gerade über das Thema *Finanzierung*, _____ _____ ich schon _____ _____.

## Lektion 10 → KB S. 54

**C1 Ahmets Schadensmeldung**

**b Wie ist der Schaden entstanden? Zu zweit: Sortieren Sie.**
**Schreiben Sie dann die Schadensmeldung ins Formular auf S. 54.**

☐ haben Autos gehupt.
☐ Meine Enkelin ist erschrocken
☐ mit dem Fahrrad gegen die Tür
☐ eines parkenden Autos gestoßen.
☐ mit dem Rad unterwegs. Plötzlich
☐ gefahren. Dabei bin ich aus Versehen
[1] Meine 5-jährige Enkelin und ich waren
☐ und stehen geblieben. Ich bin nach links

## Lektion 8 → KB S. 30

5 22 **C1 Ein interessanter Vortrag**

**d** Hören Sie weiter und ergänzen Sie die Notizen.

Beratungsstellen | ein paar Wochen? / ein Jahr? | Geld vom Staat! | ~~Vollzeit oder Teilzeit?~~

**Wie finden Sie den richtigen Kurs?**

- Zeit?
- Kosten?
- Dauer?
- weitere Informationen

4

– Zeit: *Vollzeit oder Teilzeit?*
– Dauer: ______
– Kosten: ______
– weitere Informationen: ______

## Lektion 9 → KB S. 38

**A1 Eine passende Stelle für dich?**

**c** Wie kann man das auch sagen? Ergänzen Sie und sprechen Sie dann zu zweit.

**Schritt 1** Ergänzen Sie wie im Beispiel.

1 herausfordern → *herausfordernd*
eine Aufgabe, die herausfordert = • eine *herausfordernde* Aufgabe

2 anstrengen → ______
ein Job, der anstrengt = • ein ______ Job

3 passen → ______
eine Gelegenheit, die passt = • eine ______ Gelegenheit

4 streiten → ______
Kollegen, die streiten = • ______ Kollegen

5 allein erziehen → ______
ein Vater, der allein erzieht = • ein ______ Vater

6 steigen → ______
Chancen, die steigen = • ______ Chancen

7 sprechen → ______
ein Roboter, der spricht = • ein ______ Roboter

8 fallen → ______
ein Preis, der fällt = • ein ______ Preis

9 spielen → ______
ein Kind, das spielt = • ein ______ Kind

**Schritt 2** Sprechen Sie mit Ihrer Partnerin / Ihrem Partner.

Eine Aufgabe, die herausfordert, ...

... ist eine herausfordernde Aufgabe. Ein Job, der anstrengt, ...

# Auswahlaufgaben

## Lektion 8 → KB S. 27

**A1 Fachkräfte dringend gesucht**

**d** Was denken Sie? Machen Sie Notizen. Sprechen Sie dann zu zweit wie im Beispiel.

1 • Beruf / interessant

| | | |
|---|---|---|
| Wissenschaftler | +++ | |
| Schauspieler | +++ | |
| Architekt | +++ | |

2 • Sprache / leicht

| | | |
|---|---|---|
| Arabisch | +++ | |
| Deutsch | +++ | |
| Japanisch | +++ | |

3 • Getränk / gesund

| | | |
|---|---|---|
| Tee | +++ | |
| Wasser | +++ | |
| Saft | +++ | |

4 • Haustiere / beliebt

| | | |
|---|---|---|
| Hunde | +++ | |
| Katzen | +++ | |
| Hasen | +++ | |

Architekt ist ein interessanter Beruf. Aber ich finde, Wissenschaftler ist ein interessanterer Beruf als Architekt. Schauspieler ist meiner Meinung nach der interessanteste Beruf.

Ja, das finde ich auch. Denn da kann man ...

## Lektion 12 → KB S. 75

**A5 Danke für Ihre Anfrage!**

**a** Lesen Sie die Anfrage (A) und die Antwort (B). Korrigieren Sie dann die Sätze (1–4).

**A**

Sehr geehrte Damen und Herren,

ich interessiere mich für das Vlogging-Kit *Digi-Fix23* und habe eine Frage zu den Zahlungsmöglichkeiten. Akzeptieren Sie auch andere Zahlungsarten als Vorkasse (z. B. mit Kreditkarte oder auf Rechnung)?

Vielen Dank und freundliche Grüße
Zofia Lewandowska

**B**

Sehr geehrte Frau Lewandowska,

danke für Ihre Anfrage! Als kleines Unternehmen können wir keine anderen Zahlungsarten akzeptieren. Sie müssen die Ware im Voraus bezahlen. Da können wir leider keine Ausnahme machen. Ich hoffe auf Ihr Verständnis. Bitte melden Sie sich gern, falls Sie weitere Fragen haben sollten.

Mit freundlichen Grüßen
Artur Lang

1 Zofia hat eine Frage zu ihrer Rechnung. *zu den Zahlungsmöglichkeiten*

2 Zofia möchte die Ware im Voraus bezahlen. ______

3 Der Händler schlägt andere Zahlungsarten vor. ______

4 Zofia muss das Vlogging-Kit mit Kreditkarte bezahlen. ______

## Lektion 9 → KB S. 37

**2 a / b Der Weg zum Traumjob**

Was ist Ihnen bei einem Job wichtig? Kreuzen Sie an und ergänzen Sie. Sprechen Sie dann zu dritt.

- ☐ flexible Arbeitszeiten
- ☐ interessante Tätigkeiten
- ☐ ein sicherer Arbeitsplatz
- ☐ __________
- ☐ nette Kolleg/innen
- ☐ eine sinnvolle Aufgabe
- ☐ eine angenehme Atmosphäre
- ☐ __________
- ☐ ein gutes Einkommen
- ☐ selbstständiges Arbeiten
- ☐ ein kurzer Weg zur Arbeit
- ☐ __________

▲ Ich habe „ein gutes Einkommen" angekreuzt.
◆ Ist dir das wirklich so wichtig?
▲ Ja, das finde ich sehr wichtig.
■ Soll das heißen, dass du den Job sonst nicht machen würdest?
▲ Ja, sicher! Also klar, wenn ich gar keinen Job hätte, ...

*Muss das sein?*
*Ist das wirklich so wichtig?*
*Bist du da sicher?*
*Soll das heißen, ...?*

## Lektion 10 → KB S. 53

**B4 b Einen Schaden melden**

Zu zweit: Sie möchten einen Schaden melden und rufen Ihre Haftpflichtversicherung an.

**Schritt 1** Ergänzen Sie das Gespräch mit passenden Informationen zur Situation.

> Während Ihre Nachbarn bei Verwandten sind, sollen Sie in der Wohnung die Blumen gießen. Dabei fällt aus Versehen ein Blumentopf auf einen Glastisch. Beides ist kaputt.

◆ Guten Tag. Was kann ich für Sie tun?
▲ Ich habe eine Haftpflichtversicherung bei Ihnen und möchte einen Schaden melden.
◆ Um was für einen Schaden geht es denn?
▲ *Ich sollte bei meinen Nachbarn* ____________________
________________________________________
◆ Okay, dann brauchen Sie das Formular C. Sie können es von der Webseite herunterladen. Würden Sie mir bitte Ihren Namen sagen?
▲ ____________________.
◆ Schreibt man das vorne mit ___ oder mit ___?
▲ Mit ___. Und hinten mit ___.
◆ Entschuldigung, wie bitte?
▲ Mein Name wird am Ende mit ___ geschrieben.
◆ Können Sie den Namen bitte buchstabieren?
▲ Natürlich: ____________.
◆ Vielen Dank, Frau / Herr ____________. Kann ich noch etwas für Sie tun?
▲ Nein, im Moment nicht. Danke.

**Schritt 2** Spielen Sie nun das Gespräch.

# Auswahlaufgaben

## Lektion 10 → KB S. 55

**C3** **Wie ist der Schaden entstanden?**

**a** Zu zweit: Was ist passiert? Wählen Sie eine Situation (A / B). Schreiben Sie eine Schadensmeldung.

beim Umzug geholfen | eine Leiter getragen | das Kabel nicht gesehen | über das Kabel gefallen | mit der Leiter gegen das Fenster gestoßen | die Fensterscheibe zerbrochen

in der WG-Küche | am Tisch vorbeigegangen | der Mitbewohner hat am Laptop gearbeitet | das Laptopkabel nicht gesehen | über das Kabel gefallen | der Laptop ist heruntergefallen, kaputt

## Lektion 11 → KB S. 63

**A2** **... statt sie ins Computersystem einzutragen.**

**c** Was machen Sie lieber? Schreiben Sie und sprechen Sie.

**Schritt 1** Kreuzen Sie an und schreiben Sie dann die Sätze mit *statt dass / statt ... zu*.

| | | |
|---|---|---|
| **1** die Wohnung aufräumen | ☐ ins Kino gehen | ☐ im Park spazieren gehen |
| **2** abends eine Serie schauen | ☐ einen Roman lesen | ☐ mit Freunden chatten |
| **3** Einzeltickets für den Bus kaufen | ☐ eine Jahreskarte kaufen | ☐ mit dem Fahrrad fahren |
| **4** Sehenswürdigkeiten besichtigen | ☐ in der Innenstadt einkaufen | ☐ in die Bücherei gehen |

• Roman

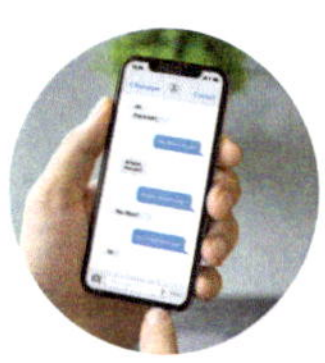
chatten

• Jahreskarte

• Sehenswürdigkeit

• Innenstadt

• Bücherei

*1 Statt die Wohnung aufzuräumen, gehe ich lieber ...*
*2 Statt abends eine Serie zu schauen, ...*

**Schritt 2** Zu zweit: Sagen Sie einen Satz aus Schritt 1. Ihre Partnerin / Ihr Partner reagiert.

◆ Statt die Wohnung aufzuräumen, gehe ich lieber ins Kino. Und du?
▲ Ich liege lieber auf der Couch, statt dass ich die Wohnung aufräume.

## Lektion 12 → KB S. 74

**A3 Ich fürchte, dass es Probleme gibt.**

c Zu zweit: Haben Sie schon einmal online eingekauft? Was haben Sie erlebt? Sprechen Sie.

**Was haben Sie gekauft?**

Bücher | Kleidung | Elektrogeräte | Lebensmittel | Tickets | Werkzeug | ...

**Was ist passiert?**

Paket nicht angekommen | Rabatt bekommen | falscher Artikel geliefert | noch nie Probleme gehabt | sehr spät / schnell geliefert | ...

> Einmal habe ich online Schuhe bestellt. Aber das Paket ist nicht angekommen. Seitdem habe ich immer Sorge, dass ...

## Lektion 12 → KB S. 76

**B2 Ich bitte Sie, ...**

a / b Zu zweit: Wählen Sie eine Situation (A–E) und kreuzen Sie an. Schreiben Sie dann eine Reklamation wie in B1. Hängen Sie Ihren Text im Kursraum auf.

A ☐

Sie haben für den Geburtstag eines Freundes **einen Schal** bestellt. Der Schal kommt zwei Wochen später als angekündigt. Sie möchten ihn zurückschicken, weil Sie ihn nun nicht mehr brauchen. Sie bitten um die Erstattung des gezahlten Betrags von 19,99 Euro.

B ☐

Sie haben **Essig und Öl** bestellt. Die Lieferung kommt vier Tage später als angekündigt. Sie möchten die Sachen zurückschicken. Sie bitten um die Erstattung des gezahlten Betrags von 12,99 Euro.

C ☐

Sie haben **ein Parfum** als Geburtstagsgeschenk bestellt, aber Sie haben die falsche Größe bekommen. Sie möchten das Parfum umtauschen und bitten daher um ein Retourenetikett.

D ☐

Sie haben **eine Kaffeemaschine** bestellt, aber die Bestellung wurde verwechselt. Sie haben die falsche Marke bekommen. Sie möchten die Kaffeemaschine umtauschen und bitten um ein Retourenetikett für die Rücksendung.

E ☐

Sie haben **einen Grill** bestellt, aber Sie haben das falsche Modell bekommen. Sie möchten den Grill umtauschen. Sie bitten um ein Retourenetikett für die Rücksendung.

Am ... habe ich in Ihrem Online-Shop ... gekauft. | Leider wurde ein falscher Artikel geliefert. | Leider wurde der Artikel zu spät geliefert. | Daher möchte ich ... zurückgeben / umtauschen. | Ich bitte Sie, mir den Betrag von ... Euro zurückzuzahlen. | Bitte schicken Sie mir ein Retourenetikett.

# Auswahlaufgaben

## Lektion *Extra* → KB S. 90

**C1** *Miteinander!* – Unser Buch

**c** Welche Geschichte / Person hat Ihnen am besten gefallen? Erzählen Sie im Kurs.

**AMADOU**

- neuer Job
- Partnerin: Elisa
- Konfliktmanagement
- Fachinformatiker für Systemintegration
- Fußballtrainer
- Profispieler *SC Neuberg*

**AHMET**

- Lotto
- Taxifahrer
- zwei Kinder
- Enkelin
- Fitnessuhr
- Partnerin: Pinar
- Nachbarin: Pauline
- Kollege von Toni

**TONI**

- Bus
- Taxifahrer
- kann nicht so gut kochen
- liebt Handys
- Kollege von Ahmet
- Nachbarin: Katharina

**MARIA**

- Apothekerin
- Tochter: Alma
- Partner: Enrico
- Umzug
- Kindergeld

**ZOFIA**

- Freund: Alex
- Fotografin
- Reparaturcafé
- Themenwoche *Buntes Neuberg*
- Partnerin von Pekka
- Neuberg_aktiv

**PEKKA**

- Security
- Tai-Chi
- Auftritt beim Stadtfestival
- Partner von Zofia
- Stand-up-Comedian
- Freund: Alex

**LUNA**

- Nachbar / Partner: Oskar
- Krankenpflegerin
- Rückenübungen
- internationale Hilfsorganisation
- hat ihre Wohnung an Lotte vermietet

**LOTTE**

- Köchin
- oft umgezogen
- Ruhezeiten
- hat in Lunas Wohnung gewohnt
- Nachbarinnen: Frau Radspieler, Frau Kowalski

**SAMIR**

- neuer Job
- Elektroniker
- Wohnprojekt *Autofrei*
- Weiterbildung
- Partnerin: Ludmilla
- eine kleine Tochter
- Urban Gardening
- Freunde: Bruno, Hoa

**HOA**

- IT-Kurse
- Gründermesse
- Kaffeemobil
- Mutter von Yasmin
- beruflich selbstständig
- Freunde: Afrim, Kostja, Samir
- Enkel: Thien
- viele verschiedene Jobs

**YASMIN**

- Freund: Afrim
- alleinerziehend
- Sohn: Thien
- Tochter von Hoa
- Bewerbungsgespräch
- Ausstellung *Demokratie in Neuberg*
- Verkäuferin im Möbelgeschäft

Meine Lieblingsperson ist Pekka. Ich finde es cool, dass er einen Auftritt beim Stadtfestival hatte.

# ARBEITSBUCH

# AMADOU

# ALLES TRAININGSSACHE 7

**1a Bilden Sie Wörter. Viele Wörter passen mehrmals.** Wörter → KB 2

kommen fahren fliegen setzen spielen arbeiten gehen
schießen legen holen fallen machen leben

1 mit- *mitkommen, mitfahren, mitspielen, ...*

2 weg- *wegfahren, wegfliegen, ...*

3 weiter- ______

4 zurück- ______

**b Was ist richtig? Umkreisen Sie.**

1 Kannst du bitte schnell mitkommen? zusammenkommen? Ich brauche Hilfe!
2 Hast du von diesem Konzert gehört? Da will ich unbedingt hingehen. weitergehen.
3 Siehst du den Ball da? – Den schieße ich vorbei! weg! – Nein, den nehmen wir raus! mit!
4 Ist auf dem Goetheplatz heute ein Fest? – Ja, ich bin eben mit dem Rad daran vorbeigefahren. weitergefahren.
5 Wir möchten in den Ferien gern ein paar Tage wegfahren. zurückfahren. Komm doch weg! mit!

**2 Was passt? Ergänzen Sie in der richtigen Form.** Grammatik → KB 2

wegbringen mitgehen ~~zurücklaufen~~ weiterspielen losfahren hinsetzen
mithelfen weglaufen wegfahren rausfallen zurückfahren

1 Vorsicht, dein Handschuh ______ gleich aus der Tasche ______. – Oh, ich habe ja nur noch einen. Ich *laufe* noch mal *zurück*. Bestimmt habe ich ihn gerade erst verloren.

2 Entschuldigung, Sie stehen auf einem Firmenparkplatz. Würden Sie bitte ______?
3 Der Bus ______ gleich ______. Bitte sucht euch Plätze und ______ euch ______.
4 Mein Hund ______ manchmal ______, und ich muss ihn dann suchen. – Oje! Soll ich beim nächsten Mal ______?

5 Banna, bitte __________ den Müll __________! Dort ist ein Mülleimer.

6 Oh nein, ich habe mein Handy zu Hause vergessen. – Sollen wir __________________?

7 Eric will am Sonntag ins Schwimmbad. Möchtest du __________________?

8 Nach der Halbzeitpause __________ die Teams __________.

7 01 **3 Hören Sie die Fragen und antworten Sie mit *Nein*, ...** Audiotraining → KB 2

Soll ich raufkommen?

1 Nein, ich komme runter.

1 ich  kommen

2 wir 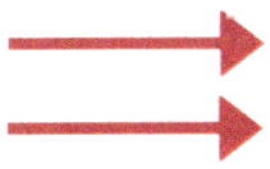 fahren

3 sie  fahren

4 wir  gehen

5 ich  kommen

6 er 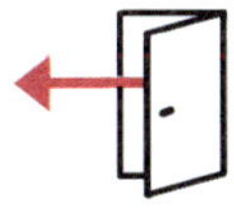 gehen

7 er  fahren

8 er  fliegen

**4 Ergänzen Sie *weil* – *deshalb* – *denn*.** Wiederholung → KB A1

1 Ich lerne jeden Tag Deutsch, *denn* ich will die B1-Prüfung unbedingt schaffen.

2 Ich lerne gern morgens, __________ ich mich dann am besten konzentrieren kann.

3 Ich lerne gern zusammen mit anderen, __________ das macht mir Spaß.

4 Ich lese gern, __________ kaufe ich manchmal deutsche Zeitschriften.

5 Ich finde es nicht einfach, andere zu verstehen, wenn sie sprechen. __________ höre ich jetzt oft Radio oder Podcasts.

6 __________ ich zuerst die Schrift lernen musste, war Deutsch am Anfang nicht einfach für mich.

**5 Sortieren Sie und schreiben Sie Sätze mit *daher* – *deswegen* – *darum*.** Grammatik → KB A1

1 Volkan ist es sehr wichtig, fit zu sein. (er • trainiert • im Fitnessstudio • dreimal pro Woche)
*Daher / Deswegen / Darum trainiert er dreimal pro Woche im Fitnessstudio.*

2 Dan träumt davon, in einer Band mitzuspielen. (übt • täglich • er • Gitarre)
______________________________________________.

3 Ich fühle mich nur wohl, wenn ich mich viel bewege. (Sport • mache • jeden Tag • ich)
______________________________________________.

4 Ich spiele gern Fußball und finde Ehrenämter wichtig.
(Trainer • bin • von einer Jugendmannschaft • ich)
______________________________________________.

**6** **Wie heißen die Wörter? Ergänzen Sie.** Wörter → KB A3

1 Ich habe *folgendes* (genfoldes) Problem: Ich kann mir die ______ (chespraAus) der neuen Wörter einfach nicht ______ (kenmer).

2 Immer mehr Menschen in Deutschland sprechen zwei oder mehr Sprachen. Das ist eine positive ______ (wickEntlung). ______ (Diatelek) werden aber immer unwichtiger.

3 Meine Muttersprache ist Arabisch. Ich musste im Deutschkurs erst mal alle ______ (staBuchben) in dem neuen ______ (betphaAl) lernen. Das war eine große ______ (rigkeitSchwie) für mich.

4 Im Unterricht und auch im Alltag gibt es immer wieder ______ (tertukulinrelle) Probleme – aber auch Lösungen.

5 Im Internet kann man sich Texte ______ (levorsen) lassen und so die Aussprache üben. Schau doch mal beim ______ (gaMazin) *Deutsch modern*.

6 Die Deutschlernenden im ______ (Inkurstensiv) bereiten sich auf ihre Prüfung vor.

7 Mein Sohn hat Probleme im Fach Physik. Deshalb nimmt er jetzt einmal pro Woche ______ (feNachhil).

8 Am 1. Mai ist *Tag der Arbeit*. Da haben wir keinen Unterricht, denn das ist ein ______ (tiolernana) Feiertag.

**7** **Ergänzen Sie.** Kommunikation → KB A3

1 Seht mal hier. A *u* f D *e* *u* t *s* *c* *h* s *a* g *t* man d *a* z *u* *Apfel*. Wie ne _ _ t i _ _ d _ _ auf Arabisch?

2 W _ _ i _ _ d _ _ U _ t _ _ sch _ _ _ z _ _ sch _ _ einer *Zeitung* u _ _ einer *Zeitschrift*? Kö _ _ en Sie m _ _ das b _ _ _ e _ _ kl _ _ _ n?

3 ◆ Musstest du im Deutschkurs das deutsche Alphabet lernen?
▲ Ja, Groß- und Kleinbuchstaben! Das fand ich ganz schön viel. Weißt du, in u _ s _ r _ r S _ _ ri _ t g _ b _ e _ k _ _ n _ G _ _ _ b _ _ _ sta _ _ _.
◆ Das ist ja interessant.

4 Ich f _ _ d _ es n i _ _ t l _ _ ch _, Deutsch _ _ l _ _ n _ _. Nie weiß ich, ob es *der*, *die* oder *das* heißt. In m _ _ n _ _ M _ tt _ _ spr _ _ h _ ist das g _ n _ _ nd _ _ s: Da gibt es keine Artikel.

7 02 **8a** **Welchen Laut hören Sie? Kreuzen Sie an.** Aussprache → KB A3

| | 1 | 2 | 3 | 4 | 5 | 6 | 7 | 8 | 9 | 10 |
|---|---|---|---|---|---|---|---|---|---|---|
| *ach*-Laut (*Buch, machen, ...*) | ☒ | ☐ | ☐ | ☐ | ☐ | ☐ | ☐ | ☐ | ☐ | ☐ |
| *ich*-Laut (*ich, Gesicht, echt, lustig, ...*) | ☐ | ☐ | ☐ | ☐ | ☐ | ☐ | ☐ | ☐ | ☐ | ☐ |
| *sch*-Laut (*Schule, Sport, Studium, ...*) | ☐ | ☐ | ☐ | ☐ | ☐ | ☐ | ☐ | ☐ | ☐ | ☐ |

7 03 **b Hören Sie und schreiben Sie.**

1 *ach*-Laut: *Buchstabe*, ___, ___, ___, ___, ___

2 *ich*-Laut: *dich*, ___, ⚠ ___, ⚠ ___, ___, ___, ___

3 *sch*-Laut: *Schluss*, ___, ⚠ ___, ⚠ ___, ___

7 04 **c Finden Sie alle *ach*-, *ich*- und *sch*-Laute? Markieren Sie wie im Beispiel. Hören Sie dann und sprechen Sie nach.**

1 Schwierigen Wortschatz kannst du im Wörterbuch nachschlagen und abschreiben. Dort steht übrigens auch, wie man die Wörter ausspricht.

2 Mein Lieblingswort im Deutschen ist *Eichhörnchen*. *Würstchen* finde ich sehr schwierig auszusprechen. Und Dialekte sind schwer zu verstehen.

3 Du fährst zu schnell. Da war gerade ein Schild mit einer Geschwindigkeitsbegrenzung. Man darf hier nur dreißig fahren.

4 Haben wir schon alle Sachen für das Picknick? Brauchen wir vielleicht doch noch Becher?

5 Endlich wieder herrliches Wetter in Österreich: Es regnet nicht, es wird überall sonnig und warm.

**9 Ergänzen Sie.** Wiederholung → KB B2

1 klein → *kleiner* → am kleinsten

2 groß → ___ → am größten

3 ___ → ___ → am höchsten

4 ⚠ gern → ___ → am liebsten

5 ⚠ ___ → ___ → am besten

6 ⚠ viel → ___ → ___

**10a Ergänzen Sie die richtige Form.** Grammatik → KB B2

1 Je *mehr* (viel) Sport man macht, desto *gesünder* (gesund) fühlt man sich.

2 Je ___ (fleißig) Bakari übt, umso ___ (schnell) lernt er es.

3 Je ___ (lang) man arbeitet, desto ___ (müde) wird man.

4 Je ___ (laut) die Musik ist, desto ___ (gern) tanze ich!

5 Je ___ (gut) ich schlafe, umso ___ (fit) bin ich.

**b Ergänzen Sie die Sätze aus a in der Tabelle.**

| | | | | | |
|---|---|---|---|---|---|
| 1 *Je mehr* | *Sport man* | *macht,* | *desto gesünder* | *fühlt* | *man sich.* |
| 2 | | | | | |
| 3 | | | | | |
| 4 | | | | | |
| 5 | | | | | |

**11** **Ergänzen Sie die Teilsätze mit *je* … oder *desto / umso* …** Grammatik → KB B2

1 Die Kollegin braucht die Unterlagen so schnell wie möglich! Je früher du sie schickst, desto besser! (Du schickst sie früh.)

2 Mehrere Sprachen zu sprechen ist toll. Man sagt ja: „____________________, desto mehr bist du Mensch!“ (Du sprichst viele Sprachen.)

3 Texte auf Deutsch zu lesen, war anfangs anstrengend. Aber: Je häufiger ich lese, ____________________. (Es wird einfach.)

4 Für das Schwimmabzeichen muss ich 20 Minuten lang ohne Pause schwimmen. – Je fleißiger du trainierst, ____________________. (Du schaffst das leicht.)

5 Ich sollte früher schlafen gehen. ____________________, umso schlimmer ist das Weckerklingeln am Morgen! (Ich gehe spät ins Bett.)

**12** **Sortieren Sie und schreiben Sie die Sätze.** Grammatik → KB B2

1 Soll ich jeden Tag Gitarre üben? – Na klar: Je häufiger du übst, desto schneller machst du Fortschritte. (Je • du • übst • häufiger / desto • Fortschritte • du • machst • schneller)

2 Hast du Lust auf einen Spaziergang? – Bei dem Regen? Nein. ____________________.
(schlechter • das Wetter • Je • ist / weniger • habe • darauf • Lust • ich • umso)

3 Sollen wir am Samstag gleich morgens einkaufen? – Gute Idee: ____________________.
(einkaufen • Je • wir • früher / weniger Leute • sind • im Supermarkt • desto)

4 Sind große Autos schlechter für die Umwelt als kleine? – Na ja: ____________________.
(ein Auto • Je • größer • ist / Energie • umso • es • mehr • braucht)

**13a** **Lesen Sie die Aussagen und die Forumsbeiträge. Was passt? Ordnen Sie zu.** Lesen → KB B3

A Deutsch zu lernen finde ich schwierig. Und im Unterricht bin ich meistens still.
B Ich habe im Deutschkurs eine lustige, neue Erfahrung gemacht.
C Eine Aktivität im Unterricht mag ich gar nicht. Da mache ich nicht mit!
D Lehrer und Schüler verhalten sich anders als in meinem Heimatland.
E Mich interessiert, wie andere den Deutschunterricht in Deutschland erleben!

E

SHUSHAN Ich bin seit zwei Jahren in Deutschland und lerne Deutsch. Der Sprachunterricht ist ganz anders, als ich das von der Schule und Ausbildung in meinem Heimatland kenne. Wie geht's euch so hier im Sprachkurs? Macht euch das Lernen Spaß? Was ist der Unterschied zwischen Sprachunterricht in Deutschland und eurem Land? Erzählt mal!

☐

**OLEH** Wir haben im Deutschunterricht mal einen „Artikeltanz" gemacht. Der ist mir damals total schwer gefallen. Tanzen ist nämlich nicht so mein Ding. Und überhaupt: Tanzen im Unterricht?! Ich war total überrascht! Am Ende haben wir dann aber alle viel Spaß gehabt und sehr gelacht, und deswegen erinnere ich mich immer noch gern an diese Unterrichtsstunde.

☐

**NILAY** Ja, komisch, was hier im Unterricht alles gemacht wird, oder? Aus meinem Heimatland kenne ich es so, dass der Lehrer vorn steht und die Schüler nachsprechen und Sachen auswendig lernen. Das war so einfach! Hier reden und arbeiten die Lerner miteinander, zum Beispiel bei Gruppenarbeiten.

> **ANTONELA** **@Nilay** In meinem Kurs diskutieren wir sogar mit der Lehrerin. Das macht man bei uns zu Hause nicht.

☐

**ANTONELA** Ich finde Singen im Unterricht total doof. Ich verstehe gar nicht, wie man das gut finden kann. Leider bringt unsere Lehrerin oft Lieder mit. Irgendwann habe ich mit ihr gesprochen. Für sie ist es okay, wenn ich die Texte einfach nur mitlese oder mitspreche. Seitdem geht es mir mit dem Thema besser.

☐

**TRISTAN** Ich möchte gern Elektroniker werden. Um einen guten Ausbildungsplatz und dann eine Arbeitsstelle zu finden, muss ich die Deutschprüfungen schaffen. Sprachen lernen ist aber leider gar nicht meine Stärke. Ich habe keinen Spaß im Unterricht, im Gegenteil: Ich sage selten etwas, denn ich habe Angst, Fehler zu machen! Habt ihr Tipps für mich?

> **OLEH** **@Tristan** Früher hatte ich auch Angst und habe darum fast nie etwas gesagt. Dann habe ich aber gemerkt, dass ich besser lerne und der Kurs auch nicht so langweilig ist, wenn ich im Unterricht gut mitmache. In unserem Kurs kennen wir uns jetzt alle schon ganz gut. Oft lachen wir auch miteinander. Ich glaube, Spaß hilft nicht nur beim Lernen, sondern auch bei Stress!

**b Was ist richtig? Lesen Sie noch einmal und umkreisen Sie.**

1. Shushan lernt in ihrem Heimatland / (Deutschland) Deutsch.
2. Oleh hat der Artikeltanz am Ende doch noch / leider keinen Spaß gemacht.
3. Nilay findet Auswendiglernen / Gruppenarbeiten leicht.
4. In Antonelas Heimatland gibt es keine Diskussion zwischen Lerner:innen und Lerner:innen. / Lehrer:innen.
5. Antonelas Lehrerin verwendet selten / häufig Lieder im Unterricht.
6. Tristan hat Angst vor Fehlern im Unterricht. / in der Deutschprüfung.
7. Oleh findet, Humor hilft gegen Stress / Langeweile im Unterricht.

**14 Was gefällt Ihnen am Deutschunterricht? Wie lernen Sie am besten? Schreiben Sie.** Schreiben → KB B3

*Ich mag Spiele im Unterricht. Am besten finde ich Aktionsaufgaben mit unterschiedlichen Rollen. Die machen Spaß und ich lerne viel dabei. ...*

**15a Bilden Sie Wörter wie im Beispiel.** Grammatik → KB C1

1 Zähne putzen → *das Zähneputzen*
2 üben → ______
3 speichern → ______
4 fernsehen → ______
5 verschicken → ______
6 Hände waschen → ______

Aus Verben gebildete Nomen haben immer den Artikel *das*. Oft werden diese Nomen mit einer Präposition verwendet, z. B. *fürs Zähneputzen, beim Duschen, zum Reinigen, …*

**b Ergänzen Sie die Wörter aus a.**

1 Durch ______ kann man Erkältungskrankheiten vermeiden.
2 Manchmal schlafe ich abends beim ______ ein.
3 Ich lerne Gitarre. Das ______ macht Spaß und ich erhole mich dabei.
4 Zum ______ musst du *Strg* + *S* drücken.
5 Fürs *Zähneputzen* sollte man sich mindestens zwei Minuten Zeit nehmen.
6 Das ______ von Büchern ist gar nicht so teuer.

**16 Markieren Sie wie im Beispiel und ergänzen Sie.** Grammatik → KB C1

1 Es klingt so fröhlich, wenn du lachst. → Dein *Lachen* klingt so fröhlich.
2 Sie können die Leihfrist der Bücher online verlängern. → Das ______ der Leihfrist von Büchern ist online möglich.
3 Wenn ich tanze, vergesse ich alle Sorgen und Probleme. → Beim ______ vergesse ich alle Sorgen und Probleme.
4 Wenn ihr neue Wörter lernt, hilft es euch, sie aufzuschreiben. → Das ______ von neuen Wörtern hilft euch beim ______.
5 Wenn ich Klavier übe, verliere ich schnell die Geduld. → Beim ______ verliere ich schnell die Geduld.

**17 Wählen Sie Wörter aus beiden Kästen und schreiben Sie mindestens drei Sätze.**
Grammatik → KB C1

putzen • Rad fahren • aufstehen • reisen • diskutieren • Deutsch lernen • …

das • beim • für das / fürs • vor dem • zum • nach dem • …

*Ich liebe Kakao. Am liebsten hätte ich gern morgens vor dem Aufstehen schon eine Tasse.*

**18** **Bilden Sie Wörter wie im Beispiel.** Grammatik → KB C1

| | | |
|---|---|---|
| 1 zuhören | das *Zuhören* | der *Zuhörer* / die *Zuhörerin* |
| 2 lernen | das ______ | der ______ / die ______ |
| 3 ______ | das ______ | der Maler / die ______ |
| 4 surfen | das ______ | der ______ / die ______ |
| 5 tanzen | das ______ | ⚠ der Tänzer / ⚠ die ______ |
| 6 Fenster putzen | das ______ | der ______ / die ______ |

7 05 **19a** **Hören Sie den Anfang der Radiosendung. Was ist heute Thema? Kreuzen Sie an. Zwei Antworten sind richtig.** Hören → KB C2

1 ☐ Ernährung und Bewegung
2 ☐ Gesundheitsvorsorge
3 ☐ Vorsorgeuntersuchungen
4 ☐ Dankbarkeit

7 06 **b** **Ist das richtig oder falsch? Hören Sie weiter und kreuzen Sie an.**

| | richtig | falsch |
|---|---|---|
| 1 Psychologie und Medizin beschäftigen sich seit Jahrzehnten mit dem Thema Dankbarkeit. | ☐ | ☒ |
| 2 Wer dankbar ist, tut etwas Gutes für seine psychische und körperliche Gesundheit. | ☐ | ☐ |
| 3 Die Wissenschaft sagt, dass man gleichzeitig Dankbarkeit und Stress fühlen kann. | ☐ | ☐ |
| 4 Dankbarkeit ist fast genauso wichtig wie Essen und Trinken. | ☐ | ☐ |
| 5 Dankbarkeit hilft, Schlaf und Gesundheit zu verbessern. | ☐ | ☐ |
| 6 Nur große, gute Ereignisse im Leben machen dankbar. | ☐ | ☐ |
| 7 Der Experte rät, ein Dankbarkeits-Tagebuch zu kaufen. | ☐ | ☐ |

**20** **Wählen Sie Aufgabe 1 oder 2 und schreiben Sie.** Portfolio

1 Haben Sie ein Lieblingswort in Ihrer Muttersprache? Und in der deutschen Sprache? Warum gefällt es Ihnen?

*„Listopad" – das ist Tschechisch für „November". Es bedeutet „Blätterfall". Das gefällt mir, weil da ja wirklich die Blätter runterfallen. Im Deutschen mag ich „wunderbar". Irgendwann habe ich nämlich verstanden, dass da das Wort „Wunder" drinsteckt! Und seitdem finde ich dieses Wort wunderschön und freue mich immer, wenn ich es lese oder höre. ☺*

2 Wem in Ihrem Leben möchten Sie einfach mal Danke sagen? Warum? Schreiben Sie dieser Person.

*Liebe Nora, du hilfst mir immer, wenn ich einen Brief bekomme und ihn nicht richtig verstehe. Dafür wollte ich einfach mal Danke sagen.*

*Liebe Frau Arzu, Sie haben für mich eingekauft, als ich krank war. Ich möchte mich ganz herzlich bei Ihnen für Ihre Hilfe bedanken!*

# HOA

# DER GLÜCKSPILZ

# 8

**1 Bildung Sie Wörter und ergänzen Sie.** Wörter → KB 1

~~arzt~~ che ger Metz re schen su tau Tie ~~Tier~~ Ver

1 Sag mal, mag Tessa eigentlich ______________? – Ja, besonders Katzen.
2 Macht Faruk eine Ausbildung? – Nein, er studiert und wird *Tierarzt*.
3 Wollen wir ______________? Ich bekomme dein Bier und du meinen Kaffee? – Okay.
4 Dreimal darfst du raten. – Wie bitte? – Na, du hast drei ______________.
5 Könntest du ______________ werden? – Nein, ich bin doch Vegetarier!

**2 Was passt? Kreuzen Sie an.** Kommunikation → KB 2

1 Ich wollte immer schon mit Tieren arbeiten.
 a [x] Deshalb interessiere ich mich für eine Ausbildung zum Tierpfleger.
 b [ ] Deshalb möchte ich gern eine Stelle in der Verwaltung des Zoos bekommen.

2 Ich hätte gern eine neue Stelle, zum Beispiel als Spezialist für soziale Medien,
 a [ ] denn für Computerarbeit bin ich nicht geeignet.
 b [ ] denn für diese Arbeit bin ich gut geeignet.

3 Ich würde gern mehr Geld verdienen,
 a [ ] deshalb träume ich von einer eigenen Firma.
 b [ ] deshalb wäre es toll, wenn ich nur sechs Stunden am Tag arbeiten müsste.

4 Ich träume von einer Festanstellung nach dem Praktikum,
 a [ ] denn ich würde endlich gern Geld für meine Arbeit bekommen.
 b [ ] weil mein Job dann befristet ist und ich mir eine bessere Stelle suchen kann.

**3 Wie heißen die Wörter? Ergänzen Sie.** Wörter → KB A1

**A**

Die *Bundesagentur* (*desturagenBun*) *für Arbeit* (1) informiert auf ihrer Homepage über freie Arbeitsstellen in ganz verschiedenen ______________ (reiBechen) (2). Sie sind ______________ (schaftWislerinsen) (3) oder ______________ (chiArtekt) (4), Metzger oder Spezialistin für Mobilität? Sie suchen eine interessante ______________ (keittigTä) (5) oder möchten eine Fort- oder Weiterbildung machen? In jedem ______________ (landdesBun) (6) gibt es ______________ (tungslenstelBera) (7). Dort bekommen Sie Informationen sowohl zu den ______________ (schensiklas) (8) Jobs als auch zur Selbstständigkeit. Gern informieren wir Sie auch über ______________ (listaatche) (9) Unterstützungen während einer Fort- oder Weiterbildung.

**B**

Viele ______________ (stätGastten) (1) in Berlin und Brandenburg ______________ (denlei) (2) unter dem Mangel an Servicepersonal. Einige bewerten die ______________ (tensichAus) (3) für die nächste Zeit kritisch, wenn sie nicht bald ______________ (Lehrgelin) (4) oder Quereinsteiger finden. Dabei ist das durchschnittliche ______________ (menkomEin) (5) in diesem Bereich in den letzten Jahren gestiegen.

**4** **Was ist richtig? Umkreisen Sie.** Wiederholung → KB A1

Vor einem halben Jahr ist mein alter alten Chef (1) in Rente gegangen. Mit dem neuen neuem Abteilungsleiter (2) kam ich aber gar nicht zurecht. Es gab ständig laute lauten Konflikte (3) zwischen ihm und den alte alten Kollegen (4). Wir sollten neue neuen Aufgaben (5) übernehmen, die eigentlich nicht zu unserer normalen normale Arbeit (6) gehörten. Und wir durften plötzlich unser privaten privates Handy (7) nicht mehr am Arbeitsplatz benutzen. Ich stand vor einem großes großen Problem (8). Auf mein ziemlich hohes hohen Einkommen (9) wollte ich nicht so gern verzichten. Aber ich hatte auch keine Lust mehr auf den ständigen ständiger Streit (10) in der Firma. Ich musste also eine schwieriger schwierige Entscheidung (11) treffen.

**5** **Ergänzen Sie das Wort im Komparativ (++) oder Superlativ (+++) in der richtigen Form.** Grammatik → KB A1

> Adjektive im Komparativ und Superlativ haben die gleichen Endungen wie Adjektive in der Grundform.

1 Die *interessantesten* (interessant +++) ● Vorträge habe ich von Mitarbeiter:innen der Beratungsstelle gehört.

2 Ioanna ist die Bewerberin mit der ________ (viel +++) ● Berufserfahrung.

3 Im ________ (groß +++) ● Bundesland, in Bayern, liegt der ________ (hoch +++) ● Berg Deutschlands: die Zugspitze.

4 Meiner Tochter gefällt der ________ (klein ++) ● Hase mit den ________ (lang ++) ● Ohren.

5 Nach einer Weiterbildung können sich die Mitarbeiter:innen über ein ________ (hoch ++) ● Einkommen freuen.

6 Die meisten Lehrlinge wünschen sich vor allem eine ________ (gut ++) ● Berufsausbildung.

7 Auf dem ________ (schön +++) ● Platz der Stadt befindet sich das Theater.

8 Bei einer ________ (flexibel ++) ● Arbeitszeit sind die Leistungen der Mitarbeiter:innen oft besser.

9 Die Wissenschaftler:innen planen nun eine ________ (genau ++) ● Untersuchung der Wasserqualität.

> Beim Komparativ verzichtet man oft auf den direkten Vergleich. → *Die Wissenschaftler:innen planen nun eine genauere Untersuchung ~~als früher~~.*

**6** **Ergänzen Sie *eine / einen* oder *die / der*.** Grammatik → KB A1

1 ◆ Taxifahren ist doch wirklich *eine* stressige Arbeit, oder nicht?

▲ Das stimmt schon. Aber mein Sohn hat ________ noch viel stressigere Arbeit. Er ist Polizist. Und ________ stressigste Arbeit haben, glaube ich, Erzieher:innen.

2 ■ Wie komme ich am besten vom Hotel zum Bahnhof? Welcher Weg ist ________ kürzere – entlang des Flusses oder der Hauptstraße?

● ________ kürzere Weg geht entlang des Flusses. Aber es gibt ________ noch kürzeren – durch den Park. Das ist ________ kürzeste Weg.

# 8

**7a Ergänzen Sie das Gespräch.** Kommunikation → KB A2

◆ Hallo Turan. Was machst du?

▲ Hi, Inesa. Ich versuche einen Artikel über Ausbildung und Jobs zu lesen. Aber ich verstehe so viele Wörter nicht. Hast du eine Ahnung, was *staatliche Stellen* sind?

◆ *Staatliche Stellen* – d _a_ _s_ b _e_ _d_ eu _t_ _e_ t (1): Firmen, Einrichtungen oder Organisationen, die vom Staat finanziert werden. V _ _ st _ _ _ _ d _ (2)?

▲ Nicht so ganz.

◆ E _ _ f _ ch _ _ g _ _ _ g _ (3): Das sind zum Beispiel Behörden und Ämter, aber auch öffentliche Krankenhäuser, Kindergärten, Museen usw.

▲ Ach so, jetzt verstehe ich. Aber hier, sieh mal. Hier steht: *sichere Jobs*. Bedeutet das, dass sie nicht gefährlich sind?

◆ Nein, d _ _ h _ _ ß _ (4), dass man einer Mitarbeiterin oder einem Mitarbeiter nicht so schnell kündigen kann. V _ _ _ _ _ _ _ st d _, w _ _ (5) ich meine?

▲ Ich denke schon. Ich behalte meinen Job zum Beispiel auch, wenn ich mal längere Zeit krank bin. Richtig?

◆ Ja, genau.

**b Wählen Sie ein Wort und erklären Sie es. Schreiben Sie ein Gespräch und verwenden Sie dafür passende Sätze aus a.**

Bundesland | Fernbedienung | Umweltverschmutzung | Nachhilfe | Migrationshintergrund | Geschwindigkeitsbeschränkung

7 07 **8a Hören Sie und ergänzen Sie in der Grafik die Zahlen.** Hören → KB A3

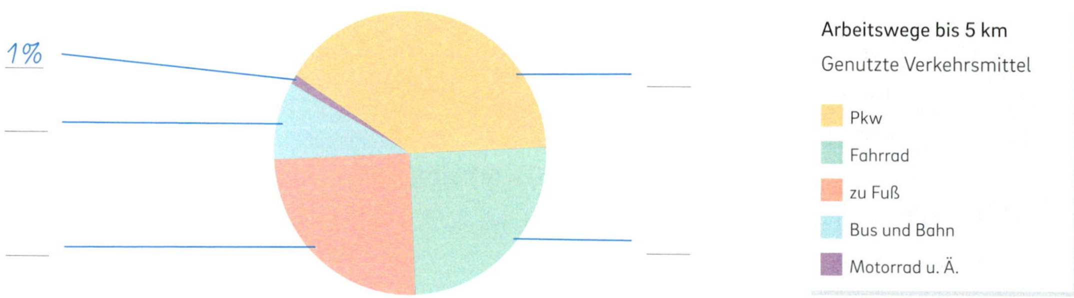


**b Ergänzen Sie. Hören Sie dann noch einmal und vergleichen Sie.** Kommunikation

Die Werte für | ~~Wie hoch ist denn der Anteil~~ | Der Anteil der Personen, die | Die Grafik zeigt | Ein Prozent der Personen gibt an

1 _Wie hoch ist denn der Anteil_ der Menschen, die dafür das Auto nutzen?
2 ______________ mit dem Fahrrad fahren, beträgt deutlich weniger.
3 ______________, dass sie mit dem Motorroller oder Motorrad fahren.
4 ______________ eine ziemlich geringe Zahl von Personen, die mit den öffentlichen Verkehrsmitteln fahren.
5 ______________ Busse und Bahnen liegen bei nur 8 Prozent.

**9** **Schreiben Sie einer Freundin / einem Freund eine E-Mail und berichten Sie von der Studie, die im Podcast in 8 vorgestellt wurde. Die Grafik dort hilft Ihnen. Antworten Sie dabei auf die Fragen.** Schreiben → KB A3

- Was wurde untersucht?
- Wie hoch ist der Anteil der Personen, die mit dem Pkw oder mit Bus und Bahn zur Arbeit fahren?
- Wie viel Prozent der Berufstätigen fahren mit dem Rad oder gehen zu Fuß?
- Welche Werte der Grafik überraschen Sie?

Hallo ...,
wir hatten doch gestern über das Thema Arbeitswege gesprochen.
Heute habe ich etwas Interessantes dazu gehört: ...

50 % – jede/r Zweite
33 % – jede/r Dritte
25 % – jede/r Vierte
20 % – jede/r Fünfte

7 08 **10a** **Wo hören Sie den Laut *ng* wie im Beispiel? Kreuzen Sie an. Hören Sie dann noch einmal und sprechen Sie nach.** Aussprache → KB B1

| | | | |
|---|---|---|---|
| 1 [x] Verbesserung | 3 [ ] unglaublich | 5 [ ] Lehrling | 7 [ ] Angestellte |
| 2 [ ] unbedingt | 4 [ ] Mangel | 6 [ ] Angebot | 8 [ ] Vergangenheit |

7 09 **b** **Wo hören Sie den Laut *nk* wie im Beispiel? Kreuzen Sie an. Hören Sie dann noch einmal und sprechen Sie nach.**

| | | | |
|---|---|---|---|
| 1 [x] Link | 3 [ ] Trinkgeld | 5 [ ] ankündigen | 7 [ ] Kühlschrank |
| 2 [ ] Einkommen | 4 [ ] dunkel | 6 [ ] krank | 8 [ ] ankreuzen |

7 10 **c** **Ordnen Sie zu. Hören Sie dann und vergleichen Sie. Sprechen Sie nach.**

~~Ankunft~~ ~~Finger~~ reinkommen Dinge ~~Geschenk~~ ungültig dankbar pünktlich langweilig Enkel angenommen Versichertenkarte schwanger Sängerin Onkel Ring nachdenken unglücklich

| Wir sprechen | |
|---|---|
| 1 *n-g / n-k* | *Ankunft,* |
| 2 *ng* | *Finger,* |
| 3 *nk* | *Geschenk,* |

**Tipp**
Bei Komposita oder Wörtern mit Vorsilbe spricht man *n-k / n-g*, z. B. *An-kunft, un-gültig*.

**11** **Trennen Sie die Wörter und ergänzen Sie.** Wörter → KB B1

ZWEIFEL|LINKGARANTIERTSEMESTERSEITEHOCHSCHULE WISSENVERBESSERUNGLABOR

1 Mein Freund hatte große *Zweifel*, ob er das Studium schafft.
2 An der ________ beginnt oft schon im ersten ________ die praktische Ausbildung im ________.
3 Durch eine Fortbildung verbessern Sie Ihr ________ und Ihre Kenntnisse.
4 Als Handwerker bekommt man nach erfolgreicher Ausbildung ________ einen Job.
5 Im Netz kommt man ganz leicht über einen ________ auf die ________ mit den Jobangeboten.
6 Wir brauchen dringend eine ________ des öffentlichen Nahverkehrs.

**12** **Markieren Sie Nominativ, Akkusativ und Dativ. Ergänzen Sie dann die Tabelle.** Grammatik → KB B2

**A**
Bunte ● Show
in wunderschönem ● Park
garantiert fantastische ● Stunden

**B**
MODERNES ● LABOR
IN GRÖSSTEM ● KRANKENHAUS
DER REGION ERÖFFNET

**C**
*Junger ● Reiseführer*
*sucht interessanten ● Job*
*auf modernem ● Kreuzfahrtschiff*

**D**
Pünktlicher
● Umzug der Krippe
in neues ● Gebäude

**E**
Freche ● Einbrecher fliehen
vor mutiger ● Rentnerin
in südlicher ● Richtung
direkt in die Arme der Polizei

**F**
Große ● Nachfrage
nach Nachhilfe:
Katalog mit aktuellen
● Angeboten erschienen

**G**
Keine Zukunft mehr
für klassische
● Buchhandlung?

**H**
Europäischen ● Führerschein
beantragen:
*Das müssen Sie wissen.*

| | Nominativ | Akkusativ | Dativ |
|---|---|---|---|
| ● | jung*er* Reiseführer | europäisch___ Führerschein | wunderschön___ Park |
| ● | modern___ Labor | neu___ Gebäude | modern___ Kreuzfahrtschiff |
| ● | bunt___ Show | klassisch___ Buchhandlung | mutig___ Rentnerin |
| ● | frech___ Einbrecher | fantastisch___ Stunden | aktuell___ Angeboten |

**13** **Was ist richtig? Umkreisen Sie.** Grammatik → KB B2

1 Tschüs, bis Montag! – (Schönes) Schöne Wochenende!
2 Ich bin leider krank. – Na dann, guter gute Besserung!
3 Ich bin am 11. Mai wieder da. – Schönen Schöner Urlaub!
4 Schöne Weihnachten! – Auch euch frohe frohen Feiertage!
5 Guter Guten Appetit! – Danke, dir auch. Mmh, lecker!

**Tipp**
Bei solchen Wünschen muss man das Verb mitdenken:
*(Ich wünsche dir / euch ein) schönes Wochenende!*

7 11 **14 Ergänzen Sie das Gespräch. Hören Sie dann und vergleichen Sie.** Kommunikation → KB B3

empfahl mir eine Ausbildung | schließlich dafür entschieden | ~~zeigen, dass ich mehr kann~~ | Um das herauszufinden | viele neue Aufgaben | einen guten Tipp gegeben

◆ Sabir, warum bist du Kaufmann geworden?

▲ Mein Großvater war Kaufmann, mein Vater ist Kaufmann, und so war klar, dass auch ich Kaufmann werde. Deshalb habe ich nach der Schule im Laden meines Vaters gearbeitet. Wir haben alles für den Haushalt verkauft – Geschirr, Besteck, Kerzen usw. Aber irgendwann fand ich das langweilig. Ich wollte zeigen, dass ich mehr kann (1).

◆ Und was wolltest du machen?

▲ Das war das Problem. Ich wusste es nicht. ______________________ (2), bin ich zu einer Berufsberatungsstelle gegangen. Die Mitarbeiterin stellte mir Fragen zu meiner Arbeit und zu meinen Interessen. Du weißt ja, dass ich mich schon immer für alles, was mit Technik zu tun hat, interessiere. Sie ______________________ (3) zum Einzelhandelskaufmann in einem großen Technik-Geschäft. Ich habe kurz nachgedacht und mich ______________________ (4). Die Mitarbeiterin hat mir auch noch ______________________ (5): Ich soll mich online bewerben, das geht viel schneller. Noch am selben Tag habe ich meine Bewerbung abgeschickt.

◆ Und arbeitest du jetzt noch dort?

▲ Ja, inzwischen seit fünf Jahren. Letztes Jahr bin ich Teamleiter geworden und habe ______________________ (6) übernommen. Ich bin total zufrieden mit meinem Job!

**15 Was passt? Verbinden Sie.** Wörter → KB C1

1 Institut
2 Technologien
3 Kompetenzen
4 Softskills
5 Studierende

a Wissen und Fähigkeiten, die man als Fachfrau / Fachmann im Beruf braucht, aber auch soziale Fähigkeiten
b Fähigkeit, gut mit Kolleg:innen im Team zusammenzuarbeiten, bei Konflikten richtig zu reagieren, ...
c Bildungs- oder Forschungseinrichtung, oft Teil einer Universität oder Hochschule
d Personen aller Geschlechter, die an einer Uni oder Hochschule lernen
e Technische Geräte und Methoden, die genutzt werden, um z. B. Häuser oder Autos zu bauen, Brot zu backen, Bücher zu drucken usw.

**16 Gemeinsam etwas planen. Führen Sie ein Gespräch mit Ihrer Partnerin / Ihrem Partner. Nehmen Sie sich mit dem Smartphone auf.** DTZ Sprechen, Teil 3 → KB C1

**Situation:**
Sie möchten zusammen mit Ihrem Deutschkurs in ein Museum gehen. Sie beide organisieren den Ausflug.

**Aufgabe:**
*Planen Sie gemeinsam, was Sie tun wollen. Hier haben Sie einige Notizen:*

- Welches Museum (für Fotografie, Geschichte, Kunst ...)?
- Wann (Tag und Uhrzeit)?
- Eintrittskarten kaufen (online oder im Museum)?
- Führung oder selbstständig?
- Wo treffen?
- Was danach unternehmen?

**17** **Was passt? Ergänzen Sie die Präposition und das Relativpronomen im Dativ oder Akkusativ.** Grammatik → KB C3

über | auf | ~~zu~~ | auf | für | von | mit | für

1 Wann beginnt denn die Feier, *zu der* Nurul uns eingeladen hat?
2 Kennst du die Leute, ________ ________ du die Tische reservieren sollst?
3 Heute kommt endlich das Paket, ________ ________ ich schon so lange warte.
4 Das Café hat eine Terrasse, ________ ________ es angenehm ruhig ist.
5 Seit ein paar Wochen hat Mallika ein neues Hobby, ________ ________ sie sich gern öfter beschäftigen würde.
6 Wir haben Thac eine Reise geschenkt, ________ ________ sie schon lange träumt.
7 Ihor hat mir einen Vorschlag gemacht, ________ ________ ich erst einmal nachdenken muss.
8 Zu den Kursen sind nur die Mitarbeiter:innen eingeladen, ________ ________ sich die teure Fortbildung wirklich eignet.

7 12 **18** **Hören Sie die Fragen und antworten Sie wie im Beispiel.** Audiotraining → KB C3

Was ist das?

1 Das ist das Café, in dem ich oft einen Kaffee trinke.

1 Café – oft einen Kaffee trinken in
2 Freunde – sich gern verabreden mit
3 Kollegin – sich gut verstehen mit
4 Nachbar – sich oft aufregen über
5 Stelle – sich bewerben um
6 Institut – sich interessieren für
7 Kinder meiner Schwester – sich oft kümmern um
8 Bekannte – sich manchmal treffen mit

7 13 **19a** **Was ist richtig? Hören Sie und kreuzen Sie an.** Hören → KB C4

1 [x] Das Bewerbungsgespräch war heute Vormittag.
2 [ ] Lara wurde von der Firmenchefin angerufen.
3 [ ] Die Chefin hat sich nicht so genau mit Laras Unterlagen beschäftigt.
4 [ ] Laras Abschluss ist in Deutschland noch nicht anerkannt.
5 [ ] Lara muss für eine Weiterbildung nichts bezahlen.
6 [ ] Lara fängt am nächsten Mittwoch an zu arbeiten.

**b** **Ergänzen Sie. Hören Sie dann noch einmal und vergleichen Sie.** Kommunikation

1 Rate mal, was p*assiert* ist!
2 Echt jetzt? Das ist ja wirklich eine Ü________________.
3 S______ dir vor, es war schon heute Vormittag!
4 Ich wollte ja, aber dann ist etwas V______________ passiert.
5 Damit habe ich ja überhaupt nicht g______________.
6 Was dann passiert ist, das g__________ du nicht!
7 Also so was! Wirklich u________________!

## 20 Ist das richtig oder falsch? Lesen Sie und kreuzen Sie an. Lesen → KB C4

### *MIT ERFOLG ZUM NEUEN JOB*

Eine Einladung zu einem Vorstellungsgespräch ist für die meisten Menschen ein Grund, nervös zu werden. Doch warum eigentlich? Nicht nur Sie möchten gern die Stelle, auch die Firma sucht eine/n geeignete/n Mitarbeiter/in. Vielleicht sind ja gerade Sie die oder der Richtige? Seien Sie also positiv.

Hier haben wir noch ein paar Tipps für Sie.

Während des Gesprächs werden Ihnen verschiedene Fragen gestellt, z. B. zu Ihren fachlichen Kompetenzen, das heißt zu Ihrer Ausbildung, Ihrem Fachwissen und zu Ihrer Berufserfahrung. Antworten Sie nicht zu lang, aber sagen Sie die Wahrheit. Wenn in einer Stellenanzeige z. B. Erfahrungen in drei Aufgabenbereichen genannt werden, Sie aber in einem davon keine Erfahrungen besitzen, sollten Sie das auch sagen. In der Regel ist das kein großes Problem, denn dafür gibt es Fortbildungen.

Mindestens genauso wichtig wie Fachwissen sind für viele Arbeitgeberinnen und Arbeitgeber heute die Softskills der Mitarbeiter/innen: *Haben Sie Kommunikationstalent? Können Sie selbstständig und im Team arbeiten, mit Stress umgehen? Sind Sie bereit zu lernen und Verantwortung zu übernehmen?* Präsentieren Sie sich von dieser Seite.

Manche Fragen darf eine Arbeitgeberin oder ein Arbeitgeber in einem Vorstellungsgespräch aber nicht stellen. So ist es nicht erlaubt zu fragen, wie oft die Bewerberin / der Bewerber krank war und welche Krankheit sie / er hatte, wie viel sie / er auf einer früheren Arbeitsstelle verdient hat oder wie und wann eine Bewerberin eine Familie plant oder ob sie schwanger ist. Wenn Sie das trotzdem gefragt werden, haben Sie das Recht, nicht die Wahrheit zu sagen.

Natürlich dürfen auch Sie Ihre/n Gesprächspartner/in etwas fragen. Überlegen Sie sich Fragen, die Ihr Interesse an der neuen Arbeit zeigen, z. B.: *Arbeite ich direkt mit Kunden zusammen? Werde ich im Team arbeiten? Ist die Arbeit mit Reisen verbunden? Wie sind die Arbeitszeiten geregelt? Gibt es die Möglichkeit, von zu Hause aus zu arbeiten?*

Auf Fragen nach Gehalt oder Urlaub, nach Überstunden oder ob die Kolleg/innen nett sind, sollten Sie aber besser verzichten.

Noch einen Tipp zum Schluss: Machen Sie sich vor dem Gespräch Notizen zu Ihren Fähigkeiten und auch zu Ihren Fragen. Das gibt Ihnen Sicherheit und erhöht Ihre Chancen, die Stelle zu bekommen.

| | | richtig | falsch |
|---|---|---|---|
| 1 | In einem Vorstellungsgespräch sind alle Fragen erlaubt. | ☐ | ☒ |
| 2 | Man darf nicht lügen, wenn man nach den Berufsabschlüssen und der Berufserfahrung gefragt wird. | ☐ | ☐ |
| 3 | Fachwissen ist für viele Arbeitgeber:innen wichtiger als Softskills. | ☐ | ☐ |
| 4 | Man bekommt keine Probleme, wenn man auf Fragen nach Krankheiten oder nach einer Schwangerschaft nicht die Wahrheit sagt. | ☐ | ☐ |
| 5 | Man sollte mit eigenen Fragen zur neuen Tätigkeit zeigen, dass man an der Stelle interessiert ist. | ☐ | ☐ |
| 6 | Man sollte nicht vergessen, nach der Zahl der Urlaubstage zu fragen. | ☐ | ☐ |
| 7 | Man sollte sich vor einem Vorstellungsgespräch wichtige Dinge notieren. | ☐ | ☐ |

## 21 Welche wichtige persönliche Entscheidung hat Ihr Leben positiv oder negativ verändert? Schreiben Sie. Portfolio

4

# LERNFORTSCHRITTSTEST

7 | 8

## WÖRTER

Punkte

→ Ich kenne Wörter aus dem Bereich Sprachenlernen.

**1 Was passt? Verbinden Sie.** ____ / 5

1 Texte laut
2 einen Intensivkurs
3 Nachhilfe
4 die Aussprache immer wieder
5 im Unterricht etwas von der Tafel
6 unbekannte Wörter im Wörterbuch

a nehmen
b nachschlagen
c abschreiben
d machen
e vorlesen
f üben

→ Ich kenne Wörter für Berufe und Arbeitsorte.

**2 Markieren Sie noch sechs Wörter und ergänzen Sie.** ____ / 6

FRAARCHITEKTGILZKRIPPEENLABORISPÜGASTSTÄTTERJ
OLMETZGERHEIHOCHSCHULEÖAUWISSENSCHAFTLERIEH

1 *Architekt*:innen planen Gebäude.
2 Kellner:innen und Köch:innen arbeiten in einer ____________.
3 Erzieher:innen arbeiten in einer Kita oder ____________.
4 ____________:innen stellen Fleischwaren und Wurst her und verkaufen sie.
5 Zu den Tätigkeiten von ____________:innen gehört das Analysieren und Bewerten von Daten. Manche arbeiten in einem ____________, andere an einer ____________.

→ Ich kenne Wörter aus dem Bereich berufliche Aussichten.

**3 Was passt? Ergänzen Sie. Achtung: Drei Wörter passen nicht.** ____ / 10

~~Technologie~~ eignet erhole beschäftige Job Einkommen Semester Lehrling Aussichten Spezialistin Tätigkeit Bereichen Nachfrage Entwicklung

Ich studiere Informatik, denn ich ____________ (1) mich gern mit *Technologie* (2) und technologischen Lösungen. Zurzeit bin ich im vierten ____________ (3). Nach dem Studium will ich als IT-____________ (4) arbeiten. IT-Expert:innen werden in vielen ____________ (5) gebraucht. Daher sind die Karriere-____________ (6) gut, und die ____________ (7) in IT-Berufen bleibt auch in Zukunft hoch, denke ich. Ich finde es megaspannend, dass man mit IT-Kenntnissen an der Zukunft mitarbeiten kann. Mir ist nämlich nicht nur ein gutes ____________ (8) wichtig, sondern auch die persönliche und berufliche ____________ (9). Dafür ____________ (10) sich eine ____________ (11) als IT-Expertin sicher prima.

____ / 21

☹ 0–10
😐 11–16
☺ 17–21

LERNFORTSCHRITTSTEST 4

## GRAMMATIK

→ Ich kann Verben mit Vorsilben bilden und korrekt im Satz verwenden.

**4 Ergänzen Sie die passende Vorsilbe beim Verb. Sortieren Sie dann und schreiben Sie die Sätze.** ____ /10

1 (*hin*kommen • am schnellsten • Wie • ich)
Ich muss zum Bahnhof. *Wie komme ich am schnellsten hin*?

2 (__________arbeiten • wir • jetzt)
So, genug Pause gehabt. Kommt, ______________________________.

3 (________laufen • können • bei Schwierigkeiten • Du • nicht immer)
Lass uns das Thema bitte diskutieren. ______________________________
______________________________.

4 (________machen • bei unserem Training • Dann • doch mal)
Du interessierst dich für Fußball? Toll! ______________________________
______________________________!

5 (________fahren • Darum • ich • als • sonst • früher)
Am ersten Arbeitstag wollte ich unbedingt pünktlich sein. ______________
______________________________.

6 (________________leben • Meine Eltern • lange) ______________
______________________________, bevor sie geheiratet haben.

→ Ich kann Folgen mithilfe von *darum, daher* oder *deswegen* angeben.

**5 Schreiben Sie die Sätze neu mit *daher, darum* oder *deswegen*.** ____ /3

1 Ionel nimmt an einer Fortbildung teil, weil er seine Karrierechancen verbessern will. (deswegen)
2 Anfangs hatte er Zweifel, ob er es schafft. Denn der Kurs findet abends nach der Arbeit statt. (darum)
3 Er findet den Kurs inzwischen toll, weil die Themen interessant und nicht zu schwer sind. (daher)
4 Es gefällt ihm, mit den anderen Lernerinnen und Lernern zusammenzuarbeiten. Denn er lernt am besten durch Gespräche und Teamarbeit. (deswegen)

*1 Ionel will seine Karrierechancen verbessern. Deswegen nimmt er an einer Fortbildung teil.*

→ Ich kann Relativsätze mit Präposition bilden und verwenden.

**6 Schreiben Sie die Sätze neu wie im Beispiel.** ____ /4

1 In den Büros dort drüben sitzen die Kolleg:innen. Sie können sich bei ihnen über Umschulungen informieren.
2 Bei der Beratungsstelle haben sie mir einen Job vorgeschlagen. Ich eigne mich nicht dafür.
3 „Interkulturelle Kompetenz" ist ein spannendes Thema. Ich möchte mehr darüber wissen.
4 Das ist meine Kollegin Eva. Ich teile das Büro mit ihr.
5 Wir haben den Fehler gefunden! Unser IT-Spezialist hat den ganzen Tag danach gesucht.

*1 In den Büros dort drüben sitzen die Kolleg:innen, bei denen Sie sich über Umschulungen informieren können.*

LERNFORTSCHRITTSTEST 4

# LERNFORTSCHRITTSTEST

→ Ich kann Adjektive vor Nomen ohne Artikel korrekt verwenden.

Punkte

## 7 Ergänzen Sie die richtige Endung.

____ / 7

| | |
|---|---|
| MODEMONI | Ich LIEBE schick*e* (1) • Kleidung. Wie wichtig ist euch Mode? |
| INDIGOBLAU | Mir ist am wichtigsten, dass die Kleidungsstücke gut zusammenpassen: also der Anzug mit passend____ (2) • Schuhen oder das Kleid mit dazu passend____ (3) • Handtasche oder passend____ (4) • Schmuck ... |
| LINDA2003 | Ich mag am liebsten bequem____ (5) • Sachen. |
| COOLERCEM | Gut____ (6) • Aussehen kommt von innen. 😉 |
| ELENASPOSTS | Ich interessiere mich sehr für Mode und lasse mich gern im Geschäft beraten. Gut____ (7) • Service ist mir dabei genauso wichtig wie gut____ (8) • Qualität. |

→ Ich kann Vergleiche ausdrücken mithilfe von Adjektiven im Komparativ oder Superlativ.

## 8 Ergänzen Sie das Adjektiv im Komparativ (++) oder Superlativ (+++) in der richtigen Form.

____ / 7

1 Ziel des Sprachenlernens ist eine *einfachere* (einfach ++) • Kommunikation, es führt aber auch zu einem ______________ (gut ++) • Verständnis für die andere Kultur.

2 Sprache ist das ________________ (wichtig +++) • Mittel, um mit anderen in Kontakt zu kommen.

3 Wissenschaftler:innen haben herausgefunden, dass eine Fremdsprache in ______________ (klein ++) • Gruppen erfolgreicher gelernt wird als in ______________ (groß ++).

4 Die Mitarbeiter:innen mit den ____________ (gut +++) • Sprachkenntnissen bekommen häufig ein ____________ (hoch ++) • Gehalt.

5 Deutsch ist eine der ______________________ (schwierig +++) • Sprachen der Welt.

→ Ich kann Vergleiche mit *je ..., desto / umso ...* ausdrücken.

## 9 Schreiben Sie Sätze mit *je ..., desto ...* oder *je ..., umso ...*

____ / 3

1 Die beruflichen Ziele sind klar. / Man kann die Karriere erfolgreich planen.
2 Die Qualifikation ist gut. / Man findet leicht eine gute Stelle.
3 Jemand übernimmt viel Verantwortung in seinem Job. / Auch das Gehalt ist meistens hoch.
4 Arbeitnehmer:innen finden eine Tätigkeit interessant. Sie sind mit ihrem Job zufrieden.

*1 Je klarer die beruflichen Ziele sind, desto erfolgreicher kann man die Karriere planen.*

____ / 34

☹ 0–17
😐 18–27
☺ 28–34

## LESEN

→ Ich kann in einem (Zeitungs-)Artikel die wichtigen Informationen verstehen.

**10 Ist das richtig, falsch oder gibt es dazu im Text keine Information? Lesen Sie und kreuzen Sie an.**

### Wie wir andere durch ihre Aussprache bewerten

Auf eine fremd klingende Aussprache reagieren Menschen ganz unterschiedlich: Manche mögen sie, manche mögen sie nicht. Viele Deutsche zum Beispiel finden es angenehm, wenn jemand einen französischen Akzent hat. Allerdings hat das nicht nur mit der französischen Sprachmelodie zu tun, sondern auch mit dem Bild, das Deutsche von Frankreich und von der französischen Kultur haben.
Die Bewertung eines Dialekts oder der Aussprache kommt häufig von persönlichen Erfahrungen:
Wer beim Berliner Dialekt an seine liebe Oma denkt, findet den Dialekt wahrscheinlich schön. Wenn man unter einem strengen Chef leidet, der Berliner Dialekt spricht, kann die Sache anders aussehen.
Das heißt: Erfahrungen sind mit Gefühlen verbunden. Und diese bestimmen, wie wir einen starken Dialekt oder die Aussprache bewerten, ja sogar, was wir über eine Person zu wissen glauben.
Dieses „Wissen" (das nur Glauben ist!) kann Konsequenzen haben.
Ein Beispiel: Ein Politiker mit Migrationshintergrund wollte Bürgermeister einer großen Stadt werden. Einige Journalist:innen schrieben, dass er schlecht Deutsch spricht. Andere Journalist:innen wollten es genauer wissen und untersuchten die Reden des Politikers. Das Ergebnis: Sein Deutsch war grammatikalisch fehlerfrei, er sprach nur einige Wörter ein bisschen anders aus.
Ist es also automatisch so, dass eine Person Nachteile erfährt, wenn sie fremd klingt oder Dialekt spricht? Nicht unbedingt. Wissenschaftler:innen haben festgestellt, dass viele jüngere Menschen offener und positiver auf eine ungewohnte Aussprache reagieren als ältere. Ein möglicher Grund: Sie begegnen in ihrem Alltag häufiger Menschen aus unterschiedlichen Kulturen. Daher fällt ihnen das Anderssein nicht mehr auf – oder sie finden es einfach normal.
Zusammengefasst: Je mehr interkulturelle Erfahrungen wir sammeln, desto weniger können feste Bilder und Meinungen über andere entstehen.

| | richtig | falsch | keine Info |
|---|---|---|---|
| 1 Die Reaktion auf eine fremde Aussprache ist immer negativ. | ☐ | ☒ | ☐ |
| 2 Der Berliner Dialekt ist schwer zu verstehen. | ☐ | ☐ | ☐ |
| 3 Die Meinung über einen Dialekt oder eine Aussprache ist abhängig von Gefühlen. | ☐ | ☐ | ☐ |
| 4 Man sollte viel über die korrekte Aussprache wissen. | ☐ | ☐ | ☐ |
| 5 Die Sprache des Politikers war nicht gut, weil er viele Grammatikfehler machte. | ☐ | ☐ | ☐ |
| 6 Menschen mit korrekter Aussprache haben bessere Jobaussichten. | ☐ | ☐ | ☐ |
| 7 Jüngere Menschen reagieren weniger kritisch auf eine fremde Aussprache als ältere. | ☐ | ☐ | ☐ |
| 8 Der Alltag jüngerer Menschen ist internationaler. | ☐ | ☐ | ☐ |
| 9 Wenn man viel interkulturelle Erfahrung hat, entwickelt man eine feste Meinung über andere. | ☐ | ☐ | ☐ |

____ /8

☹ 0–4
☺ 5–6
☺ 7–8

LERNFORTSCHRITTSTEST 4

# LERNFORTSCHRITTSTEST

## HÖREN

Punkte

→ Ich kann ein längeres Gespräch über berufliche Wünsche und Veränderungen verstehen.

7 ◀)) 14 **11a Was ist das Thema der Radiosendung? Hören Sie den Anfang und kreuzen Sie an.** ___ /1

1 ☐ Schule
2 ☐ Ausbildung im Erwachsenenalter
3 ☐ Frauen in der Lebensmitte

7 ◀)) 15 **b Hören Sie weiter und beantworten Sie die Fragen.** ___ /6

1 Wie alt ist Benita?
2 Was ist ihr Herkunftsland?
3 Warum ist sie nach Deutschland gezogen?
4 Als was hat sie früher gearbeitet?
5 Warum konnte sie in Deutschland nicht in ihrem Beruf arbeiten?
6 Warum hat sie in der Gastronomie wieder aufgehört?
7 Als was und wo wollte sie danach arbeiten?

*1 45 Jahre*
*2 ...*

7 ◀)) 16 **c Was ist richtig? Hören Sie weiter und kreuzen Sie an.** ___ /5

1 Benita a ☒ kennt den Grund für die Absagen nicht.
b ☐ spricht nicht gut genug Deutsch.
2 Ihre Nachbarin hat ihr a ☐ eine Stelle angeboten. b ☐ einen Tipp gegeben.
3 Benita a ☐ war sofort begeistert. b ☐ hat zuerst Nein gesagt.
4 Die Chefin hat a ☐ Benita Hilfe angeboten.
b ☐ den Abschluss selbst nicht geschafft.
5 Die Lehrer:innen a ☐ haben Verständnis für Benitas sprachliche Fehler.
b ☐ bewerten Fehler mit einer schlechten Note.
6 Benita hat für die Zukunft a ☐ ein klares Ziel. b ☐ keinen konkreten Plan.

___ /12
☹ 0–6
😐 7–9
☺ 10–12

## SCHREIBEN

→ Ich kann eine Grafik beschreiben sowie von meinen Sprachkenntnissen und Sprachlernzielen berichten.

**12 Beschreiben Sie die Grafik. Erzählen Sie auch, welche Sprachen Sie selbst sprechen. Möchten Sie weitere Sprachen lernen? (Welche? Warum?) Schreiben Sie mindestens acht Sätze und verwenden Sie dabei mindestens zwei Satzanfänge aus dem Kasten.**

Sprachkenntnisse in Deutschland: Wie viele Sprachen sprechen Sie?

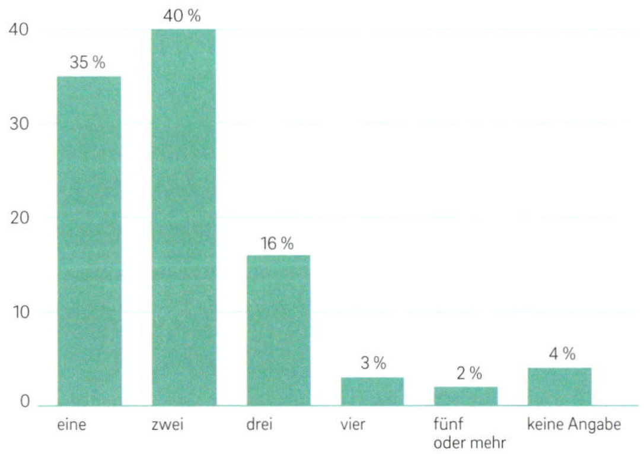


Die Grafik zeigt ... •
Der Anteil (der Menschen in Deutschland, die ...,) beträgt ... Prozent. •
... Prozent (der Menschen in Deutschland, die ...,) geben an, dass sie ... •
Die meisten ... •
Nur (sehr) wenige ...

___ /10
☹ 0–5
😐 6–7
☺ 8–10

LERNFORTSCHRITTSTEST 4

## SPRECHEN

→ Ich kann von etwas Unerwartetem erzählen und Überraschung ausdrücken.

**13 Ergänzen Sie das Gespräch.** ____ /6

- ◆ Du hast heute so gute Laune!
- ▲ Aus gutem Grund. R*ate* m*al*, w*as* p*assiert* i*st*! (1)
- ◆ Die Chefin hat dir mehr Gehalt versprochen?
- ▲ Nein. Unsere Mannschaft hat am Wochenende das Spiel gewonnen.
- ◆ Wow! D____ i____ j____ w__________ e______ Ü________________. (2)
- ▲ Stimmt. Ich kann es selbst noch nicht glauben. In der Pause stand es 3:0 für das andere Team. Mir war klar: Wir verlieren wieder einmal. Aber e____ k______ a________ g________ a________. (3) S____ d____ v____: (4) Bis zur 89. Minute haben wir drei Tore geschossen. Drei!
- ◆ W__________ u________________! (5)
- ▲ Genau. D________ h________ i______ j____ ü______________ n________ g________________! (6) In dieser Saison haben wir bis jetzt ständig verloren und haben uns deshalb alle total über das Unentschieden gefreut. A________ d________ i____ e________ V________________ p____________. (7)
- ◆ Was denn? Mach es nicht so spannend.
- ▲ Einer von der anderen Mannschaft hat ins eigene Tor geschossen. Eigentor! In der 90. Minute. Und damit der Sieg für uns mit 4:3.
- ◆ Mega! Ich gratuliere euch.

→ Ich kann um Erklärung bitten oder etwas erklären.

**14 Welche Reaktion passt? Kreuzen Sie an.** ____ /3

1 ◆ Was ist der Unterschied zwischen *lernen* und *studieren*?
- a ☐ ▲ Kann mir bitte jemand den Unterschied zwischen *lernen* und *studieren* erklären?
- b ☒ ▲ *Studieren* heißt, an einer Hochschule ausgebildet zu werden. In allen anderen Situationen passt *lernen*.

2 ■ Genieß dein Essen.
- a ☐ ● Das passt nicht so gut. Auf Deutsch sagt man eher: Lass es dir schmecken.
- b ☐ ● Oder einfacher gesagt: Es schmeckt.

3 ▼ Mein Bruder ist hoch.
◘ So sagen wir auf Deutsch nicht.
- a ☐ ▼ Meine Muttersprache ist ganz anders.
- b ☐ ▼ Nicht? Wie nennt ihr das, wenn jemand fast zwei Meter ist?

4 ◆ Was bedeutet *fröhlich*? Kann mir das bitte jemand erklären?
- a ☐ ▲ Das Wort kann mehrere Bedeutungen haben. Darum ist es schwierig zu erklären. Verstehst du?
- b ☐ ▲ In meiner Sprache gibt es einen Unterschied zwischen *lustig* und *fröhlich*.

____ /9

☹ 0–4
😐 5–7
☺ 8–9

# SAMIR

# EIN NEUER JOB?

# 9

**1** **Was passt? Ergänzen Sie.** Wörter → KB 2

Chaos | Inserat | ~~gut ausgebildete~~ | Rente | kaum | Arbeitskräfte | Atmosphäre | berufstätige

**WARUM DU AUF BEZAHLUNG NACH TARIF ACHTEN SOLLTEST**

Als *gut ausgebildete* (1) Person möchtest du natürlich das Beste für deine Arbeit bekommen. Dazu gehören vor allem eine faire Bezahlung und gute Sozialleistungen. Die meisten Vorteile und die beste finanzielle Sicherheit haben oft ________________ (2) mit einem Tarifvertrag. Denn in einem Tarifvertrag sind häufig höhere Löhne und zusätzliche Zahlungen des Arbeitgebers festgelegt, zum Beispiel für deine Altersvorsorge. Ein riesiger Vorteil, denn das bedeutet für dich später eine höhere ________________ (3). Und als ________________ (4) Person solltest du immer auch schon an später denken!

Achte deshalb in einem ________________ (5) auf Hinweise wie „Tarif-Stundenlohn" oder „Bezahlung nach Tarif".

Allerdings: Die beste Bezahlung hilft ________________ (6), wenn die ________________ (7) im Unternehmen schlecht ist oder es ständig ________________ (8) gibt.

**2** **Welche Bedeutung passt? Kreuzen Sie an.** Grammatik → KB A1

1 Puneh hat eine abgeschlossene Berufsausbildung.
- a ☐ eine Berufsausbildung, die man gerade abschließt
- b ☒ eine Berufsausbildung, die man schon abgeschlossen hat

2 Sie ist eine gut ausgebildete Fachkraft.
- a ☐ eine Fachkraft, die eine gute Ausbildung hat
- b ☐ eine Fachkraft, die gerade eine gute Ausbildung macht

3 Sie sucht eine passende Stelle.
- a ☐ eine Stelle, die gepasst hat
- b ☐ eine Stelle, die jetzt passt

4 Sie wünscht sich herausfordernde Aufgaben.
- a ☐ Aufgaben, die herausfordern
- b ☐ Aufgaben, die herausgefordert haben

**3a** **Was ist auf dem Foto? Ergänzen Sie. Achten Sie auf die richtige Endung.** Grammatik → KB A1

arbeitend | ~~schlafend~~ | hustend | tanzend

A

ein *schlafender* ● Hund

B

ein ________________ ● Mädchen

C

eine ________________ ● Frau

D

________________ ● Männer

**b** **Ergänzen Sie wie im Beispiel.**

*Auf dem Foto ist / sind*
*A ein Hund, der schläft.*
*B …*
*C …*
*D … auf einer Baustelle …*

7 17

## 4 Hören Sie die Fragen und antworten Sie wie im Beispiel. Audiotraining → KB A1

Eine Stelle, die passt. Wie kann man das auch sagen?

1 Eine passende Stelle.

## 5 Ergänzen Sie wie im Beispiel. Achten Sie auf die richtige Endung. Grammatik → KB A1

**1** Viele Unternehmen bieten ihren Mitarbeiter:innen jährlich ein Gespräch über die Leistungen und Ziele an. Dies ist auch die passende (passen) Gelegenheit, um mit der Chefin / dem Chef über ein höheres Gehalt zu sprechen.

Wenn ein Partizip als Adjektiv verwendet wird, hat es die gleichen Endungen wie ein Adjektiv.
*die gute Gelegenheit –*
*die passende Gelegenheit*

**2** Heute bleibt es noch überall kalt und regnerisch.
In den ________________ (kommen) Tagen hört der Regen endlich auf und wir dürfen uns auf ________________ (steigen) Temperaturen freuen.

**3** Schlafprobleme? Ein ________________ (entspannen) Fußbad kann ________________ (unterstützen) wirken.
Machen Sie kurz vor dem Schlafen keine ________________ (anstrengen) Tätigkeiten mehr.
Und: Das ständige Klingeln von ________________ (ankommen) Nachrichten auf dem Handy macht nervös und ist ____________ (stören) für die Nachtruhe. Also: Handy aus!

Denken Sie daran, dass Adjektive nach dem Verb keine Endung haben:
*Die Gelegenheit ist gut. –*
*Die Gelegenheit ist passend.*

7 18

## 6a Hören Sie den Anfang des Gesprächs. Was ist richtig? Umkreisen Sie. Hören → KB A4

1 Mo ist bald mit seiner Ausbildung (Umschulung) fertig.
2 Seine Bekannte meint, dass es leicht schwierig für ihn wird, einen Job zu finden.
3 Mo schreibt gern nicht gern Bewerbungen.
4 Seine Bekannte empfiehlt Mo, das Anschreiben zu üben. am nächsten Tag zu prüfen.

7 19

## b Hören Sie weiter. Worauf soll Mo im Bewerbungsbrief achten? Kreuzen Sie an.

- [x] die eigenen Qualifikationen nennen
- [ ] Punkte ansprechen, die in der Anzeige genannt werden
- [ ] zusätzlich von Interessen und Fähigkeiten erzählen, die nichts mit dem Job zu tun haben
- [ ] die Bewerbung immer per Post senden
- [ ] Dateien nicht einzeln mailen
- [ ] die Nummer der Stelle angeben oder schreiben, wo er die Anzeige gesehen hat
- [ ] auf die korrekte Anrede achten
- [ ] mitteilen, wann er in der Firma anfangen kann
- [ ] nach der Kündigungsfrist fragen
- [ ] sich erkundigen, wie viel Gehalt er bekommt

## c Eine Freundin / Ein Freund will sich zum ersten Mal in Deutschland um eine Stelle bewerben und bittet Sie um Rat. Lesen Sie noch einmal die Tipps in b. Haben Sie noch weitere Tipps? Nehmen Sie mit dem Smartphone eine Sprachnachricht auf oder schreiben Sie eine Nachricht.

# 9

7 **Was passt? Verbinden Sie.** Kommunikation → KB A5

1 Hiermit möchte ich mich um
2 Ihre Annonce hat
3 Ich habe mehrere Jahre als
4 Dabei habe ich in
5 Es fällt mir leicht,
6 Ich arbeite gern allein,
7 Über eine Einladung zu einem persönlichen Gespräch

a Neues zu lernen.
b würde ich mich sehr freuen.
c gleichzeitig bin ich aber auch gern Teil eines Teams.
d mein Interesse geweckt.
e die Stelle als Ingenieurin bewerben.
f Elektronikerin gearbeitet.
g verschiedenen Bereichen Erfahrungen gesammelt.

8 **Ergänzen Sie.** Kommunikation → KB A5

Sehr geehrter Herr Wagner,

m*it* g*roßem* I*nteresse* h*abe* i*ch* I*hre* A*nzeige* „Ingenieur:in (Energietechnik)" g*elesen* (1). Da ich auf der Suche nach einer neuen Herausforderung bin, bewerbe ich mich um die Stelle.

V_____ drei J__________ h________ i_____ mein Studium in Energietechnik a______________________ (2). Schon während des Studiums k__________ i_____ in mehreren Praktika E___________________ s_____________ (3). So war ich zum Beispiel bei der Firma *LichtWert* tätig, die Lichtsysteme produziert und installiert.

Nach dem Studium habe ich bei der *Seehafen GmbH* angefangen. S____________ a__________ i_____ (4) an der Vorbereitung, Planung und am Neubau von elektrischen und sicherheitstechnischen Anlagen.

I_____ b_____ e___ g____________ (5), selbstständig zu arbeiten. A______________ b_____ i_____ g_____ d________ (6), Probleme zu analysieren und Lösungen zu finden.

Ich würde mich sehr freuen, w_______ i_____ Sie in einem p____________________ G____________ von m__________ Qu______________________ ü__________________ k____________ (7).

Mit freundlichen Grüßen
*Cosmin Dumitrescu*

9 **Wählen Sie eines der Umschulungsangebote in der Anzeige oder suchen Sie auf Berufsportalen nach einer interessanten Stellenanzeige. Schreiben Sie dann eine Bewerbung.** Schreiben → KB A5

**Deine Karriere bei der Flex-Bahn Süd**

***Komm zu uns als Quereinsteiger (m / w / d)***

Wir haben eine Vielzahl wichtiger Berufe, für die spezielles Wissen notwendig ist. Deswegen suchen wir Menschen, die neue berufliche Herausforderungen suchen und Interesse an Entwicklung haben. Zum nächstmöglichen Zeitpunkt suchen wir dich als Quereinsteiger:in für eine Umschulung in einem unserer Berufsfelder. Bereits während der Umschulung bekommst du ein attraktives Gehalt. Danach bist du dann perfekt vorbereitet auf deine Aufgaben!

Busfahrer:in | Zugbegleiter:in | Reiseberater:in | Mitarbeiter:in Service/Gastronomie

**10** **Wie heißen die Wörter? Ergänzen Sie.** Wörter → KB B1

Jan *besitzt* (sitztbe) (1) ein superschnelles E-Bike. Damit ________________ (holtüber) (2) er alle anderen Radfahrer:innen. Weil der Akku so gut ist, kann er sehr lange ________________ (ckenStre) (3) mit dem E-Bike fahren. Die 25 Kilometer zu seiner ________________ (stelLehrle) (4) fährt er zu jeder ________________ (reszeitJah) (5) mit dem Fahrrad. Obwohl er in einer ______________ (gendGe) (6) ohne Bus und Bahn wohnt, braucht und will er kein Auto. „Meine Nachbarn stehen morgens immer im __________ (uatS) (7) Richtung Stadt. Ich bin mit dem Fahrrad eine knappe ________________________ (stunVierdetel) (8) schneller als sie. Das ________________ (viertmoti) (9) mich."

7 20 **11a** **Hören Sie und sprechen Sie nach.** Aussprache → KB B3

tätig – Atmosphäre – Lehre – Rente – Weg – ähnlich – Problem – Strecke – Ärztin – zehn

7 21 **b** **Ordnen Sie die Wörter aus a zu. Achten Sie auf die markierten Buchstaben. Hören Sie dann und vergleichen Sie.**

1 Wörter mit der Aussprache wie in *Test*: *tätig,* ________________________________

2 Wörter mit der Aussprache wie in *Tee*: *Lehre,* ________________________________

7 22 **c** **Im Vorstellungsgespräch: Hören Sie die Fragen und antworten Sie mit den Sätzen. Achten Sie besonders auf die markierten Buchstaben.**

1 Ja. Das war kein Problem.
2 Ich habe eine Lehre als Zahntechniker gemacht.
3 Ich war bei einer Ärztin im Labor tätig.
4 Es gefällt mir, Dinge zu analysieren und mit Geräten zu arbeiten.
5 Ich bin teamfähig.

**12** **Was passt nicht? Streichen Sie durch.** Wörter → KB B3

1 machen: eine Lehre – ein Studium – ~~Sprachkenntnisse~~
2 ausprobieren: Neues – eine Erfahrung – ein Gerät
3 aussuchen: Fehler – ein Kleid – einen Beruf
4 anwenden: die eigenen Fähigkeiten – den Auszubildenden – sein Deutsch
5 aufgeben: ein Inserat – einen Brief – die Probezeit
6 unterschreiben: die Arbeitskräfte – einen Arbeitsvertrag – das Bewerbungsschreiben
7 besitzen: Berufserfahrung – eine Frist – Computerkenntnisse

**13** **Ergänzen Sie wie im Beispiel.** Grammatik → KB B3

| | | |
|---|---|---|
| 1 studieren | der / die *Studierende* | der Student / die *Studentin* |
| 2 mitarbeiten | der / die __________ | der __________ / die Mitarbeiterin |
| 3 __________ | der / die __________ | der Teilnehmer / die Teilnehmerin |
| 4 __________ | der / die Alleinerziehende | der __________ / die Erzieherin |

**Tipp**

Sprache verändert sich. Die Formen mit *-d-* für Personen werden häufiger, weil sie alle (m / w / d) meinen. Merken Sie sich häufig verwendete Wörter wie *der / die Auszubildende* und trainieren Sie die Adjektivdeklination sehr gut, damit Sie die Formen korrekt bilden können.

**14** **Ergänzen Sie die richtige Endung.** Grammatik → KB B3

1 Wenn das neue Ausbildungsjahr beginnt, veranstalten viele Betriebe für die neuen Auszubildend*en* eine Führung.

2 Auszubildend_____ machen ihre Ausbildung in einem Betrieb und lernen in der Berufsschule.

3 Ein Auszubildend_____ oder eine Auszubildend_____ bekommt nur einen niedrigen Lohn.

4 Was kann ein Betrieb tun, um einen nicht motivierten Auszubildend_____ zu motivieren?

5 Die meisten Auszubildend_____ haben gute Chancen auf dem Arbeitsmarkt.

**15a** **Ergänzen Sie wie im Beispiel.** Grammatik → KB B3

| | | |
|---|---|---|
| 1 anstellen | *angestellt* | der / die _____ |
| 2 interessieren | _____ | der / die _____ |
| 3 befragen | _____ | der / die _____ |
| 4 verletzen | _____ | der / die _____ |

**b** **Ergänzen Sie das passende Wort aus a mit der richtigen Endung.**

### IHR FORTBILDUNGSWUNSCH – BEI UNS MÖGLICH!

Regelmäßig befragt unser Fortbildungsinstitut *Angestellte* in Kliniken und Arztpraxen, für welche Themen sie sich Beratung oder Weiterbildung wünschen. Immer wieder bitten die _____ in letzter Zeit um Informationen, wie sie _____ psychisch besser helfen und ihnen ihre Ängste nehmen können.
Deshalb gibt es nun unseren neuen Kurs „Kopf und Herz behandeln – den Körper heilen". _____ erfahren mehr auf unserer Homepage und können sich dort auch direkt zum Kurs anmelden.

**16** **Lesen Sie die drei Texte. Zu jedem Text gibt es zwei Aufgaben. Entscheiden Sie bei jedem Text, ob die Aussage richtig oder falsch ist und welche Antwort (a, b oder c) am besten passt. Markieren Sie Ihre Lösung.** DTZ Lesen, Teil 3 → KB B3

### DIE PFAFFENDORFER BETRIEBE ÖFFNEN IHRE TÜREN!

Am 28. April stellen fast 30 Pfaffendorfer Unternehmen Fachkräften sowie jungen Leuten, die bald ihren Schulabschluss machen, ihren Betrieb vor. Bei Betriebsführungen und Vorträgen haben Interessierte die Möglichkeit, sich über die Berufs-, Ausbildungs- und Studienangebote der Firmen zu informieren und wichtige Ansprechpartner:innen persönlich kennenzulernen.
Der Vormittag ist für Schulklassen reserviert. Sie können bei Mitmach-Aktionen zum Beispiel Geräte ausprobieren und Gelerntes aus dem Schulunterricht praktisch anwenden.
Von 14 bis 18 Uhr sind dann alle Jobsuchenden sowie interessierte Eltern der Schülerinnen und Schüler eingeladen, die teilnehmenden Unternehmen zu besuchen und einen Blick in die verschiedenen Betriebe zu werfen.

1 Die Firmen möchten Fachkräfte und Schüler:innen kennenlernen.
☐ richtig ☐ falsch

2 Jobsuchende können
a ☐ einen Termin bei den Firmen reservieren.
b ☐ die Firmen am Nachmittag besichtigen.
c ☐ die Firmen mit ihren Kindern besuchen.

### ....... Leben, um zu arbeiten – das ist vorbei! .......

Der Arbeitsmarkt hat sich verändert. Gut ausgebildete Arbeitnehmer:innen können heute frei entscheiden, wo sie arbeiten wollen. Und sie haben einen Wunsch: dass die Arbeit zu ihrem Leben passt – nicht ihr Leben zur Arbeit.
Der *Wirtschaftsverband* hat erkannt, dass die Unternehmen neue Wege finden müssen, um Mitarbeitende zu motivieren: „Attraktive Löhne sind nicht mehr der allein entscheidende Faktor", sagt Pressesprecher Carsten Schäfer. „Wir empfehlen unseren Mitgliedern, maximal flexible Arbeitszeiten anzubieten oder mehr Freizeit durch eine 4-Tage-Woche. Und besonders wichtig: Rücksicht nehmen auf die private Situation der Mitarbeitenden, zum Beispiel, wenn diese Kinder haben oder Angehörige pflegen."

3 Nur junge Arbeitnehmer:innen können sich ihren Arbeitsplatz aussuchen.
☐ richtig ☐ falsch

4 Was sollen die Unternehmen tun?
a ☐ Bessere Löhne zahlen.
b ☐ Dafür sorgen, dass die Arbeit zur Lebenssituation der Mitarbeitenden passt.
c ☐ Betreuung für Kinder und Senioren im Betrieb anbieten.

Sehr geehrte Frau Kordovská,

wir bedanken uns herzlich für Ihr Interesse an unserer ausgeschriebenen Stelle.
Da uns Ihre Bewerbung überzeugt hat, möchten wir Sie in einem persönlichen Gespräch näher kennenlernen. Wir schlagen Ihnen den 30.05. um 09:30 Uhr vor. Die genaue Adresse und eine Wegbeschreibung finden Sie am Ende dieser E-Mail.
Bitte bestätigen Sie den Gesprächstermin innerhalb einer Woche schriftlich oder telefonisch.
Wenn der Termin für Sie ungünstig sein sollte, dann kontaktieren Sie uns bitte ebenfalls so schnell wie möglich und teilen Sie uns gern für Sie passende Termine mit.
Wir freuen uns auf das Kennenlernen.

Mit freundlichen Grüßen
Meike Dollinger

5 Frau Kordovská wird zu einem Vorstellungsgespräch eingeladen.
☐ richtig ☐ falsch

6 Was soll Frau Kordovská tun? Sie soll
a ☐ dem Unternehmen ihre genaue Adresse schicken.
b ☐ Frau Dollinger zurückrufen.
c ☐ mitteilen, ob sie kommen kann.

# 9

**17a Sortieren Sie und schreiben Sie die Sätze.** Kommunikation → KB B4

◆ Was machst du denn da?
▲ Ich schreibe eine Bewerbung.
◆ Um sechs Uhr früh?
▲ Klar. Warum nicht? „Der frühe Vogel fängt den Wurm."
◆ Hä? Wie kommst du jetzt auf Vögel?
▲ Das ist ein Sprichwort. *Verstehst du, was ich meine* (was • meine • Verstehst • ich • du,) (1)?
◆ Nicht wirklich. ________________ (du • sagen, • dass • damit • Möchtest) (2) du in Zukunft etwas mit Vögeln machen willst?
▲ Nein. ________________ (so was Ähnliches • Ich • meine • wie) (3): Wer sich früh oder als Erster um etwas kümmert, hat die besten Chancen auf Erfolg. Ich weiß gar nicht, ________________ (man • wie • sagt • in anderen Sprachen • das) (4).
◆ Ah ja, jetzt habe ich die Bedeutung verstanden. Wir sagen es anders: Wer früh aufsteht, dem hilft ... ________________ (mir • nicht • Jetzt • fällt • ein • das Wort) (5). Ich meine die Person, an die man in der Religion glaubt.
▲ Gott.
◆ Ja, genau. Danke.

**b Lesen Sie das Gespräch in a noch einmal. Was passt auch? Ordnen Sie zu.**

Das bedeutet | Soll das heißen, dass | ob man das Sprichwort in deiner Sprache auch kennt | Entschuldigung, ich weiß das Wort gerade nicht auf Deutsch. | ~~Verstehst du was ich sagen will?~~

1 *Verstehst du, was ich sagen will?*
2 ________________
3 ________________
4 ________________
5 ________________

**18a Was ist richtig? Lesen Sie und kreuzen Sie an.** Lesen → KB C2

1 Dieser Text nennt Regeln von a ☐ Krankenversicherungen. b ☐ Arbeitsverträgen.
2 Hier wird geregelt, was Arbeitnehmer:innen tun a ☐ müssen, b ☐ können, wenn sie krank werden.

### VI. Krankheit

Die Entgeltfortzahlung im Krankheitsfall richtet sich nach den gesetzlichen Bestimmungen. Die Arbeitsverhinderung ist dem Arbeitgeber unverzüglich mitzuteilen. Dauert die Arbeitsunfähigkeit länger als drei Kalendertage, hat der Arbeitnehmer eine ärztliche Bescheinigung über das Bestehen sowie deren voraussichtliche Dauer spätestens an dem auf den dritten Kalendertag folgenden Arbeitstag vorzulegen.
Diese Nachweispflicht gilt auch nach Ablauf der sechs Wochen, in denen der Arbeitgeber noch den Lohn bezahlt. Der Arbeitgeber ist berechtigt, die Vorlage der Arbeitsunfähigkeitsbescheinigung früher zu verlangen.

**b Wo steht das? Lesen Sie noch einmal und markieren Sie die Stelle im Text mit der passenden Farbe.**

1 Wenn man länger als drei Tage krank ist, muss man beim Arzt eine Arbeitsunfähigkeitsbescheinigung holen.
2 Der Arbeitgeber kann den Arbeitnehmer verpflichten, die Arbeitsunfähigkeitsbescheinigung auch schon am ersten oder zweiten Krankheitstag zu bringen.
3 Auf der Arbeitsunfähigkeitsbescheinigung muss stehen, wie lange man wahrscheinlich krank ist.
4 Man muss den Arbeitgeber sofort informieren, wenn man krank ist.
5 Wenn man krank ist, bekommt man trotzdem Gehalt, aber nur so lange, wie es im Gesetz steht.

**19 Was passt? Ergänzen Sie.** Wörter → KB C3

aufhalten ~~bekommen~~ verpflichten ausstellen aufgeben erbringen

1 eine Zusage *bekommen*
2 den Verkehr ____________
3 ein Inserat ____________
4 einen Ausweis ____________
5 einen Beweis ____________
6 sich zu einer Arbeit ____________

**20 Was ist richtig? Umkreisen Sie.** Wörter → KB C3

29. April 20..

**Kündigung**

Sehr geehrte Frau Demian,
hiermit kündige ich das mit Ihnen bestehende Arbeitsverhältnis Ermessen (1) ordentlich und fristgerecht zum nächstmöglichen Zeitrahmen Zeitpunkt (2). Das ist der 31. Mai.
Bitte bestätigen Sie den Erhalt Beweis (3) dieser Kündigung und das Beendigungsdatum schriftlich.
Außerdem bitte ich Sie, mir ein qualifiziertes Arbeitszeugnis aufzugeben auszustellen (4).
Ich bedanke mich herzlich für die gute Zusage Zusammenarbeit (5) und Ihre Unterstützung.

Mit freundlichen Grüßen
*Kapil Agarwal*

**21 Sie sind auf der Suche nach einem neuen Job. Was machen Sie? Schreiben Sie eine Checkliste rund um das Thema Jobsuche.** Portfolio

- Wo und wie suchen Sie eine neue Stelle?
- Worauf achten Sie bei der Analyse von Stellenanzeigen?
- Welche Punkte müssen auf jeden Fall in Ihre Bewerbung (Bewerbungsschreiben / Lebenslauf)?
- Wie bereiten Sie sich auf das Vorstellungsgespräch vor? Welche Fragen wollen Sie im Vorstellungsgespräch stellen?
- Worauf wollen / müssen Sie bei einem Vertrag besonders achten (Pflichten, Arbeitszeiten, ...)?

# AHMET

# GUT VERSICHERT 10

**1** **Ergänzen Sie *gegen* oder *durch* sowie den Artikel in der richtigen Form.** Grammatik → KB 1

A

B

1 Die Frau geht *durch* d*ie* Tür. | Die Frau klopft ________ d___ Tür.

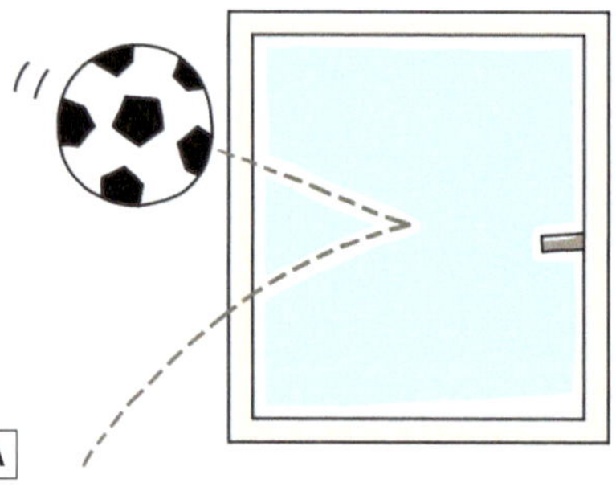

A

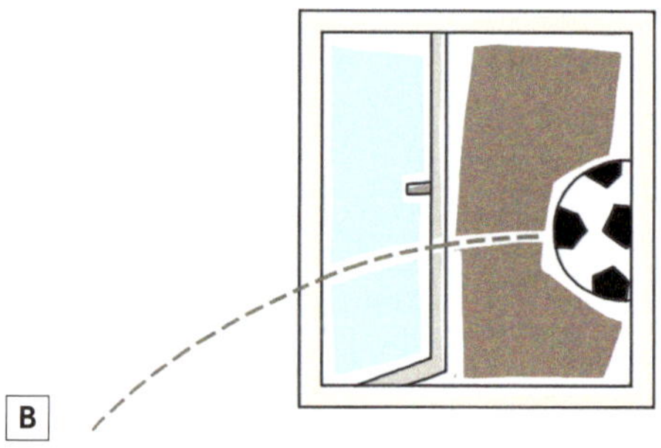

B

2 Der Ball fliegt ________ d___ Fenster. | Der Ball fliegt ________ d___ Fenster.

A

B

3 Die Person geht ________ d___ Zug. | Das Auto fährt ________ d___ Zug.

7 ◀)) 23 **2** **Hören Sie und ergänzen Sie das Verb in der richtigen Form.** Wörter → KB A1

1 Die Fußgänger müssen bei Rot *stehen bleiben*.
2 Der Lkw-Fahrer will ____________.
3 Der Autofahrer ______.
4 Der Zug _________.
5 Zwei Autos __________ zusammen.

**3** **Was ist richtig? Lesen Sie und kreuzen Sie an.** Lesen → KB A2

A

Als die Kioskbesitzerin Helga Klein am vergangenen Freitagmorgen zu ihrem Kiosk in der Bahnhofstraße kam, erschrak sie sehr: Die Tür stand offen und drinnen fand sie ein schlimmes Chaos vor. Sie rief die Polizei. Wie die überraschten Beamten feststellten, hatten die Einbrecher nicht nur Bargeld aus der Kasse und Lebensmittel gestohlen, sondern sich die gestohlenen Bratwürste auch bereits auf dem Grill des Kiosks gebraten. Sie waren wohl sehr hungrig gewesen. Die Polizei bittet um Hinweise: Wer hat etwas beobachtet?

1 ☒ Helga Klein ist erschrocken, weil im Kiosk alles durcheinander war.
2 ☐ Sie hat den Einbrechern Würste gebraten.
3 ☐ Die Diebe hatten wahrscheinlich großen Hunger.
4 ☐ Zeugen sollen sich bei der Polizei melden.

B

Ein Lkw hat am Montag in Kiel mehrere Fahrzeuge zum Teil schwer beschädigt. Da die Bremsen nicht funktionierten, verlor der Fahrer die Kontrolle über den Lkw und stieß gegen mehrere parkende Fahrzeuge. Verletzt wurde zum Glück niemand. Wie hoch der entstandene Schaden ist, ist zurzeit noch nicht klar.

1 ☐ Ein Lkw hat andere Fahrzeuge kaputt gemacht.
2 ☐ Der Grund: Er konnte nicht mehr bremsen.
3 ☐ Der Lkw-Fahrer hat sich leicht verletzt.
4 ☐ Die Kosten für die Reparaturen der Fahrzeuge sind sehr hoch.

**4** **Perfekt mit *haben* oder *sein*? Ordnen Sie zu und bilden Sie die richtige Form.** Wiederholung → KB A2

~~abbiegen~~ ~~hupen~~ parken stürzen steigen bremsen anhalten passieren beschädigen

er / es / sie **hat** *gehupt,* ______

er / es / sie **ist** *abgebogen,* ______

**5a** **Ergänzen Sie das Plusquamperfekt in der richtigen Form.** Grammatik → KB A2

1 Die Pflanzen waren kaputt, weil niemand sie *gegossen hatte* (gießen).
2 Wir konnten den Koffer nicht schließen, weil wir zu viel ______ (einpacken).
3 Zeki musste ins Krankenhaus, weil er auf der Treppe ______ (stürzen).
4 Die Studierenden haben die Prüfung nicht bestanden, weil sie zu wenig ______ (lernen).
5 Du hast nur deshalb Kopfschmerzen bekommen, weil du am Abend vorher Alkohol ______ (trinken).
6 Der Unfall passierte, weil der Lkw-Fahrer den Radfahrer beim Abbiegen nicht ______ (sehen).
7 Bei der Arbeit war ich sehr müde, weil ich am Abend so spät ins Bett ______ (gehen).

**b** **Lesen Sie die Sätze in a noch einmal und notieren Sie: Was ist zuerst passiert, was danach?**

| *zuerst* | *danach* |
| --- | --- |
| *1 Pflanzen nicht gießen* | *Pflanzen kaputt* |

# 10

7 ◀)) 24 **6** **Hören Sie und ergänzen Sie wie im Beispiel.** Audiotraining → KB A2

◀)) Monika kam zu spät zur Verabredung.

1 Denn sie hatte im Stau gestanden.

1 sie – im Stau stehen
2 er – sein Handy ausschalten
3 der Film – bereits anfangen
4 sie – sich sehr auf den Film freuen
5 er – sich den Film allein ansehen

**7a** **Lesen Sie und markieren Sie die Verbformen: gelb *(= heute)*, rot *(= früher)*.** Grammatik → KB A2

Klimaschutz ist mir wichtig. Deshalb gehe ich viele Strecken, die ich früher mit dem Auto gefahren bin, zu Fuß. Für Urlaubsreisen nehme ich nur noch die Bahn. Früher bin ich oft ins Ausland geflogen. Ich kaufe weniger Klamotten. Früher fand ich die neueste Mode sehr wichtig. Außerdem verzichte ich auf Fleisch, obwohl mir Fleisch immer gut geschmeckt hat.

**b** **Dreißig Jahre später: Schreiben Sie den Text aus a in der Vergangenheit.**

*Klimaschutz war mir schon immer wichtig. Deshalb ging ich viele Strecken, die ich früher mit dem Auto gefahren war, zu Fuß. ...*

**8** **Schreiben Sie die Sätze mit *nachdem* und *bevor*.** Grammatik → KB A3

1 Zuerst hat Livia im Bett einen Podcast gehört. Dann ist sie aufgestanden.

2 Zuerst hat sie sich gewaschen und angezogen. Dann ist sie zum Bäcker gegangen.

3 Zuerst hat sie ein Sandwich gekauft. Dann ist sie mit der Bahn zu ihrer Arbeit im Altenheim gefahren.

4 Zuerst hat sie sich um die Bewohner:innen des Altenheims gekümmert. Dann hatte sie Zeit für einen Kaffee und das Sandwich.

5 Zuerst hat sie einige Verwaltungsaufgaben erledigt. Dann konnte sie ihren Arbeitstag beenden.

6 Zuerst hat sie sich zu Hause ein bisschen ausgeruht. Dann hat sie am Abend an einem Seminar für Altenpfleger:innen teilgenommen.

*1 Nachdem Livia im Bett einen Podcast gehört hatte, ist sie aufgestanden. Bevor Livia aufgestanden ist, hat sie im Bett einen Podcast gehört.*

## 9 Markieren Sie noch sechs Wörter und ergänzen Sie. Wörter → KB B1

PRAVERSICHERNOCKEÄEBENFALLSTRELPFKIPFLICHTLFGTZU
NFTAZULASSENMMÖRENTNERKASUMLISCHEIBETILUMADI
SRTUGREPFLEGEVERSICHERUNGIPHJKT

Deutsche Bürger:innen gelten als vorsichtig und ________ (1) sich eher zu viel als zu wenig. Aber welche Versicherungen haben sie wirklich?
Fast alle haben eine Kranken- und *Pflegeversicherung* (2). Das ist nicht überraschend, denn diese Versicherungen sind ________ (3). Die meisten Angestellten müssen in die gesetzliche Rentenversicherung einzahlen. Viele Selbstständige haben ________ (4) eine Altersvorsorge, um als ________:innen (5) genug Geld zu haben. Wie viel Rente man im Alter bekommt, hängt unter anderem davon ab, wie viel und wie lange man eingezahlt hat.
Die wichtigste freiwillige Versicherung ist die Haftpflichtversicherung, denn sie übernimmt die Kosten, wenn man zum Beispiel einen Ball in die Fenster ________ (6) des Nachbarn geschossen hat oder bei Freunden eine wertvolle Vase vom Tisch gestoßen hat.
Wer ein Fahrzeug ________ (7) will, braucht eine Bescheinigung über eine Kfz-Haftpflichtversicherung. Dass über 60 Prozent der Bürger:innen diese Versicherung haben, zeigt: Es gibt viele Fahrzeuge in Deutschland.

7 🔊 25–28

## 10 Sie hören Aussagen zu einem Thema. Welcher der Sätze a–f passt zu den Aussagen 1–3? Markieren Sie Ihre Lösungen. DTZ Hören, Teil 4 → KB B1

Lesen Sie jetzt die Sätze a–f. Dazu haben Sie eine Minute Zeit.
Danach hören Sie die Aussagen.

| | a | b | c | d | e | f |
|---|---|---|---|---|---|---|
| **Beispiel** | ☒ | ☐ | ☐ | ☐ | ☐ | ☐ |
| 1 | ☐ | ☐ | ☐ | ☐ | ☐ | ☐ |
| 2 | ☐ | ☐ | ☐ | ☐ | ☐ | ☐ |
| 3 | ☐ | ☐ | ☐ | ☐ | ☐ | ☐ |

a Geräteversicherungen sind nicht nötig.
b Die Angebote der Versicherungen sind sehr verschieden.
c Die Hausratversicherung übernimmt bei einem Schaden alle Kosten.
d Mit einer Versicherung spart man Geld.
e Eine Versicherung kann nützlich sein, wenn man schnell Ersatz braucht.
f Eine Hausratversicherung ist wichtiger als eine Versicherung für einen einzelnen Gegenstand.

**11** **Sie interessieren sich für eine Versicherung (z. B. Haftpflichtversicherung, Auslandskrankenversicherung, Zahnzusatzversicherung, ...) und haben noch Fragen. Schreiben Sie eine E-Mail an die Versicherung.** Schreiben → KB B1

Schreiben Sie etwas zu folgenden Punkten:
- Grund, warum Sie die Versicherung brauchen
- Vorteile und Leistungen der Versicherung
- Kosten

Sehr geehrte Damen und Herren, ...

**12a** **Was kann man gleichzeitig tun? Schreiben Sie Sätze wie im Beispiel.** Grammatik → KB B3

1 spazieren gehen und mit Freunden telefonieren
2 sich die Zähne putzen und Radio hören
3 mit Bus oder Bahn unterwegs sein und am Laptop arbeiten
4 im Flugzeug sitzen und sich genauer über das Reiseziel informieren
5 Kaffee trinken und eine Bedienungsanleitung lesen
6 beim Arzt warten und Vokabeln wiederholen

*1 Während man spazieren geht, kann man mit Freunden telefonieren.*

**b** **Haben Sie noch mehr Ideen? Schreiben Sie weitere Sätze.**

**13** **Ersetzen Sie die markierten Wörter und schreiben Sie die Sätze mit *bevor – nachdem – während*.** Grammatik → KB B3

1 Beim Spazierengehen höre ich gern Podcasts.
*Während ich spazieren gehe, höre ich gern Podcasts.*

2 Vor der Arbeit mache ich eine halbe Stunde Gymnastik.

3 Nach dem Essen stelle ich das Geschirr sofort in die Spülmaschine.

4 Vor dem Kauf eines neuen Geräts informiere ich mich im Internet.

5 Vor dem Einschlafen hat Ilsa ein paar Seiten gelesen.

6 Nach dem Abitur habe ich ein Jahr lang bei der Post gejobbt.

7 Beim Zugfahren haben wir oft Karten gespielt.

**14a** **Wer sagt was? Ordnen Sie zu: V = Versicherungsmitarbeiter, K = Kundin.** Kommunikation → KB B4

1 ☐ Was kann ich für Sie tun?
2 ☐ Würden Sie mir bitte noch mal Ihren Namen sagen?
3 ☒ K Ich möchte einen Schaden melden.
4 ☐ Dabei ist mir aus Versehen eine Kiste mit teurem Geschirr heruntergefallen.
5 ☐ Können Sie den Namen bitte buchstabieren?
6 ☐ Schreibt man das in der Mitte mit *S* oder mit *Z*?

7 29 **b** **Ergänzen Sie die Sätze aus a. Hören Sie dann und vergleichen Sie.**

◆ Guten Tag. ________________________________ (1)
▲ Hier spricht Alizadeh. *Ich möchte einen Schaden melden.* (2)
◆ Um was für einen Schaden geht es denn?
▲ Ich habe Freunden beim Umzug geholfen. ________________________________ (3)
◆ Aha. Dann brauche ich bitte Ihre Versicherungsnummer.
▲ Oh, die habe ich gerade nicht zur Hand.
◆ Kein Problem. ________________________________ (4)
▲ Minu Alizadeh.
◆ ________________________________ (5)
▲ Mit *Z*. Und am Ende wird mein Name mit *H* geschrieben.
◆ Oh. ________________________________ (6)
Ach, nicht nötig. Ich habe Sie gefunden: Alizadeh, Minu ... Gut, ich notiere jetzt den Schaden, dann überprüfen wir zusammen alle Angaben, und das war's auch schon. ...

7 30 **15a** **Wie schreibt man die Wörter? Ergänzen Sie *f* – *v* – *ph*. Hören Sie dann und sprechen Sie nach.** Aussprache → KB C1

1 *F*ormular 3 ___erwandte 5 ___orhin 7 eben___alls 9 ___orgestern
2 Al___abet 4 ___ergessen 6 Atmos___äre 8 ___ersicherung 10 ___orwahl

**b** **Welche Wörter mit *f*, *v* oder *ph* kennen Sie noch? Notieren Sie Beispiele.**

*Vogel, Physik, ...*

7 31 **c** **Hören Sie die Fragen und antworten Sie.**

Schreibt man *Versehen* mit *F* oder mit *V*?

1 Mit *V*.

Ein paar wenige Fremdwörter schreibt man mit *Ph / ph*, spricht aber *f*.
Die Schreibung dieser Wörter lernen Sie am besten auswendig.
Deutsche Wörter mit *Ver- / ver-* oder *Vor- / vor-* schreibt man immer mit *V / v*.
Bei Wörtern mit *V / v*, die Sie vielleicht aus anderen europäischen Sprachen kennen, spricht man das *V / v* als *w*: *November, vegetarisch, eventuell, ...*

## 16a Was ist richtig? Lesen Sie und umkreisen Sie. Lesen

→ KB C1

### So melden Sie einen Schaden richtig!

Egal, ob Sie aus Versehen einen Gegenstand anderer beschädigen oder ob Diebe Ihnen etwas stehlen – die richtige Versicherung hilft und schützt vor hohen Kosten! Doch worauf sollte man achten, um sicher zu sein, dass die Versicherung wirklich zahlt?

**Hier einige Tipps:**

Wenn es passiert ist: Machen Sie Fotos oder Videos, um einen Nachweis über die Art des Schadens zu haben. Besonders bei Verkehrsunfällen ist es außerdem gut, wenn man Zeugen nennen kann.

Überprüfen Sie Ihren Versicherungsvertrag: Bezahlt die Versicherung den Schaden komplett oder muss man einen Teil selbst bezahlen? Im zweiten Fall kann es sinnvoll sein, kleine Schäden nicht zu melden.

Melden Sie den Schaden so schnell wie möglich (telefonisch, per Post / Mail oder online).

*Achtung: Wenn Sie innerhalb kurzer Zeit mehrere Schäden melden, kann die Versicherung Ihnen kündigen.*

**Unsere Empfehlung:**

Nutzen Sie für die Schadensmeldung am besten das Online-Formular. Das geht schneller als auf dem Postweg. Beantworten Sie einfach alle Fragen im Formular – so können Sie sicher sein, dass Sie nichts Wichtiges vergessen. Außerdem kann man direkt alle nötigen Dokumente und Fotos mitschicken. Übrigens: Schäden, die durch Kriminelle (zum Beispiel Einbrecher oder Diebe) entstanden sind, muss man zusätzlich der Polizei melden.

1 Damit die Versicherung zahlt, muss man Zeug:innen / Beweise haben.
2 Die Versicherung zahlt den ganzen Schaden. / manchmal nur einen Teil des Schadens.
3 Es ist Pflicht / nicht verpflichtend, absolut jeden Schaden zu melden.
4 Es hat Vorteile / Nachteile, das Online-Formular zu verwenden.
5 Bei Schäden durch Einbrecher:innen oder Dieb:innen muss man die Versicherung nicht / auch die Polizei informieren.

## b Eine Freundin / Ein Freund möchte einen Schaden melden. Sie / Er bittet Sie um Rat. Lesen Sie noch einmal die Tipps in a und schreiben Sie eine Antwort. Schreiben

●●●●● D-net

Hallo ..., ich sollte auf die Wohnung von Verwandten aufpassen, während sie im Urlaub sind. Dabei ist mir etwas Blödes passiert. Ich will den Schaden meiner Versicherung melden, musste so etwas aber noch nie machen. Hast du Tipps für mich?

Hallo ..., oje, das tut mir leid! Also, wenn du einen Schaden melden willst, musst du Folgendes machen: ...

7 32 **17a** **Was ist Ihrer Meinung nach zuerst passiert, was danach? Ordnen Sie. Hören Sie dann, vergleichen Sie und korrigieren Sie Ihre Reihenfolge, wenn nötig.** Hören → KB C2

A ☐

B 1

C ☐

D ☐

7 33 **b** **Hören Sie weiter und korrigieren Sie.**

1 Nachdem Nadia den Schlüssel verloren hatte, informierte sie zuerst ~~die Versicherung~~. *den Vermieter*

2 Der Vermieter wollte einen neuen Schlüssel für Nadia machen lassen. ______

3 Das ist preiswert. ______

4 Die Versicherung hat abgelehnt, die Kosten zu übernehmen. ______

**c** **Schreiben Sie Nadias Schadensmeldung.** Schreiben

| Wo ist der Schaden entstanden? | *Wahrscheinlich am Grannsee oder auf dem Weg vom See nach Hause.* |
|---|---|
| Wie ist der Schaden entstanden? Bitte beschreiben Sie genau, was passiert ist: *Am Sonntag, 23.08.20.., war ich mit meiner Cousine, Frau Lana Boll, am Grannsee. Als ich am Abend (ca. 19:30 Uhr) nach Hause kam, merkte ich …* | |
| Hat die Polizei den Schaden aufgenommen? | Ja ☐ Nein ☒<br>Wenn ja, bitte Aktenzeichen angeben. |

**18** **Schreiben Sie einen Text zum Thema *Ich und meine Versicherungen*.** Portfolio

Welche Versicherungen? | Warum? | Vorteile / Nachteile? | Erfahrungen? | ...

# 5 LERNFORTSCHRITTSTEST 9 | 10

## WÖRTER

Punkte

→ Ich kenne Wörter für den Prozess einer Bewerbung.

**1 Bilden Sie Wörter und ergänzen Sie.** ____ /6

Zu ~~An~~ det ~~cen~~ auf mai aus ver ~~non~~ ben len
bil hält ge ge ge be tä nis sa rufs tig

Um eine neue Stelle zu finden, kann man *Annoncen* (1) lesen oder selbst ein Inserat ______________ (2). Wenn man gut ______________ (3) oder schon länger ______________ (4) ist, hat man gute Chancen auf dem Arbeitsmarkt. Oft kann man zwischen mehreren Unternehmen wählen und sich sein zukünftiges Arbeits______________ (5) aussuchen. Nachdem man seine Bewerbung losgeschickt hat – am besten ________ (6)! –, bekommt man hoffentlich bald eine Einladung zum Vorstellungsgespräch. Wenn dieses erfolgreich war, lässt die ______________ (7) der Firma sicher nicht lange auf sich warten.

→ Ich kenne Wörter zu Verkehrsregeln.

**2 Wie heißen die Wörter? Ergänzen Sie.** ____ /8

Hätten Sie es gewusst? Wann darf man im Straßenverkehr h *u* p *e* *n* (1)?
Hupen ist nur aus zwei Gründen erlaubt:

1. Um auf eine Gefahr aufmerksam zu machen. Und nur dann! Jemand anderen zu e _ sch _ e _ _ en (2), weil er an der Ampel bei Grün nicht sofort losfährt, ist eigentlich verboten. Wenn jemand im Weg steht und andere Verkehrsteilnehmer:innen a _ f _ ä _ t (3), ist das zwar ärgerlich, aber ebenfalls kein Grund zu hupen.
2. Wenn man ü _ _ _ h _ l _ n (4) will und diese Absicht dem vorausfahrenden Fahrzeug ankündigen möchte. Dies gilt allerdings nur auf S _ r _ c _ en (5) außerhalb von Orten. Außerdem gibt es keine P _ l _ ch _ (6), in dieser Situation zu hupen, und diese Möglichkeit wird in Deutschland auch kaum a _ ge _ e _ _ et (7).

Übrigens: Im S _ _ _ (8) und an B _ _ st _ _ _ en (9) geht es nicht schneller, nur weil man seinen Ärger durch Hupen ausdrückt.

→ Ich kann Zeitangaben machen.

**3 Was passt auch? Ergänzen Sie.** ____ /5

vorhin vorgestern knapp Zeitpunkt Zeitpunkt ~~eine Viertelstunde~~

1 Zur Arbeit brauche ich 15 Minuten / *eine Viertelstunde*.
2 Das Seminar begann fast / ______________ 30 Minuten später.
3 Wir sind vor zwei Tagen / ______________ umgezogen.
4 Ich kündige die Wohnung zum nächstmöglichen Termin / ______________.
5 Der Strom ist vor einigen Minuten / ______________ ausgefallen.
6 Das ist ein schlechter Moment / ______________ für eine Kündigung!

→ Ich kenne Wörter mit gleicher oder ähnlicher Bedeutung.

**4 Was hat die gleiche oder eine ähnliche Bedeutung? Verbinden Sie.** ___ / 6

1 Lehre — e
2 besitzen
3 eventuell
4 Lehrstelle
5 bereits
6 ebenfalls
7 aussuchen

a Ausbildungsplatz
b schon
c wählen
d haben
e Ausbildung
f vielleicht
g auch

___ / 25

☹ 0–12
☺ 13–20
☺ 21–25

## GRAMMATIK

→ Ich kann zeitliche Reihenfolgen mit *bevor, während* und *nachdem* ausdrücken.

**5 Schreiben Sie Sätze mit *bevor, während* oder *nachdem*.** ___ / 5

Ana ist Architektin und alleinerziehend.
Ihre Tage sind lang – und die Abende auch.

1 ihr Baby ins Bett bringen – sich wieder an den Schreibtisch setzen (nachdem)
2 das Baby schlafen – die Pläne für ein Gebäude fertig zeichnen (während)
3 Feierabend machen können – noch eine Präsentation vorbereiten müssen (bevor)
4 die Präsentation an ihre Chefin schicken – den Laptop runterfahren (nachdem)
5 schlafen gehen – sich ein bisschen entspannen wollen (bevor)
6 einen heißen Tee trinken – ruhige Musik hören (während)

*1 Nachdem Ana ihr Baby ins Bett gebracht hat, setzt sie sich wieder an den Schreibtisch.*

→ Ich kann das Plusquamperfekt bilden und damit zeitliche Reihenfolgen in der Vergangenheit ausdrücken.

**6 Sortieren Sie und ergänzen Sie die Sätze mit *nachdem* wie im Beispiel.** ___ / 5

1 (etwas essen • du) Warst du als Jugendlicher auch immer noch hungrig, *nachdem du etwas gegessen hattest*? Bei mir war es jedenfalls so!

2 (bei der Versicherung • melden • ihr • den Schaden) Was ist passiert, ______________________________________?

3 (erzählen • uns • Mama • eine Gute-Nacht-Geschichte) ______________________________________, schliefen wir schnell ein.

4 (aufwachen • ich) ______________________, checkte ich sofort die neuen Nachrichten auf meinem Handy.

5 (die Polizisten • den Schaden am Fahrzeug • fotografieren) ______________________________________, befragten sie die Unfallzeugen.

6 (im Wald spazieren gehen • wir) ______________________________________, fühlten wir uns angenehm entspannt.

# LERNFORTSCHRITTSTEST

→ Ich kann das Partizip Präsens als Adjektiv bilden und korrekt verwenden.

Punkte

___ /5

**7 Schreiben Sie wie im Beispiel.**

**WILLMERS NATURHOTEL**

Bei uns findet jede/r ein Angebot, das passt (1)!
- Genießen Sie im Restaurant Speisen, die gut schmecken (2), in einer Atmosphäre, die einlädt (3).
- Machen Sie einen Spaziergang, der entspannt (4), oder nehmen Sie ein Bad, das beruhigt (5).
- Soll es aktiver sein? Dann nehmen Sie doch teil an unseren Ausflügen, die täglich stattfinden (6).

1 *ein passendes Angebot*
2 ___
3 in ___
___
4 ___
___
5 ___
6 an *unseren täglich* ___
___

→ Ich kann das Partizip Präsens als Nomen bilden und korrekt verwenden.

**8 Wie nennt man die Personen? Ergänzen Sie wie im Beispiel.**

___ /4

1 Auf den Straßen sind heute viel mehr *Radfahrende* unterwegs als früher.
2 Das Sprichwort „Wenn einer eine Reise tut, dann kann er was erzählen" bedeutet, dass ___ viel erleben und deshalb viel erzählen können.
3 In der *Agentur für Arbeit* bekommen Menschen, die einen Job suchen – also ___ – Beratung und Hilfe.
4 An unserem Stadtmarathon nehmen jedes Jahr viele Menschen teil. Die ___ müssen knapp 42 Kilometer quer durch die Stadt laufen.

5 Viele Künstler haben eine Frau gemalt, die gerade liest, und ihr Bild entsprechend „Die ___" genannt.

→ Ich kann das Partizip Perfekt als Nomen bilden und korrekt verwenden.

**9 Ergänzen Sie wie im Beispiel.**

___ /4

1 Nach dem Unfall wurde ein ___ (verletzen) ins Krankenhaus gebracht. Zeugen wurden befragt. Die ___ (befragen) erzählten der Polizei von dem *Erlebten* (erleben).
2 In einem Versicherungsfall sollte sich die / der ___ (versichern) so schnell wie möglich bei seiner Versicherung melden. Wenn etwas gestohlen wurde und das ___ (stehlen) wiedergefunden wird, muss man das ebenfalls melden.

___ /23

☹ 0–11
😐 12–18
☺ 19–23

## LESEN

→ Ich kann einen Ratgebertext zu einem beruflichen Thema verstehen.

**10a** Welche Überschrift passt zu welchem Abschnitt? Lesen Sie und ordnen Sie zu. ___ /3

Der Abschied | Sag es deinem Arbeitgeber | ~~Ist es dir wirklich ernst?~~ | Das Kündigungsschreiben

### Richtig kündigen – so geht es!

Dein Job langweilt dich, die Kolleg:innen nerven oder du hast einfach Lust auf eine neue Herausforderung? Egal, warum du kündigen willst – sorge dafür, dass du trotzdem in guter Erinnerung bleibst.

*Ist es dir wirklich ernst?* (1)
Die Entscheidung zu gehen, ist oft nicht leicht – vor allem, wenn du eigentlich mit deinen Aufgaben zufrieden bist. Überlege, ob es nicht auch beim aktuellen Arbeitgeber Möglichkeiten gibt, damit die Arbeit wieder mehr Freude macht. Vielleicht findest du mit deiner Chefin / deinem Chef eine Lösung.

______________________ (2)
Du hast dich entschieden und bist ganz sicher, dass du kündigen willst? Dann solltest du deiner Chefin / deinem Chef das Kündigungsschreiben nicht einfach auf den Tisch legen. Es ist höflich, sie / ihn vorher mündlich zu informieren und ihr / ihm den Grund für deine Kündigung zu erklären. Auch wenn du sehr unglücklich in deinem Job bist: Bleibe bitte fair und äußere Kritik sachlich.

______________________ (3)
Nach dem Gespräch kannst du die Kündigung schreiben. Es ist nicht nur Pflicht, schriftlich zu kündigen, sondern die Kündigung muss auch in Papierform sein – eine Kündigung per Mail ist nicht genug! Am besten gibst du das Schreiben persönlich ab. So kannst du sicher sein, dass die Kündigung angekommen ist.

______________________ (4)
Beachte auch die Kündigungsfrist in deinem Vertrag. Du musst bis zum Ende der Vertragszeit zur Arbeit kommen (oder Urlaub nehmen, wenn du noch Urlaubstage hast)! Zeige deinen Kolleg:innen und der Chefin / dem Chef, dass sie eine wertvolle Mitarbeiterin / einen wertvollen Mitarbeiter verlieren, und erledige deine Aufgaben bis zum Schluss zuverlässig. Verabschiede dich von allen (auch von denen, die du nicht magst) und bedanke dich für die Zusammenarbeit.

**b** Was ist richtig? Lesen Sie noch einmal und kreuzen Sie an. ___ /4

1 Wenn man vorhat zu kündigen, sollte man
- a ☐ die Kolleg:innen möglichst oft nerven.
- b ☒ auf ein positives Bild von sich selbst achten.

2 Man sollte
- a ☐ über den Schritt einer Kündigung gut nachdenken.
- b ☐ versuchen, mehr Spaß bei der Arbeit zu haben.

3 Man sollte zuerst
- a ☐ schriftlich kündigen.
- b ☐ mit der Chefin / dem Chef sprechen.

4 Die Kündigung sollte man a ☐ mailen. b ☐ persönlich abgeben.

5 Nachdem man gekündigt hat,
- a ☐ muss man noch eine bestimmte Zeit für die Firma arbeiten.
- b ☐ darf man sofort zu Hause bleiben.

___ /7

☹ 0–3 | 😐 4–5 | ☺ 6–7

LERNFORTSCHRITTSTEST 5

# LERNFORTSCHRITTSTEST

## HÖREN

Punkte

→ Ich kann Informationen und Ratschläge in einer Radiosendung verstehen.

7 34 **11a** Ist das richtig oder falsch? Hören Sie den ersten Teil des Gesprächs und kreuzen Sie an. ___ /3

| | richtig | falsch |
|---|---|---|
| 1 An einem Fahrzeug müssen Nummernschilder sein. | ☒ | ☐ |
| 2 Bevor man das Fahrzeug zulässt, muss man es versichern. | ☐ | ☐ |
| 3 Nachdem man die gültigen Kennzeichen bekommen hat, kann man fahren. | ☐ | ☐ |
| 4 Man darf ein Fahrzeug ohne Kennzeichen auf öffentlichen Parkplätzen abstellen. | ☐ | ☐ |

7 35 **b** Hören Sie weiter. Was ist richtig? Umkreisen Sie. ___ /3

1 Wenn ein Nummernschild verloren oder gestohlen wird, sollte man (nicht mehr fahren.) | das Schild suchen.
2 Man sollte Zeugen | die Polizei über den Verlust informieren.
3 Mit einer Bescheinigung | Ohne Beweis kann man kein neues Kennzeichen beantragen.
4 Ein gefundenes Nummernschild soll man bei der Polizei | beim Besitzer abgeben.

___ /6

0–3
4
5–6

## SCHREIBEN

→ Ich kann ein Bewerbungsanschreiben schreiben.

**12** Lesen Sie die Anzeige und Benjamins Notizen. Schreiben Sie Benjamins Bewerbung. Schreiben Sie etwas zu jedem Punkt seiner Notizen und verwenden Sie mindestens vier Satzanfänge aus dem Kasten.

**Pflegefachkraft (m/w/d)**
Das wünschen wir uns von Ihnen:
- abgeschlossene Ausbildung in einem Pflegeberuf und erste Berufserfahrung
- Bereitschaft zum Schichtdienst
- Teamfähigkeit
- Interesse, Neues zu lernen

- Grund des Schreibens: eine neue Herausforderung suchen → Bewerbung
- Qualifikationen: Ausbildung zum Krankenpfleger, drei Jahre Berufserfahrung: Intensivstation, Altenheim
- persönliche Fähigkeiten: zuverlässig, lerne gern Neues, teamfähig, Schichtdienst gewohnt
- Vorstellungsgespräch?

Deshalb / Hiermit möchte ich mich um ... bewerben. • Ich habe (in / bei ...) als ... gearbeitet. • Ich war (in / bei ...) als ... tätig. • Ich konnte ... Erfahrungen sammeln. • So war ich / habe ich ... • Ich bin es gewohnt, ... • Außerdem bin ich (gut darin,) ... • Es fällt mir leicht, ... • Es gefällt mir, ... • Ich würde mich sehr freuen, wenn ... • Über eine Einladung ...

Sehr geehrte Damen und Herren,
mit großem Interesse habe ich Ihre Anzeige gelesen. ...

Mit freundlichen Grüßen
Benjamin Fink

___ /8

0–4
5–6
7–8

## SPRECHEN

→ Ich kann um Worterklärungen bitten und Wörter erklären.

**13 Ergänzen Sie die Gespräche.** ___ /7

jetzt fällt mir das Wort nicht ein | Das heißt übersetzt | ~~heißt das auf Deutsch~~ | ich weiß das Wort nicht auf Deutsch | Kannst du das Wort bitte buchstabieren | Schreibt man das am Ende mit | Ich meine so was Ähnliches wie | was ich sagen will

1 ◆ Hm, das schmeckt aber lecker. Wie *heißt das auf Deutsch*?
▲ Das ist *Honig*.
◆ *Honich*? ______________________ *H* oder mit *CH*?
▲ Mit *G*.
◆ Mit *G*? Oh Mann. Deutsch ist wirklich kompliziert.

2 ▼ Meine Chefin hat mich heute sehr gelobt. Das war ein wunderbares *feeling*.
Entschuldigung, ______________________.
◘ ______________________ *Gefühl*.
▼ Echt? Das Wort habe ich noch nie gehört. ______________________
______________________?
◘ *G-E-F-Ü-H-L*.

3 ■ Am Wochenende habe ich einen Film gesehen. Der war total ...
Ach, ______________________.
● Langweilig?
■ Nein, nein. ______________________ ______________________ *interessant*.
Verstehst du, ______________________?
● Ah ..., du meinst *spannend*.

→ Ich kann nach der Wichtigkeit von etwas fragen und dabei genau nachfragen.

**14 Ergänzen Sie das Gespräch.** ___ /3

◆ Ein Foto im Lebenslauf – M*uss* d*as* s*ein*? (1) Ich habe kein passendes Bild von mir.
▲ Na, dann geh doch zum Fotografen und lass eins machen.
◆ Ach, i______ d______ w______ s______ w______? (2)
Ich wollte dem Unternehmen meine Unterlagen gleich mailen.
Wenn ich jetzt erst in die Stadt fahren muss ...

▲ Aber mit einem Foto hast du bessere Chancen.
◆ B______ d______ d______ s______? (3)
▲ Nein. Lass uns die Regeln für Bewerbungen überprüfen. ... Also, im Internet steht das so: Ein Bewerbungsfoto ist nicht verpflichtend.
◆ S______ d______ h______, (4) dass ich doch kein Foto brauche?
▲ Korrekt. Hier steht sogar, dass größere Unternehmen heute oft auf ein Foto verzichten.

___ /10

☹ 0–5
😐 6–7
☺ 8–10

# LUNA

# EIN SUPER TEAM! 11

**1 Wie heißen die Wörter? Ergänzen Sie.** Wörter → KB 1

1 Im Vergleich zum letzten Monat haben unsere Mitarbeiter:innen schon jetzt die d *o p p e* l *t e* Anzahl Überstunden. So geht das nicht! – Da haben Sie recht.

2 Kann mir bitte jemand erklären, wie man den neuen Kopierer b _ d _ _ _ _? Das ist ja kompliziert. – Aber nicht doch. Das ist ganz einfach.

3 Was ist denn nun schon wieder? Warum kann man nichts hören? – Du hast den L _ _ t _ _ _ _ _ _ _ _ r ausgeschaltet. Siehst du das Zeichen?

4 Warum schreibst du denn nicht mit einem K _ _ _? – Ich mache so oft Fehler, deshalb nehme ich lieber einen Bleistift. So kann ich alles einfacher ändern.

8 01 **2 Also, ...! Ergänzen Sie die Gespräche. Hören Sie dann und vergleichen Sie.** Kommunikation → KB 1

Das gibt es doch nicht | Kannst du etwa keine ... bedienen | Hast du etwa kein ... bestellt | Ich finde, dass wir das klären müssen | Moment mal, wie sprichst du denn mit mir | ~~Kannst du bitte sachlich bleiben~~ | Reg dich doch nicht so auf | Regen Sie sich doch nicht so auf

1 ▼ Ihr müsst langsam los, wenn ihr den Zug noch erreichen wollt. Mit der Straßenbahn braucht ihr 40 Minuten zum Bahnhof.

◻ ________________ Taxi ________? Ich hatte dich doch darum gebeten. Auf dich kann man sich aber auch gar nicht verlassen!

▼ *Kannst du bitte sachlich bleiben*? Ich habe nicht gehört, dass ich ein Taxi bestellen soll. Ihr fahrt doch sonst auch immer mit den öffentlichen Verkehrsmitteln.

2 ◆ Also! ________________________________!
Suchen Sie sich einen anderen Parkplatz! Ich war zuerst da!

▲ ________________________________!
Dort ist doch noch ein freier Platz.

◆ Der hier ist aber näher am Ausgang!

3 ■ ________________ Kaffeemaschine ________, János?
Das ist doch das Einfachste auf der Welt! Was kannst du denn überhaupt?

● ________________________________?
Ich sehe das Ding heute zum ersten Mal. Und überhaupt – wer braucht denn ständig Hilfe? János, kannst du mal den Lautsprecher einstellen? János, kannst du mal Papier in den Kopierer legen? Und, und, und!

■ ________________________________! Ist ja schon gut.

● Nichts ist gut. ________________________________.

**3a Was passt? Ergänzen Sie.** Grammatik → KB 1

~~irgendjemanden~~ jemandem niemanden jemanden niemandem irgendjemandem

1 Wir könnten *irgendjemanden* verpflichten, sich um alles zu kümmern.
2 Ich möchte nicht mit ______________ sprechen, sondern mit ______________, der Ahnung von diesem Problem hat.
3 Das Chaos hier interessiert leider ______________.
4 Marly ist ärgerlich auf ______________, aber sie sagt nicht, auf wen.
5 Hawi war gestern zu Hause. Er hatte mit ______________ eine Verabredung.

**b Markieren Sie bei den ergänzten Wörtern in a den Akkusativ und Dativ.**

8 02 **4a Um welche Emotion geht es? Hören Sie und kreuzen Sie an.** Aussprache → KB 2

| | 1 | 2 | 3 | 4 | 5 | 6 | 7 | 8 | 9 |
|---|---|---|---|---|---|---|---|---|---|
| Ärger | ☐ | ☐ | ☐ | ☐ | ☐ | ☐ | ☐ | ☐ | ☐ |
| Freude | ☒ | ☐ | ☐ | ☐ | ☐ | ☐ | ☐ | ☐ | ☐ |
| Trauer | ☐ | ☐ | ☐ | ☐ | ☐ | ☐ | ☐ | ☐ | ☐ |

8 03 **b Hören Sie noch einmal und sprechen Sie nach.**

8 04 **c Lesen Sie den Satz laut: verärgert, traurig, freudig. Hören Sie dann und vergleichen Sie.**

Das kann nicht wahr sein!

**5 Wie heißen die Wörter? Ergänzen Sie.** Wörter → KB A2

Seit drei Monaten bin ich nun Rentnerin. Erst hatte ich Angst, dass mir total langweilig wird. Aber jetzt genieße ich meine Zeit. Endlich kann ich wieder mal in die *Innenstadt* (stadtnenIn) (1) fahren und unsere tollen ______________ (würtendigSehenskei) (2) ______________ (sichgenbeti) (3). Dann fühle ich mich wie eine Touristin in der eigenen Stadt. Oft gehe ich auch mit meinen Enkeln in den ______________ (parkTier) (4). Deshalb habe ich für jeden von uns eine ______________ (karresJahte) (5) gekauft. Im Vergleich zu einem ______________ (ticketzelEin) (6) ist die ja deutlich preiswerter, wenn man regelmäßig in den Tierpark geht. Außerdem habe ich mich in einer ______________ (cheBürei) (7) angemeldet und hole mir mal einen ______________ (manRo) (8), mal ein anderes Buch, setze mich abends auf die ______________ (hcuoC) (9) und lese. Toll! Und natürlich ______________ (techat) (10) ich oft mit meinen Freundinnen oder wir treffen uns zu einer Tasse Kaffee.

**6a** **Schreiben Sie die Sätze neu mit *statt / anstatt ... zu* + Infinitiv.** Grammatik → KB A2

1 Du solltest nicht am PC spielen. Du solltest dich auf die Prüfung vorbereiten.
*Statt am PC zu spielen, solltest du dich auf die Prüfung vorbereiten.*
*Du solltest dich auf die Prüfung vorbereiten, statt am PC zu spielen.*

2 Du solltest nochmals zum Arzt gehen. Du solltest nicht ständig Schmerztabletten nehmen.
__________, statt __________
__________.

3 Sie fährt nicht mit dem Auto zur Arbeit. Sie nimmt jetzt das Fahrrad.
Statt __________
__________.

4 Yana möchte nicht studieren. Yana möchte lieber eine Ausbildung machen.
Anstatt __________
__________.

5 Ihr solltet kein Einzelticket kaufen. Ihr solltet eine Jahreskarte nehmen.
Statt __________
__________
__________.

> *Du solltest ~~nicht~~ am PC spielen.*
> *→ Statt am PC zu spielen, ...*
> *Ihr solltet ~~kein~~ Einzelticket kaufen.*
> *→ Statt ein Einzelticket zu kaufen, ...*

6 Nein, ich esse kein Eis. Ich trinke lieber einen Kaffee.
Nein, __________,
anstatt __________.

**b** **Schreiben Sie die Sätze aus a neu mit *statt / anstatt dass*.**

> *1 Statt dass du am PC spielst, solltest du dich auf die Prüfung vorbereiten.*
> *2 Du solltest ...*
> *3 Statt dass sie ...*

8 05 **7** **Was sollten die Personen besser tun? Hören Sie und reagieren Sie wie im Beispiel.** Audiotraining → KB A2

Micha kündigt seinen Job.

Wie bitte? Statt seinen Job zu kündigen, sollte er die Probleme nochmals ansprechen. 1

1 seinen Job kündigen – die Probleme nochmals ansprechen
2 ständig neue Bücher kaufen – sich in einer Bücherei anmelden
3 eine Liste mit den Namen schreiben – die Namen in den Computer eingeben
4 alleine Mittagessen gehen – mit den Kollegen in die Kantine gehen
5 sich schon wieder eine teure Uhr kaufen – ein soziales Projekt finanziell unterstützen
6 immer nur auf der Couch sitzen und nichts tun – mal was unternehmen

**8** **Was passt? Verbinden Sie und schreiben Sie fünf Ratschläge mit *statt / anstatt … zu*.** Grammatik → KB A2

1 nicht so lange fernsehen
2 sich auf den Frühling freuen
3 nicht auf die Nachbarn sauer sein
4 sich ein Hobby suchen
5 nicht immer chatten

a sich nicht ständig langweilen
b früher schlafen gehen
c sich mit Freunden verabreden
d mit Humor das Problem lösen
e sich nicht über den Winter ärgern

*1 Statt so lange fernzusehen, solltest du …*

**9** **Lesen Sie den Text. Entscheiden Sie, ob die Aussagen 1–3 richtig oder falsch sind. Markieren Sie Ihre Lösungen.** DTZ Lesen, Teil 4 → KB A3

## KONFLIKTE AM ARBEITSPLATZ: WAS TUN?

Viele Arbeitnehmer:innen haben schon einmal einen Streit am Arbeitsplatz erlebt. Für manche gehören Konflikte mit den Kolleg/innen, der Chefin oder dem Chef aber auch zum Alltag. Deshalb sehen wir uns heute dieses Thema einmal etwas genauer an.

**Wie entstehen Konflikte?**
Die meisten Menschen sind viele Stunden am Tag mit ihren Kolleg/innen zusammen, oft auf engem Raum. Sie haben unterschiedliche Meinungen, unterschiedliche fachliche Kompetenzen, sind unterschiedlich motiviert. Und nicht jeder Tag ist gleich gut. Es passiert schon mal, dass man persönliche Probleme mit zur Arbeit nimmt. Da reicht dann ein kleiner Fehler oder ein falsches Wort und schon ist das Klima im Team gestört. Noch häufiger kommt es zu Konflikten durch einen Mangel an Informationen, fehlende Kommunikation oder zu viel Stress im Job.

**Wie können Konflikte mit Kolleg:innen gelöst werden?**
Seine Kolleg/innen kann man sich nicht aussuchen. Mit manchen versteht man sich gut, mit anderen überhaupt nicht. Ein Kollege z. B. erledigt seine Aufgaben nicht pünktlich oder in schlechter Qualität. Auf Kritik reagiert er entweder gar nicht oder sehr unfreundlich. Besprechen Sie die Probleme mit diesem Kollegen trotzdem erst einmal persönlich. Wenn sich nichts ändert, sollten Sie ihn darauf hinweisen, dass Sie die Chefin oder den Chef informieren werden.

**Was kann man tun, damit es nicht zu ernsten Konflikten kommt?**
Ärgern Sie sich nicht über Dinge, die nicht wichtig sind. Reduzieren Sie den Kontakt mit Kolleg/innen, mit denen Sie nicht gut umgehen können, auf das unbedingt Notwendige. Statt zu versuchen, ein Problem während eines Streits zu klären, sollten Sie ein neues Treffen vorschlagen. Wenn sich alle wieder beruhigt haben, findet man leichter eine Lösung. Bleiben Sie sachlich, auch wenn das nicht einfach ist.

1 Konflikte entstehen nur, wenn die Kommunikation in der Firma nicht gut funktioniert.
☐ ☐
richtig / falsch?

2 Bei Problemen mit Kolleginnen oder Kollegen sollte man sofort die Chefin oder den Chef um Rat fragen.
☐ ☐
richtig / falsch?

3 Wenn man wütend ist, kann man einen Streit nicht gut beenden.
☐ ☐
richtig / falsch?

8 06 **10a Sortieren Sie das Gespräch. Hören Sie dann und vergleichen Sie.** Kommunikation → KB A3

- [ ] ▼ Doch, eigentlich schon. Aber es ist so viel Neues. Und alles muss immer ganz schnell erledigt werden. Na ja, und da ist mir ein dummer Fehler passiert. Ich habe für einen Kollegen die falschen Bücher bestellt. Er war sehr unfreundlich (2), als er seine Bücher heute abholen wollte und das gemerkt hat. Und ich kann ja auch irgendwie verstehen, dass er wütend ist. Aber was kann ich denn jetzt machen? (3)
- [2] ▼ Ich fühle mich auch schrecklich. (1) Du weißt doch, dass ich eine neue Arbeit habe.
- [ ] ● Ja, ich weiß. Gefällt sie dir nicht?
- [ ] ▼ Meinst du? Und wenn er nicht mit mir sprechen will?
- [ ] ● Du solltest unbedingt mit ihm sprechen und dich entschuldigen. Erklär ihm, warum das passiert ist.
- [ ] ● Hallo Nivia. Was ist denn passiert? Du siehst ja gar nicht gut aus.
- [ ] ▼ Gut. Ich versuche es. Danke, dass du mir zugehört hast.
- [ ] ● Mach dir nicht so viele Sorgen. Ich bin sicher, dass du das hinkriegst. (4)

**b Ersetzen Sie die markierten Sätze in a durch ähnliche.**

1 M*ir* g*eht* e*s* a*uch* g*ar* n*icht* g*ut*.
2 E__ w___ g___ n______ n_____.
3 I____ w_____ g___ n______, w_____ i____ t____ s_____.
4 D__ sch________ d___ b____________.

**11 Was wird von der Firma gemacht? Schreiben Sie im Passiv.** Wiederholung → KB B1

> Die Firma *WeWeEx* ist ein wachsendes Unternehmen. Deshalb suchen wir ständig motivierte und erfahrene Mitarbeiterinnen und Mitarbeiter. (1) Wir zahlen unseren Mitarbeiter:innen sehr gute Löhne. (2) Und wir bieten ihnen gute Arbeitsbedingungen. (3) *WeWeEx* schließt jährlich viele Verträge mit alten und neuen Kund:innen ab. (4) Die Firma betreut ihre Kund:innen sehr individuell. (5) Unser Unternehmen verkauft seine Produkte in der ganzen Welt. (6) Es nutzt modernste Technologien. (7) So schützt es auch die Umwelt. (8) Außerdem fördert es verschiedene soziale Projekte. (9)

1 *Deshalb werden ständig motivierte und erfahrene Mitarbeiterinnen und Mitarbeiter gesucht*.
2 Unseren Mitarbeiter:innen ______.
3 Und ihnen ______.
4 Jährlich ______
______.
5 Die Kund:innen ______.
6 Die Produkte des Unternehmens ______.
7 Es ______.
8 So ______.
9 Außerdem ______.

## 12 Was ist richtig? Umkreisen Sie und ergänzen Sie in der richtigen Form. Grammatik → KB B1

1 Kaputte Dinge können (dürfen) nicht gleich *weggeworfen werden* (wegwerfen).
2 Wasser muss will unbedingt ______ ______ (sparen).
3 In der U-Bahn darf kann nicht ______ ______ (essen).
4 Meine Kinder schlafen gern lange. Am Sonntag wollen müssen sie nicht vor 10 Uhr ______ ______ (wecken).
5 Diese Tabletten bekommt man nur auf Rezept. Sie müssen dürfen dem Patienten ______ ______ (verschreiben).
6 Das Projekt darf kann heute eventuell ______ ______ (abschließen).
7 Auf der Autobahn soll darf nicht ______ ______ (parken).
8 Wenn Mieter aus ihrer Wohnung ausziehen, dürfen müssen die Wände weiß ______ ______ (streichen). So steht es im Mietvertrag.

## 8 07 13a Familie Sirau plant die kommende Woche. Wer macht was? Hören Sie und kreuzen Sie an. Hören → KB B2

| | Vater | Mutter | Lina | Alik | |
|---|---|---|---|---|---|
| 1 | ☐ | ☐ | ☒ | ☐ | kontaktiert *Telkomms*, um den Internetanschluss prüfen zu lassen. |
| 2 | ☐ | ☐ | ☐ | ☐ | bringt Opa zum Seniorentreff. |
| 3 | ☐ | ☐ | ☐ | ☐ | holt das Auto aus der Werkstatt ab. |
| 4 | ☐ | ☐ | ☐ | ☐ | stellt die Abfalltonnen raus. |
| 5 | ☐ | ☐ | ☐ | ☐ | kommen in der Nacht vom Samstag zum Sonntag erst spät nach Hause. |

## b Sortieren Sie und ergänzen Sie die Sätze. Hören Sie dann noch einmal und vergleichen Sie.

1 Am Montag *muss Telkomms angerufen werden*. (*Telkomms* • werden • angerufen • muss)
2 Am Dienstag ______.
(werden • möchte • zum Seniorentreff • Opa • gebracht)
3 Eine Mitarbeiterin hat angerufen und gesagt, dass das Auto ______.
(abgeholt • zwischen 16 und 19 Uhr • kann • werden • am Freitag)
4 Am Mittwoch ______. (auf die Straße • die Abfalltonnen • müssen • werden • gestellt)
5 Dann ______.
(werden • darf • geschlafen • bis Mittag • ja am Sonntag)

## 14 Was passt? Verbinden Sie. Wörter → KB B3

1 Wie sollten denn die Bücher — d
2 Gibt es denn keine
3 Soll noch etwas Kakao
4 Werden denn die Sachen
5 Warum muss denn der Abfall

a Soße zu dem Gericht?
b in die Milch gerührt werden?
c überhaupt sortiert werden?
d am besten geordnet werden?
e aus dem Schaufenster billiger verkauft?

**15a Ordnen Sie zu.** Kommunikation → KB B3

1 Wenn du Fragen hast, komm zu mir. 2 Warum warst du denn gestern so sauer? 3 Danke, dass du mir das gezeigt hast. 4 Wirklich? Hat dir niemand erklärt, wie ...? 5 Willst du damit sagen, dass ich das falsch gemacht habe? 6 Wie meinst du das denn jetzt? 7 Das ist so wirklich praktischer. 8 Ich hatte einen Riesenstress wegen dir. 9 Du machst ... ganz anders als wir. 10 Ich habe eine Idee. Ich zeige dir ...

| kritisch nachfragen | ein Problem erklären / Lösungsvorschläge machen | auf eine Erklärung reagieren |
|---|---|---|
| | 8, | |

**b Ergänzen Sie passende Sätze / Satzteile aus a.**

1 ■ Hamid, bist du verliebt?
● *Wie meinst du das denn jetzt?*
■ Na, hast du mal von deiner Soße probiert? Die ist viel zu salzig. Bei uns sagt man, wenn das Essen zu salzig ist, ist der Koch verliebt.

2 ◆ ______________________________
▲ Ich habe mich gestern über unseren neuen Koch geärgert. Kennst du ihn?
◆ Nein. Ich habe nur gehört, dass seine Gerichte superlecker sind.
▲ Stimmt. Aber die Arbeitsflächen sauber machen – das kann er nicht. Und das habe ich ihm gestern zum zwanzigsten Mal gesagt.

3 ▼ Nein, nein, nein! Die Verbände müssen hierhergelegt werden, die Spritzen dorthin. Und die Pflaster müssen hier links liegen.
◘ Entschuldigung, Hanifa. Das hat mir niemand gesagt.
▼ ______________________________ die Sachen sortiert werden müssen?
◘ Nein. ______________________________

**16 Lesen Sie die Situation und schreiben Sie dann an Ihre Freunde.** Schreiben → KB C1

Sie sind am Freitag mit Freunden verabredet. Ihre Chefin hat Sie aber gebeten, die Schicht eines kranken Kollegen zu übernehmen. Sie haben dafür nächsten Freitag frei.

nicht kommen können, weil ... • leidtun • auf das Treffen gefreut • verschieben auf • klappt sicher, denn ... • nicht böse / traurig sein

Liebe ..., lieber ...,

ich habe eine schlechte Nachricht. Leider kann ...

**17** **Was ist richtig? Umkreisen Sie.** Wörter → KB C2

1 Ich war in ein paar Tagen (neulich) bei einer interessanten Fortbildung.

2 Mein Bruder ruft mich jederzeit oft an, wenn er Hilfe braucht.

3 Ich habe so einen Schreck ein Pech bekommen, als ich merkte, dass mein Geldbeutel weg war.

4 Wir vereinbaren verabreden uns für Sonntag mit Freunden zum Grillen.

5 Lkw-Fahrer:innen müssen bei der Arbeit bestimmte Ruhezeiten Mahlzeiten am Tag beachten.

6 Wir haben am Wochenende unsere Wohnung grundsätzlich gründlich geputzt.

7 Wir müssen uns bald Gedanken Ideen machen, wann wir die Wohnung renovieren wollen.

**18** **Enisa liest ihren Notizzettel und überlegt, was sie *noch machen muss* bzw. was sie *nicht mehr zu machen braucht*. Ergänzen Sie.** Grammatik → KB C2

1 Gästeliste erstellen
2 Liane anrufen
3 zum Wohnungsamt gehen
4 Autoversicherung abschließen
5 Monatskarte kaufen
6 mich mit Sandra verabreden
7 Tonis Handyvertrag kündigen

Mal sehen, was ich noch machen muss. *Die Gästeliste brauche ich nicht mehr zu erstellen* (1), das hat Tina schon erledigt. *Liane* ____________ (2), denn wir haben heute schon miteinander telefoniert. ____________ (3), da die Unterlagen persönlich abgegeben werden müssen. ____________ (4), den Mitarbeiter habe ich aber bis jetzt noch nicht erreicht. ____________ (5), denn ich habe ja jetzt ein Regioticket. ____________ (6), aber ich muss erst wissen, ob ich am Samstag frei habe oder die Tagschicht übernehmen muss. ____________ (7), das hat er selbst getan. Super! Da habe ich ja gar nicht mehr so viel zu tun.

**19** **Was müssen Sie in Ihrem Alltag machen und was davon brauchen Sie in Ihrem Urlaub nicht zu tun? Schreiben Sie.** Grammatik → KB C2

*Normalerweise muss ich jeden Morgen um 6:00 Uhr aufstehen.*
*Im Urlaub brauche ich nicht so früh aufzustehen – zum Glück!*
*Außerdem brauche ich im Urlaub keine Hausaufgaben zu machen.*

**20** **Hatten Sie schon einmal Probleme mit Kolleg:innen, Nachbar:innen oder anderen Personen? Was ist passiert und wie haben Sie die Situation geklärt? Wie haben Sie sich dabei gefühlt? Schreiben Sie.** Portfolio

# ZOFIA

# ZEIT AUFZURÄUMEN! 12

**1 Trennen Sie die Wörter und ergänzen Sie.** Wörter → KB 2

DVD|RETTENAPPARATEENTSORGENZAHNBÜRSTENSCHÄTZENZEUG
JEMALSZWINGENFESTPLATTEUNHEIMLICHTROCKNENVORNEHMEN

1 Hast du eigentlich einen DVD-Player zu Hause? – Nein, ich nutze Streamingdienste.

2 Meine Eltern haben noch alte Radios, einen CD-Player und verschiedene andere ________. Eigentlich kann man das ganze ________ doch ________.

3 Neulich ist mein Laptop kaputtgegangen. Zum Glück war aber die ________ noch in Ordnung, deshalb konnte ich die Daten ________. – Man muss sich wirklich ________, alles regelmäßig zu sichern.

4 Mein Zahnarzt empfiehlt elektrische ________. Mit denen muss man aber ganz anders putzen! Ich weiß nicht, ob ich mich ________ daran gewöhne! – Gewohnheiten zu verändern ist schwer. Manchmal muss man sich dazu ________. Wirf deine alte Zahnbürste doch einfach weg! Wenn sie nicht mehr da ist, kannst du sie auch nicht mehr benutzen.

5 Ein Wäschetrockner braucht ________ viel Strom. Weißt du, wie viel genau? – Keine Ahnung, das kann ich nicht mal ________. Wir ________ unsere Wäsche nämlich auf dem Balkon.

**2 Ergänzen Sie die Fragen. Verbinden Sie dann.** Kommunikation → KB 3

1 W o z u br a u c h st du diese Decke?
2 Und w _ _ m _ _ _ _ man d _ _ _ t?
3 W _ _ benutzt du _ _ m S _ ch _ _ n deiner Daten?
4 W _ _ _ r braucht m _ _ dieses Werkzeug?
5 W _ _ benutzt du z _ _ B _ z _ _ _ _ n am Ticketautomaten?
6 W _ f _ _ b _ n _ _ _ _ du dieses Öl?

a Meine Debitkarte.
b Zum Fahrradreparieren.
c Zum Braten von Fleisch und Gemüse.
d Die brauche ich für mein Hobby, fürs Reiten.
e Eine Festplatte.
f Damit trockne ich mein Pferd nach dem Reiten ab.

**3a Welche Wörter zeigen, dass die Handlung in der Zukunft passiert? Markieren Sie wie im Beispiel.** Grammatik → KB A1

1 Xenia verkauft am kommenden Wochenende Möbel auf dem Flohmarkt.
2 Ich werde als Erzieherin arbeiten.
3 Sandra und Nils stehen morgen früh auf und machen für alle Frühstück.
4 Rafał arbeitet nach den Sommerferien als Lehrer.
5 Wisst ihr, wie das Wetter werden wird?
6 Arvid wird in ein paar Wochen seine Führerscheinprüfung machen.
7 Wir gehen diesen Freitag ins Kino. Kommst du mit?

Ereignisse in der Zukunft kann man mit Präsens oder Futur I ausdrücken.

**b** **Ergänzen Sie wie im Beispiel. Achten Sie auf die korrekte Form von *werden*.**

1 Nach der Deutschprüfung *fange* ich eine Ausbildung *an*.
= Ich *werde* eine Ausbildung *anfangen*. (anfangen)

2 Im Sommer ______ Alan und Lika ihre Familie in Georgien.
= Alan und Lika ______ ihre Familie in Georgien ______. (besuchen)

3 ______ du in der neuen Saison wieder im Fußballverein ______?
= ______ du in der neuen Saison wieder im Fußballverein ______? (mitspielen)

4 Wann ______ ihr nach Hannover?
= Wann ______ ihr nach Hannover ______? (ziehen)

5 Ab jetzt ______ Bastian nie mehr im Halteverbot.
= Er ______ nie mehr im Halteverbot ______. (parken)

6 Nächstes Jahr ______ wir.
= Nächstes Jahr ______ wir ______. (heiraten)

**4** **Sortieren Sie und schreiben Sie die Sätze.** Grammatik → KB A1

1 werde • ich • Zur neuen Arbeitsstelle • fahren. • mit dem Bus
2 meine Arbeitszeit • beginnen? • Wann • wird
3 morgens • ich • werde • Um wie viel Uhr • aus dem Haus gehen?
4 ich • Mittags • werde • essen. • in der Kantine
5 kennenlernen. • Ich • viele neue Leute • werde
6 ich • werde • bekommen. • interessante Aufgaben • Hoffentlich
7 sympathisch • meine Chefin • sein? • Wird
8 wohl • werden • Wie • meine neuen Kollegen • sein?

*1 Zur neuen Arbeitsstelle werde ich mit dem Bus fahren.*

**5** **Schreiben Sie die Sätze im Futur I.** Grammatik → KB A1

1 Wann bist du mit der Ausbildung fertig?
2 Nach dem Sprachkurs suche ich einen Job.
3 Ab morgen fahre ich mit dem Fahrrad zur Arbeit.
4 Zieht ihr Ende des Monats aus eurer Wohnung aus?
5 Arbeitet Henri in den Ferien wieder am Kiosk?
6 In zehn Jahren sieht niemand mehr fern.

*1 Wann wirst du mit der Ausbildung fertig sein?*

8 08 **6** **Hören Sie die Fragen und antworten Sie wie im Beispiel.** Audiotraining → KB A1

Was wirst du in deinem Sommerurlaub machen?

Ich werde mit dem Rad nach Italien fahren. (1)

1 mit dem Rad nach Italien fahren
2 im Zelt schlafen
3 nein, Pietro kommt mit
4 durch Österreich fahren
5 selbst kochen
6 Fotos schicken

## 7 Welche Bedeutung haben die markierten Sätze? Ordnen Sie zu. Grammatik → KB A2

**A** Vorhersage / Vermutung: *Das ist sicher / wahrscheinlich.*
**B** Versprechen: *Ich verspreche, dass ...*
**C** Plan / Vorsatz: *So will ich es machen!*

> Futur I wird vor allem verwendet bei Vorhersagen, Vermutungen, Versprechen und Plänen.

1 Am Samstag gehe ich auf den Flohmarkt.
[A] Sicher werde ich schöne alte Sachen finden.
2 Am Wochenende wollen wir in die Berge.
[ ] Wir werden früh losfahren, um nicht im Stau zu stehen.
3 Gleich morgen kaufe ich einen neuen Staubsauger.
[ ] Dann werde ich die Wohnung putzen, versprochen.
4 Mit 25 Jahren möchte ich meine Ausbildung fertig haben.
[ ] Danach werde ich nach Dortmund ziehen und eine Stelle suchen.
5 Der Himmel ist stark bewölkt.
[ ] Wahrscheinlich wird es heute noch regnen.

## 8 Ergänzen Sie die Vermutungen. Kommunikation → KB A2

1 Ich g*laube*, es wird bald keine Kaufhäuser mehr geben. Die Leute kaufen lieber online. – Ich fände das schade, aber w__________ hast du recht.
2 Zehn Uhr vormittags und es sind schon 25 Grad im Schatten. V__________ bekommen wir heute noch über 30 Grad!
3 Seht mal diese Wolke da! Ich v__________, d_____ es bald ein Gewitter geben wird! – V__________ zieht es ja an uns vorbei.
4 Ich g__________, d_____ das Stadtzentrum in fünf Jahren grüner sein wird als heute. Die Stadtpolitik kümmert sich darum. – Wirklich? Ich d__________, d_____ in fünf Jahren alles voller Parkplätze sein wird.
5 Eduard joggt jeden Tag, fährt Rad und geht schwimmen. I____ n__________ a__, dass er für einen Triathlon trainiert.

## 9 Markieren Sie noch zehn Wörter und ergänzen Sie. Wörter → KB A2

KD[ABGASEN]EFPDIGITALZUSIUHIRADIOSENDERHZUBÜCHEREILIR
JSALLERDINGSUMÜHEEZRDSERGELDSCHEINZHEZQBREISEBÜROS
SFRIOVERPACKENZÖQFÜTRANSPORTVZDHGESPANNTTOKJPFROLU

1 Immer mehr Lieferdienste nutzen für den __________ von Paketen umweltfreundliche E-Autos. Die belasten die Städte nicht mit *Abgasen*.
2 Ich leihe mir oft Bücher in der __________ aus, gern auch __________.
3 Beim __________ *Antenne Ostsee* gibt es jeden Samstag die Talk-Sendung *Jetzt*. Die ist immer sehr interessant. Ich bin schon __________ auf die nächste Sendung.
4 Hast du schon bemerkt, dass es fast keine __________ mehr gibt? Die Leute buchen ihre Reisen im Internet selbst. – Ich mache das auch so. __________ finde ich, dass das oft ganz schön viel __________ macht!

5 Hast du eine Idee, wie ich einen __________ als Geschenk __________ kann, ohne dass man ihn gleich sieht?

**10a** Lesen Sie bis Zeile 19 und markieren Sie die Vorteile und Nachteile für Kundinnen und Kunden. Lesen → KB A3

### Wann kaufen Menschen gern vor Ort ein? Wann entscheiden sie sich für den Kauf im Internet?

Die Vor- und Nachteile für Kund*innen sind weitgehend bekannt. Während das Angebot im Laden relativ klein und der Einkauf nur innerhalb bestimmter Öffnungszeiten möglich ist, kann man online jederzeit alles kaufen. Schnell und einfach findet man den besten Preis für ein Produkt. Im Laden zahlt man für dieses häufig mehr, denn Geschäfte haben Kosten für Miete und Personal. Dafür bekommt man aber individuelle Beratung von Verkäufer*innen und eine Vorauswahl an guten Produkten. Was gefällt und passt, kann man direkt mitnehmen, ohne Versandkosten zu bezahlen und auf die Lieferung warten zu müssen. Bei einem Internetkauf erkennt man erst Tage später, ob das gekaufte Produkt das richtige ist. Ärgerlich, wenn die Qualität enttäuscht und man die Rückgabe organisieren muss: die Retoure online anmelden, das Paket zur Post bringen, ...
All diese Punkte spielen eine Rolle für die Entscheidung, wo man kauft. Oft werden von Situation zu Situation auch unterschiedliche Möglichkeiten genutzt.
Wie Wissenschaftler*innen jetzt herausgefunden haben, ist neben diesen praktischen Fragen die persönliche Meinung wichtig: Mit Blick auf den Umweltschutz oder die Arbeitsbedingungen von Mitarbeitenden bei Lieferdiensten entscheiden sich viele gegen den Online-Kauf.
Sicher ist außerdem: Je jünger Kund*innen sind, desto häufiger nutzen sie die Möglichkeit, digital einzukaufen. Geschäfte sind also gut beraten, ihre Produkte zusätzlich online anzubieten – Cross-Channel-Handel nennt man das.

**b** Ist das richtig oder falsch? Lesen Sie bis zum Textende und kreuzen Sie an.

| | | richtig | falsch |
|---|---|---|---|
| 1 | Je nach Situation kaufen Menschen im Internet oder auch im Laden ein. | ☒ | ☐ |
| 2 | Wer Umweltschutz und gute Arbeitsbedingungen wichtig findet, kauft gern online. | ☐ | ☐ |
| 3 | Je älter Menschen sind, desto seltener bestellen sie Waren im Internet. | ☐ | ☐ |
| 4 | Händler sollten neben ihren Ladengeschäften am besten auch einen Online-Shop haben. | ☐ | ☐ |

**c** Machen Sie eine Tabelle. Ordnen Sie die markierten Argumente aus a zu und ergänzen Sie weitere Argumente.

| | Vorteile | Nachteile |
|---|---|---|
| Kauf im Internet | jederzeit großes Angebot, ... | ... |
| Kauf im Laden | ... | kleines Angebot, ... |

**d** Wie ist Ihre Meinung zum Online-Shopping? Was kaufen Sie im Internet, was nicht? Warum (nicht)? Schreiben Sie. Schreiben

*Ich bestelle gern technische Geräte im Internet.*
*Da habe ich eine große Auswahl und ...*

**11** **Wie heißen die Wörter? Ergänzen Sie.** Wörter → KB A5

**ONLINE-KAUF – JA ODER NEIN?**

Kauft ihr eigentlich gern im Internet ein?

Also, ich nicht. Ich habe beim Einkaufen im Internet immer Sorge, dass ich mein Geld nicht zurückbekomme. Zum Beispiel, wenn eine *Lieferung* (feLierung) (1) nicht ankommt oder ich etwas ________________ (tauumschen) (2) möchte.

Ich fürchte auch immer, dass es Probleme gibt und ein ____________ (lerHänd) (3) sich weigert, mir mein Geld zurückzugeben. Deshalb bestelle ich im Internet ________________ (lichschließaus) (4) auf Rechnung. Da mache ich keine ____________ (menahAus) (5).

Wirklich? Nur wenige ________________ (merelzikomle) (6) Online-Händler bieten das überhaupt an … Ich zahle eigentlich immer im Voraus.

Also, ich mache mir da auch keine Sorgen. Ich finde Online-Shopping total praktisch. Wenn ich bei der Bestellung erfahre, wann der ____________________ (chesichtvorausli) (7) Liefertermin ist, kann ich mich direkt darauf freuen. Wenn sich was verzögert, kann man ja ______________ (genfranach) (8). Und bei einem ____________ (tauschUm) (9) hatte ich auch noch nie Probleme.

Ich auch nicht. Kommerzielle Händler müssen sich ja an Gesetze halten. Technische Geräte zum Beispiel kommen immer mit einer ____________ (Gatieran) (10), oder?

Ich glaube, so ____________ (schalpau) (11) kann man das nicht sagen. Ich würde schon lieber nachfragen, ob es eine Garantie gibt und was die ________________ (dingenBegun) (12) dafür sind.

**12** **Bilden Sie Adjektive mit *-lich* und ergänzen Sie in der richtigen Form.** Grammatik → KB B1

1 Gibt es *gesetzliche* (Gesetz) Regelungen für die ________________ (Betrieb) Altersvorsorge?

2 An großen Flughäfen starten fast ____________ (Minute) Flugzeuge.

3 ____________ (Fest) Kleidung für ____________ (Glück) Brautpaare gibt es im Hochzeitsladen *Wolke 7*.

4 Ich bin ________________ (Handwerk) nicht begabt, dafür aber sehr ____________ (Sport).

5 ____________ (Herz) willkommen! – Danke für den ________________ (Freund) Empfang!

6 Bei ________________ (Körper) Problemen, zum Beispiel Knieschmerzen, sollte man besser nicht ________ (Tag) joggen.

8 🔊 09 **13a Ist die Wortendung betont? Hören Sie und markieren Sie die betonte Silbe wie in den Beispielen.** Aussprache → KB B1

ängst**lich** – Ta**lent** – Frei**heit** – Abtei**lung** – Bücher**ei** – Möglich**keit** – Mäd**chen** – lus**tig** – Re**gal** – ara**bisch** – dank**bar** – arbeits**los** – Sta**tion** – salz**arm** – preis**wert**

**b Was passt? Ordnen Sie die Wörter aus a zu.**

Betonte Endungen *Talent,* ____________________

Unbetonte Endungen *ängstlich,* ____________________

____________________

____________________

8 🔊 10 **c Hören Sie und sprechen Sie nach. Achten Sie dabei auf die Betonung.**

Einheit – Bäckerei – zahlbar – Student – möglich – Situation – wolkenlos – Hühnchen – automatisch – egal – Gemeinsamkeit – Dokument – Rechnung – weiblich – Diskussion – regnerisch – wolkig – normal – Fähigkeit – kalorienarm

**14 Was passt? Verbinden Sie.** Grammatik → KB B3

1 Du kannst mein Fahrrad nehmen und — c
2 Du kannst mein Fahrrad nehmen, ohne dass
3 Du kannst mein Fahrrad nehmen, ohne

a du vorher fragen musst.
b vorher fragen zu müssen.
c musst nicht vorher fragen.

1 Ich habe im ganzen Haus gesucht und
2 Ich habe im ganzen Haus gesucht, ohne dass
3 Ich habe im ganzen Haus gesucht, ohne

a einen passenden Koffer zu finden.
b habe keinen passenden Koffer gefunden.
c ich einen passenden Koffer gefunden habe.

**15 Markieren Sie wie in den Beispielsätzen und schreiben Sie die Sätze neu mit *ohne ... zu* + Infinitiv oder *ohne dass*.** Grammatik → KB B3

1 Fabienne bestellt nie etwas im Internet. Sie vergleicht die Preise nicht.
2 Manche Unternehmen schicken mir Werbung. Ich habe dort nichts gekauft.
3 Ich surfe nie im Internet. Ich blockiere die Cookies nicht.
4 Thilo kauft Brillen online. Er probiert sie vorher nicht an.
5 Manche Shops verschicken Ware. Die Käufer haben nicht bezahlt.

*1 Fabienne bestellt nie etwas im Internet, ohne die Preise zu vergleichen.*
*2 Manche Unternehmen schicken mir Werbung, ohne dass ich dort etwas gekauft habe.*

**16 Was tun Sie immer / manchmal / nie, *ohne dass ... / ohne ... zu ...*? Schreiben Sie fünf Sätze.** Grammatik → KB B3

*1 Manchmal finde ich ein Paket vor der Tür, ohne dass jemand geklingelt hat.*
*2 Wichtige Entscheidungen treffe ich nie, ohne einen Freund um Rat zu fragen.*

# 12

## 17a Was passt nicht? Streichen Sie durch. Grammatik → KB C1

1 preiswert: Wohnung – Restaurant – ~~Schulaufgabe~~ – Angebot
2 hörenswert: Podcast – Ohren – Radiosendung – Big Band
3 sehenswert: Ampel – TV-Sendung – Kinofilm – Ausstellung
4 empfehlenswert: Geschmack – Software – Sport und Bewegung – Buch

### b Ergänzen Sie die Wörter aus a.

1 Dieser Online-Shop ist zuverlässig und günstig. Ich finde ihn *empfehlenswert*.
2 Kennst du diese neue Serie? Die ist wirklich ______________.
3 Ein Mikrofon für 300 €? Das ist ja nicht besonders ______________.
4 Das Konzert war toll. Es war wirklich ______________.

8 11

## 18a Lesen Sie die Aussagen. Welche Aussage passt zu welchem Dialog? Hören Sie und ordnen Sie zu. Hören → KB C1

A ☐ Nicht alle Käufer kommen zuverlässig, um die Sachen abzuholen. Ich habe damit schlechte Erfahrungen gemacht.
B ☐ *1* Beim Verkauf von gebrauchten Sachen verdient man nicht nur Geld, sondern tut auch der Umwelt etwas Gutes.
C ☐ Über Nachbarschaftsportale kann man nicht nur Sachen verkaufen, man bekommt auch Tipps für das Leben im Viertel.
D ☐ Ich finde individuelle Sachen toll, die nicht jeder hat. Deshalb kaufe ich total gern gebraucht!

### b Hören Sie noch einmal und beantworten Sie die Fragen. Schreiben Sie nur Stichpunkte.

1 Was genau ist gut für die Umwelt? Was sagt die Frau?
2 Warum hatte der Mann ein Problem, als die Möbel nicht abgeholt wurden?
3 Von welchem Kauf erzählt die Frau begeistert? Was findet sie toll?
4 Welche zwei Beispiele für Hilfe durch ein Nachbarschaftsnetzwerk nennt die Frau?

*1 Weniger Müll, weniger Neukäufe*

## 19a Sortieren Sie den Chat. Kommunikation → KB C3

☐ Ich finde handeln okay. Schlagen Sie gern was vor!

☐ Meinen Sie so eine?

☐ Einverstanden!

☐ Hm, trotz der Kratzer noch 20 €? Ich weiß nicht. Kann man am Preis noch was machen?

☐ *1* Liebe Nachbarschaft, ich suche eine Maschine zum Brotschneiden. Hat jemand so etwas zu verkaufen?

☐ Ja genau! In welchem Zustand ist das Gerät?

☐ Sagen wir 12 €?

☐ Es hat Kratzer und ist schon ziemlich alt, funktioniert aber gut. Ich würde es für 20 € verkaufen.

☐ Einigen wir uns auf 15 €?

**b** Sehen Sie die Anzeige an und schreiben Sie einen Chat. Nutzen Sie die Sätze aus a. Schreiben

e-Anzeigen Mi. 23.09.20..

Biete Kinderwagen, Marke ...

90 € VB KAREN

Nachricht schreiben

Hallo Karen, ich interessiere mich für den Kinderwagen. In welchem Zustand ...

Hallo ..., wir haben den Wagen zwei Jahre genutzt, aber er ...

**20** **Lesen Sie den Text und schließen Sie die Lücken 1–6. Welche Lösung (a, b oder c) passt am besten? Markieren Sie Ihre Lösungen.** DTZ Lesen, Teil 5 → KB C3

Fitnessstudio PRIMAFIT
Karl-August-Str. 16
12345 Beltow

Beltow, den 28.10.20..

**Kündigung meiner Mitgliedschaft, Mitgliedsnummer 4623**

Sehr geehrte Damen und Herren,

**(0)** habe ich keine Zeit mehr, regelmäßig ins Fitnessstudio zu gehen. **(1)** kündige ich **(2)** Mitgliedschaft hiermit fristgerecht zum 30.11.20..
Bitte **(3)** Sie mir die Kündigung schriftlich, gern per E-Mail an carina-larios@postino.de, und informieren Sie mich, **(4)** ich meinen Mitgliedsausweis bis Ende November **(5)** Ihnen abgeben muss.

Mit **(6)** Grüßen
Carina Larios

**Beispiel**

0 a ☐ schade
b ☒ leider
c ☐ vielleicht

1 a ☐ Damit
b ☐ Dafür
c ☐ Darum

2 a ☐ seine
b ☐ meine
c ☐ Ihre

3 a ☐ versprechen
b ☐ verlangen
c ☐ bestätigen

4 a ☐ ob
b ☐ damit
c ☐ dass

5 a ☐ für
b ☐ bei
c ☐ mit

6 a ☐ freundlichen
b ☐ freundliche
c ☐ freundlicher

**21** **Was wird in sechs Monaten / in einem Jahr / in fünf Jahren sein?
Was vermuten / hoffen / planen Sie? Schreiben Sie Sätze wie im Beispiel.** Portfolio

*In sechs Monaten werde ich eine eigene Wohnung haben. In einem Jahr werde ich sehr gut Deutsch sprechen. In fünf Jahren werde ich ein Café aufmachen.*

# 6 LERNFORTSCHRITTSTEST

11 | 12

## WÖRTER

Punkte

→ Ich kenne Wörter zu Produktbestellungen.

**1 Wie heißen die Wörter? Ergänzen Sie.** ___ /6

**VIELEN DANK FÜR DEINE BESTELLUNG!** KoTa

*Informationen zur Bestellung:*

| | |
|---|---|
| **Artikel:** | Reiserucksack Damen |
| **M** _o_ **d** _e_ _l_ _l_ (1): | Sportive |
| **M** __ __ __ **e** (2): | Ruckila |
| **Z** __ __ __ **a** __ __ (3): | neu |
| **Preis:** | 89,90 € |
| **Verkauf durch:** | KoTa – Ihr Koffer- und Taschenspezialist |
| **Versand durch:** | Queli |

**V** __ __ **au** __ __ __ **ch** __ __ __ __ __ **er** (4) **Liefertermin:** 15. September 20..

Hast du Fragen zur Bestellung oder L __ __ f __ __ __ ng (5)? Dann besuche unsere Webseite. Bei Fragen zur Rechnung oder wenn du einen U __ t __ __ __ __ __ (6) wünschst, kontaktiere bitte den H __ __ __ l __ __ (7) direkt.

→ Ich kenne Wörter aus dem Bereich Handel.

**2 Was passt nicht? Streichen Sie durch.** ___ /4

1 eine Bestellnummer — ~~hinweisen~~ – löschen – verwechseln
2 eine Ware — zuschauen – verpacken – umtauschen
3 Garantie — geben – liefern – haben
4 einen Preis — nennen – handeln – verlangen
5 einen Schaden (am Produkt / Artikel) — entdecken – verursachen – nachfragen

→ Ich kenne Wörter zu Aktivitäten in der Stadt.

**3 Was kann man in der Stadt alles machen? Bilden Sie Wörter und ergänzen Sie.** ___ /5

In ~~Tier~~ Bü Schau be ver che gen nen ab fens den ~~park~~ re rei sich stadt tern ti

1 in den _Tierpark_ gehen
2 in der ________________ einkaufen
3 Waren in den ________________ anschauen
4 Sehenswürdigkeiten ________________
5 Romane in der ________________ ausleihen
6 sich mit Freunden im Café ________________

___ /15

☹ 0–7
😐 8–12
☺ 13–15

## GRAMMATIK

→ Ich kann ausdrücken, was jemand nicht tun muss.

**4 Schreiben Sie die Sätze mit *nicht / kein- ... brauchen ... zu* + Infinitiv.** ___ /3

1 Die Praktikantin muss nicht alle Aufgaben erledigen.

2 Sie muss zum Beispiel keine Medikamente eintragen.

3 Sie muss auch den Dienstplan nicht erstellen.

4 Und zum Glück muss sie auch keinen Kaffee für die Kolleg:innen kochen.

*1 Die Praktikantin braucht nicht alle Aufgaben zu erledigen.*

→ Ich kann das Futur I bilden und Aussagen über die Zukunft machen.

**5 Was sagen die Personen? Schreiben Sie im Futur I.** ___ /4

1 Deniz ist sicher, dass die Liebe zwischen ihr und ihrem Freund nie endet.
Unsere Liebe *wird nie enden*.

2 Der Vater verspricht, mit der Tochter morgen reiten zu gehen.
Wir ________________ ________________.

3 Ilhan macht sich Sorgen, dass er die Prüfung nicht besteht.
Ich fürchte, dass ich ________________ ________________.

4 Alda würde gern wissen, wie die Menschen in 50 Jahren leben.
Wie ________________ ________________?

5 Die Mutter fragt den Sohn, ob er sie finanziell unterstützt.
________ du mich ________ ________, wenn im Alter meine Rente nicht reicht?

→ Ich kann das Passiv Präsens mit Modalverben bilden und korrekt verwenden.

**6 Schreiben Sie die Sätze wie im Beispiel.** ___ /7

1 Man muss Abfälle vor dem Entsorgen sortieren.
2 Man sollte die Zahnbürste alle drei Monate wechseln.
3 Man sollte sich die Hände immer gründlich waschen.
4 Darf man in der Wohnung Wäsche trocknen?
5 Im Online-Handel kann man Waren zurückgeben.
6 Kann man für das Gerät ein Ersatzteil bestellen?
7 Wo kann man Jahreskarten für die Bahn kaufen?
8 Nach der Party muss man das Wohnzimmer aufräumen.

*1 Vor dem Entsorgen müssen Abfälle sortiert werden.*

LERNFORTSCHRITTSTEST 6

# LERNFORTSCHRITTSTEST

→ Ich kann eine Alternative angeben, indem ich Sätze mit *(an)statt ... zu* + Infinitiv bilde.

Punkte

**7 Wie gelingt soziales Miteinander? Schreiben Sie Sätze mit *(an)statt ... zu* + Infinitiv.** ____ /4

1 ihr: sich mit Freunden zu gemeinsamen Aktivitäten verabreden – immer nur chatten
2 man: Probleme und Missverständnisse klären – sie einfach nicht ansprechen
3 du: mal mit den Kindern in den Tierpark gehen – sie allein vor dem Fernseher lassen
4 wir: sich in einem Verein engagieren – auf der Couch sitzen
5 Sie: mit Kritik umgehen können – sich sofort aufregen und andere verletzen

*1 Ihr solltet euch mit Freunden zu gemeinsamen Aktivitäten verabreden, statt immer nur zu chatten.*

→ Ich kann mit *ohne ... zu* + Infinitiv / *ohne dass* ausdrücken, dass etwas nicht stattfindet.

**8a Ergänzen Sie die Sätze mit *ohne ... zu* + Infinitiv.** ____ /3

Verschicken Sie Waren nicht ...
1 ohne Angabe eines Liefertermins.
2 ohne sichere Verpackung der Waren.
3 ohne doppelte Prüfung der Lieferadresse.
4 ohne Hinweis auf die Allgemeinen Geschäftsbedingungen.

*1 ohne einen Liefertermin anzugeben.*

**b Ergänzen Sie die Sätze mit *ohne dass*.** ____ /3

1 Kann man mit euch auch mal diskutieren, *ohne dass ihr euch aufregt*? (ihr • euch aufregen)
2 Räumst du bitte einmal auf, ______________________________ ? (ich • dich darum bitten müssen)
3 Kann ich irgendetwas tun, ______________________________ ? (du • mich kritisieren)
4 Musst du dich auch immer um alles kümmern, ______________________________ ? (jemand • dir danken)

____ /24

☹ 0–12
☺ 13–18
☺ 19–24

## LESEN

→ Ich kann Informationsbroschüren und Preisverzeichnisse verstehen.

**9a Was ist richtig? Lesen Sie und umkreisen Sie.** ____ /6

### Neue Preise am Recyclinghof Vorderheimkirchen

Ab 1. Juni gilt eine neue Preisliste. Die hohen Energie- und Transportkosten zwingen uns, die Preise zu erhöhen. Mit einer Ausnahme: Für die Entsorgung von Altholz konnten sehr gute Bedingungen vereinbart werden. Daher können Holzmöbel nun sogar kostenfrei angenommen werden. Das bleibt: Gartenabfälle bis 200 kg, Kunststoffe (z. B. Schüsseln, Eimer, Gießkannen ..., nicht aber Verpackungen → gelbe Tonne) sowie Elektrogeräte können einmal täglich gebührenfrei abgegeben werden.
Für alle anderen Arten von Abfällen sind bei Liefermengen bis 100 kg pauschale Gebühren zu zahlen, die zwischen 5 und 20 Euro betragen. Bei Mengen über 100 kg wird nach Gewicht berechnet.

Gebühren ab 1.6.20..

| Preise für | unter 100 kg | über 100 kg (pro 100 kg) | Erklärungen |
|---|---|---|---|
| Altholz | 0 € | 0 € | gilt nicht für Zäune oder Terrassenholz |
| Glas | 5 € | 8 € | Fensterglas, Spiegelglas; keine Flaschen- und Konservengläser (→ Container) |
| Pkw-Reifen | 3 € pro Stück | | keine Lkw-Reifen |
| Sperrmüll | 20 € | 25 € | z. B. Sofas, Matratzen, Teppiche, Kissen, Decken; Möbel, die nicht (nur) aus Holz sind |

**Akkus und Batterien sicher entsorgen**

Akkus und Batterien gehören auf keinen Fall in die Restmülltonne! Die durchgestrichene Mülltonne auf Produkten und Verpackungen weist darauf hin, dass solche Produkte nicht über den Restmüll entsorgt werden dürfen. In Geschäften wie Supermärkten, Drogerien, Baumärkten oder im Elektrohandel können gebrauchte Batterien und Akkus in Sammelboxen gegeben werden. Denn: Der Handel ist gesetzlich verpflichtet, diese zurückzunehmen. Das gilt auch für E-Bike-Akkus. Diese müssen zurück zum Fahrradhändler gebracht werden. Beachten Sie: Kleingeräte, bei denen der Akku nicht herausnehmbar ist, müssen zwingend zum Recyclinghof gebracht und direkt beim Personal abgegeben werden!

1 Für Müll muss ab Juni weniger / mehr bezahlt werden.
2 Holzmöbel können jetzt gratis / preiswerter abgegeben werden.
3 Gartenabfälle kann man pro Tag einmal / immer kostenlos bringen.
4 Für Abfallmengen bis 100 kg müssen mindestens / maximal 20 Euro gezahlt werden.
5 Batterien und Akkus soll man unbedingt / nie in den Restmüll werfen.
6 Händler müssen / können Batterien und Akkus zurücknehmen.
7 Geräte, aus denen man den Akku nicht herausnehmen kann, dürfen ausschließlich / voraussichtlich dem Personal gegeben werden.

___ /5

**b** **Sie möchten verschiedene Dinge entsorgen. Können Sie diese zum Recyclinghof bringen? Lesen Sie noch einmal und kreuzen Sie an. Notieren Sie auch den Preis, falls Kosten entstehen.**

| | ja | nein | Preis? |
|---|---|---|---|
| 1 Müslischüsseln aus Plastik | ☒ | ☐ | kostenlos |
| 2 Stühle aus Holz | ☐ | ☐ | |
| 3 ein Bürostuhl aus Stoff, Kunststoff und Leder | ☐ | ☐ | |
| 4 Glasflaschen | ☐ | ☐ | |
| 5 ein kaputter Spiegel | ☐ | ☐ | |
| 6 Joghurtbecher und Plastiktüten | ☐ | ☐ | |

___ /11

☹ 0–5
😐 6–8
☺ 9–11

LERNFORTSCHRITTSTEST 6

# LERNFORTSCHRITTSTEST

## SPRECHEN

Punkte

→ Ich kann mit Konflikten umgehen, Ärger äußern und darauf reagieren.

**10a Was passt? Ergänzen Sie.** ___ /7

mal | denn | denn | ~~doch~~ | doch | bitte | etwa | so

1 Also, das gibt es *doch* nicht!
2 Wie meinst du das ________ jetzt?
3 Moment ________, wie sprichst du ________ mit mir?
4 Kannst du ________ sachlich bleiben?
5 Reg dich ________ nicht ________ auf.
6 Kannst du ________ keine Kaffeemaschine bedienen?

**b Sie ärgern sich über Ihre Kollegin / Ihren Kollegen, denn: Immer wenn Sie sich einen Kaffee holen wollen, sind keine Bohnen und / oder ist kein Wasser mehr im Kaffeeautomaten. Schreiben Sie ein Gespräch und verwenden Sie mindestens zwei Sätze aus a.** ___ /5

◆ Ärger → ▲ Warum?
◆ Unhöfliche Kritik → ▲ Bitte, sich zu beruhigen
◆ Entschuldigung und höfliche Bitte → ▲ Versprechen, in Zukunft darauf zu achten

◆ *Also, das gibt es doch nicht. Schon wieder keine Bohnen und kein Wasser mehr …*

→ Ich kann nach dem Zustand einer Ware fragen, über den Zustand informieren und den Preis verhandeln.

**11 Ergänzen Sie das Gespräch.** ___ /4

◆ Der alte Wecker ist ja cool. *Funktioniert er denn noch*? (1) (nach dem Zustand fragen)
▲ Der Wecker ist zwar schon sehr alt, aber er ________________________________. (2) (über den Zustand informieren)
◆ Cool. Was soll er denn kosten?
▲ Ich dachte an 25 Euro.
◆ ________________________________? (3) (um Rabatt bitten)
▲ ________________________________. (4) (um einen Vorschlag bitten)
◆ Sagen wir: 18 Euro?
▲ ________________________________ 20 Euro? (5) (einen anderen Vorschlag machen)
◆ Einverstanden.

___ /16

☹ 0–8
😐 9–12
☺ 13–16

## HÖREN

→ Ich kann Pläne sowie Vorhersagen und Vermutungen über die Zukunft verstehen.

8 12 **12a Wie denken die Personen über die Zukunft? Hören Sie und kreuzen Sie an.** ____ /3

| | optimistisch | pessimistisch |
|---|---|---|
| 1 Mann 1 | ☐ | ☒ |
| 2 Frau 1 | ☐ | ☐ |
| 3 Mann 2 | ☐ | ☐ |
| 4 Frau 2 | ☐ | ☐ |

**b Hören Sie noch einmal bzw. so oft wie nötig und ergänzen Sie.** ____ /10

1 Der Mann fürchtet, dass es *immer mehr Naturkatastrophen geben* wird. Er glaubt nicht, dass die Menschen ____________ können.

2 Die Frau glaubt, dass alle ____________ arbeiten werden. Sie freut sich auf ____________ und ____________.

3 Der Mann hat die Absicht, in den ____________ möglichst viel zu ____________. Er hofft, dass er mit ____________ in ____________ kann.

4 Die Frau vermutet, dass sie in zehn Jahren ____________ haben wird und ____________ leben wird.

____ /13

☹ 0–6
🙂 7–10
😀 11–13

## SCHREIBEN

→ Ich kann eine Anfrage schreiben.

**13 Wählen Sie ein Kursangebot und schreiben Sie eine Anfrage. Denken Sie auch an die passende Anrede, einen Dank und den passenden Gruß am Schluss.**

Schreiben Sie etwas zu folgenden Punkten:
- Grund für Ihr Schreiben
- Bedingungen bei Absage? (Bis wann möglich? Geld zurück? ...)
- Zahlungsmöglichkeiten (Raten? Rechnung? Im Voraus? ...)

**A**

**Konflikte in der Familie: Wie können wir damit umgehen?**
Kinder zu erziehen und sich mit der Partnerin / dem Partner zu einigen, ist nicht immer einfach. Im Kurs geht es um einen entspannten Umgang mit Konflikten, um Respekt und Verständnis.
**Kursleiterin:** Wanda Winter, Erzieherin und Erziehungsberaterin
**Termine:** 28.–29.10. / 18.–19.11. / 16.–17.12., jeweils 10–18 Uhr
**Kosten:** 350 EUR

**B**

**Konflikte am Arbeitsplatz: erfolgreiche Methoden**
Im Seminar erfahren Sie, wie Sie mit unsachlicher Kritik umgehen und Probleme mit Kolleg:innen lösen können. Mit vielen Tipps aus der Praxis.
**Kursleiter:** Joachim Wolters, Coach
**Termine:** 28.–29. 10. / 18.–19. 11. / 16.–17. 12., jeweils 10–18 Uhr
**Kosten:** 500 EUR

____ /4

☹ 0–2
🙂 3
😀 4

# EXTRA

# DEINE GESCHICHTE

**1 Was ist richtig? Umkreisen Sie.** Wörter → KB A3

1 Wer viel an zu Hause denkt und gern dort wäre, hat Kopfweh. Heimweh.
2 Der Sohn meines Bruders ist mein Neffe. Onkel.
3 Wer etwas trotz Angst macht, der zeigt Mut. Freude.
4 Das Gegenteil von Verlust ist Gewinn. Lust.
5 Wer viel Kraft hat, der ist schwach. stark.
6 Eine große Anzahl ist eine Menge. Minderheit.
7 Wer sich allein fühlt, der ist vergnügt. einsam.
8 Etwas runterladen hochladen bedeutet, Daten im Internet abzuspeichern.
9 Das Gegenteil von Pech ist Unglück. Glück.

**2 Ergänzen Sie in der richtigen Form.** Grammatik → KB A3

1 Geschwister *verstehen sich* nicht immer gut. (sich verstehen)
2 Wollt ihr das Auto kaufen? ____ ____ und sagt bis Montag Bescheid. (sich beraten)
3 Meine Tante und ich, wir wohnen beide bei Köln, aber wir ____ ____ nur selten. (sich sehen) Wir sollten ____ öfter mal ____. (sich verabreden)
4 Ihr seid doch Kollegen. Ihr solltet ____ ____ und ____ ____! (sich helfen, sich unterstützen)

**3 Was bedeutet das? Schreiben Sie, wo möglich, die Sätze wie im Beispiel.** Grammatik → KB A3

1 Ana und Béla kennen sich seit einem Jahr.
2 Ana und Béla lieben sich.
3 Béla fragt sich, was er Ana schenken kann.
4 Ana und Béla schreiben sich jeden Tag mindestens 50 Nachrichten.
5 Ana und Béla setzen sich auf eine Parkbank.
6 Ana und Béla sehen sich an und sind glücklich.

*1 Ana kennt Béla und Béla kennt Ana seit einem Jahr.*

Reziproke Verben gibt es – anders als reflexive Verben – nur im Plural. Die Pronomen „sich" oder auch „uns" / „euch" kann man durch „einander" ersetzen: *Ana und Béla kennen einander seit einem Jahr. / Wir kennen einander. / Ihr kennt einander.*

**4 Was passt? Ergänzen Sie. Achten Sie auf die markierten Wörter.** Wörter → KB A3

umeinander | einander | miteinander | ~~voneinander~~ | voneinander

1 Liam kennt das Geheimnis von Roy. Beste Freunde kennen Geheimnisse *voneinander*.
2 Die Kollegen geben ____ Tipps für ihre Arbeit.
3 Kai lernt etwas von Noa und Noa von Kai. Noa und Kai lernen ____.
4 Eva arbeitet mit Ada an einer Aufgabe. Eva und Ada arbeiten ____.
5 Uri kümmert sich um Bo, Bo kümmert sich um Uri. Sie kümmern sich ____.

**5 Wie heißen die Wörter? Ergänzen Sie.** Wörter → KB A4

A

Hamburg ist eine *Großstadt* (stadtGroß) (1) in Norddeutschland. Sie hat einen der größten Häfen der Welt, und dieser __________ (fenHa) (2) hat eine eigene __________ (wehrerFeu) (3). Über 1000 Feuerwehrmänner und -frauen kümmern sich um die Sicherheit von Schiffen, __________ (renFäh) (4) und Werksgebäuden. Dass auch Freiwillige bei der Feuerwehr mitarbeiten, hat __________ (diTration) (5). Oft nehmen sie große __________ (siRiken) (6) auf sich – __________ (geLefahrbens) (7) ist keine Seltenheit.

B

Von Hamburg aus sind, vor allem zwischen 1890 und 1930, viele Menschen in die USA ausgewandert. Sie __________ (tenstamm) (1) aus verschiedenen europäischen Ländern. In Hamburg __________ (tenwink) (2) sie ihren Familien und Freunden zum Abschied. Viele verließen ihre Heimat für immer. Voll Sorge, aber auch voll Hoffnung und __________ (trauVeren) (3) auf ein __________ (tigkünfzu) (4) besseres Leben in den USA und ein neues __________ (Zusehau) (5), kamen die __________ (rerwanZude) (6) zehn bis vierzehn Tage später in New York an.

**6 Ergänzen Sie das Relativpronomen.** Wiederholung → KB A4

1 Sieh mal! Das ist der Buchladen, *der* mir so gut gefällt!
2 Ich habe auch eine Geschichte, ______ ich gern erzählen würde!
3 Wie geht es denn deinem Nachbarn, ______ du beim Einkaufen hilfst?
4 Volleyball ist die Sportart, ______ mir am meisten Spaß macht.
5 Das ist das Zuhause, ______ ich mir immer gewünscht habe.
6 Das sind die Kugelschreiber, ______ am besten schreiben.
7 Das ist meine Freundin Hanna, ______ ich absolut vertraue.
8 Das ist der beste Kuchen, ______ ich je gegessen habe.

**7a Was ist richtig? Markieren Sie wie in den Beispielen und umkreisen Sie dann.** Grammatik → KB A4

1 Ist das alles, (was) wo wir zum Kochen brauchen? Oder gibt es noch etwas, was wo für das Rezept fehlt?
2 Weißt du, wo die Holzer Straße ist? – Ist die nicht dort, was (wo) die Pizzeria ist?
3 Salsa tanzen ist etwas, was wo mich richtig begeistert.
4 Es gibt vieles, was wo ich im Leben noch machen möchte.
5 Diese Reise zu gewinnen, war das Beste, was wo mir je passiert ist!
6 Wollen wir uns wieder da treffen, was wo wir uns auch letzte Woche getroffen haben?
7 Briefumschläge bekommen Sie überall, was wo es Schreibwaren gibt.

**b Schreiben Sie mindestens drei Sätze.**

*Mit drei Koffern U-Bahn zu fahren ist etwas, was ich nicht so gern mache.*
*Ich fühle mich überall wohl, wo ich Freunde habe. ...*

... ist alles / nichts / vieles / etwas, **was** ... •
... ist der Ort / der Platz / ..., **wo** ... •
... ist überall / da / dort / ..., **wo** ...

# EXTRA

**8a** **Was passt? Verbinden Sie.** Wiederholung → KB B2

1 ein paar Stunden später — e
2 am Anfang
3 kurz danach / kurz nach
4 am gleichen Tag
5 am Ende
6 vor einem Monat
7 wenige Wochen später

a zuerst
b schließlich
c am selben Tag
d vor vier Wochen
e etwas später
f einige Wochen später
g gleich danach / gleich nach

**b** **Ergänzen Sie aus a.**

K u r z n a c h (1) meiner Ausbildung habe ich eine Stelle als Verkäufer in einem Supermarkt gefunden. Ich erinnere mich sehr gut an meinen Arbeitsbeginn. Der war an einem Mittwochmorgen um sieben Uhr. A _ g _ _ _ ch _ _ T _ _ (2), nur e _ _ p _ _ r St _ _ d _ _ s _ _ _ _ _ (3), habe ich meine Frau kennengelernt. Sie hat im selben Team gearbeitet. A _ A _ _ _ _ _ (4) waren wir nur Kollegen. W _ _ _ _ _ W _ _ _ _ _ sp _ _ _ r (5) waren wir ein Paar. Und v _ _ e _ _ _ _ M _ n _ _ (6) haben wir geheiratet!

**c** **Schreiben Sie einen Text über sich selbst. Verwenden Sie dabei Wörter aus a.** Schreiben

*Ich bin vor einem Jahr nach Deutschland gekommen. Gleich danach habe ich ...*

**9** **Wie heißen die Wörter? Ergänzen Sie.** Wörter → KB B2

1 das findet man oft hinten auf Büchern: Angaben zum I n h a l t
2 sich an etwas erinnern: eine E _ _ _ _ _ _ r _ _ g an etwas haben
3 etwas Besonderes, was passiert ist: ein E _ _ _ gn _ _
4 ein wertvolles Material, zum Beispiel für Schmuck oder Münzen: G _ l _
5 ein Bereich, wo man nur zu Fuß gehen darf: die F _ _ g _ _ _ _ _ z _ _ e
6 etwas mit einem Gerät aufnehmen: eine A _ fn _ _ _ e machen
7 etwas passiert = etwas g _ s _ _ i _ _ t
8 einen Fehler verbessern = einen Fehler k _ rr _ g _ _ _ _ n

Aus dem Drucker kommt der A _ _ _ _ _ _ k.

8 🔊 13 **10a** **Hören Sie das Gespräch. Was hören Sie zuerst? Sortieren Sie.** Kommunikation → KB B2

☐ Was meint ihr?
☐ Oh ja, das ist noch besser ...
☐ Das machen wir!
☑ 1 Das können wir gern machen.
☐ Hm, vielleicht könnten wir ja ...
☐ Was haltet ihr davon?

**b** **Wählen Sie eine Idee für das Abschiedsfest und schreiben Sie einen Chat. Verwenden Sie Sätze aus a.**

**A** Eine Fotobox, ein Buch mit Fotos für uns alle von uns allen / mit Rezepten aus unseren Heimatländern, ...
**B** Ein Geschenk für die Kursleiterin oder den Kursleiter: Kino- oder Büchergutschein, ...

Hallo alle miteinander, ich habe noch eine Idee für unser Abschiedsfest. Vielleicht könnten wir ja ...

...

**11a** **In der Prüfung müssen Sie hören, lesen, schreiben und sprechen. Was können Sie schon gut, was noch nicht so gut? Ergänzen Sie 🙂 / 😐 / ☹.** DTZ → KB C2

Hören: ______ Lesen: ______ Schreiben: ______ Sprechen: ______

**b** **Wie können Sie sich verbessern? Kreuzen Sie an und ergänzen Sie eigene Ideen.**

☐ Hören: ich höre Radio, ich sehe deutsche Filme, ______
☐ Lesen: ich lese die Texte im Buch, Zeitungen, ______
☐ Schreiben: ich mache die Schreibaufgaben im Buch noch einmal; ich korrigiere meine Texte; ______
☐ Sprechen: ich spreche mit Freunden; ich übe, mich vorzustellen; ______

**c** **Wie lernen Sie für die Prüfung? Kreuzen Sie an und notieren Sie, falls nötig.**

**1** Mit wem lernen Sie am besten?
☐ allein ☐ mit einer Partnerin / einem Partner ☐ in einer Lerngruppe
Wer könnte Ihre Partnerin / Ihr Partner sein? ______
Mit wem könnten Sie eine Lerngruppe bilden? ______

**2** Was können Sie tun, um sich gut auf den *DTZ* vorzubereiten?
☐ Ich wiederhole die Prüfungsaufgaben in *Miteinander! B1.1* und *B1.2*.
☐ Ich bearbeite den schriftlichen Teil einer Musterprüfung.
☐ Ich übe den mündlichen Teil einer Musterprüfung mit einer Partnerin / einem Partner.

**3** Was können Sie sonst noch tun?
☐ Ich überlege: „Warum will ich die Prüfung bestehen?" Das motiviert mich, wenn ich einmal nicht üben will.
☐ Ich denke an Prüfungen, die ich früher gut bestanden habe. Das macht mir Mut.
☐ Ich plane Lernzeiten und Pausen.
☐ Ich mache mir eine kleine Freude, nachdem ich gut gearbeitet habe.
☐ Ich stelle mir den Prüfungstag genau vor: Wann stehe ich auf? Was nehme ich mit?

**d** **Welche Tipps für den Prüfungstag finden Sie gut? Lesen Sie und kreuzen Sie an.**

☐ Lesen Sie jede Aufgabe zuerst in Ruhe durch. Was genau sollen Sie tun?
☐ Wenn Sie eine Aufgabe nicht verstehen, bleiben Sie ruhig. Achten Sie auf das, was Sie verstehen. Sehen Sie alle Antworten an. Oft erkennen Sie dann die richtige Antwort.
☐ Sie wissen eine Antwort nicht? Markieren Sie trotzdem eine Antwort!
☐ Überprüfen Sie alles noch einmal. Besonders die Aufgaben, bei denen Sie nicht sicher waren.

S

## Start
### Willkommen!

| | | | |
|---|---|---|---|
| 1 | regional | | Jedes Mal mit dem Regionalzug von Neuberg – ganz schön viel Fahrerei. |
| | • die Linie, -n | | Das Krankenhaus, das an der Bahnlinie liegt? |
| | • der Beginn (meist Sg.) | | Der *SC Neuberg* sucht zu Beginn der neuen Saison Verstärkung! |
| | • der Nachwuchs (Sg.) | | Das Frauenteam II sucht Nachwuchstalente, die das Mittelfeld verstärken. |
| | auf¦hören (hörte auf, hat aufgehört) | | Schade, dass er aufhört! |
| 2 | • die Geburt, -en | | Die Geburt lief gut! |
| | • die Neuigkeit, -en | | Das sind ja tolle Neuigkeiten! |
| | • der Bedarf (meist Sg.) | | Sagt Bescheid, wenn ihr mal Bedarf an einem Babysitter habt! |
| | • der Babysitter, - | | |
| | • die Eröffnung, -en | | Ein Jahr nach Eröffnung meines Kaffeemobils gibt es nächsten Dienstag leckeren Kaffee und Snacks! |
| | gratis | | Mit *Hoas Coffee-Card* ist jeder 10. Kaffee gratis! |
| | • der Geschmack (hier: nur Sg.) | | Ganz nach meinem Geschmack! |

7

## Lektion 7
### Amadou – Alles Trainingssache

| | | | |
|---|---|---|---|
| 1 | zurück¦laufen (lief zurück, ist zurückgelaufen) | | Timur musste nach Hause zurücklaufen, weil er etwas Wichtiges vergessen hatte. |
| | los¦fahren (fuhr los, ist losgefahren) | | Der Zug sollte eigentlich um zehn Minuten vor zwölf losfahren. |
| 2 | fallen (fiel, ist gefallen) | | Mario fällt hin. Zum Glück ist er nicht verletzt. |
| | (sich) hin¦setzen (setzte [sich] hin, hat [sich] hingesetzt) | | Bitte sucht euch Plätze und setzt euch hin. |
| | mit¦gehen (ging mit, ist mitgegangen) | | Eric will am Sonntag ins Schwimmbad. Möchtest du mitgehen? |
| | schießen (schoss, hat geschossen) | | Timur schießt, aber der Ball fliegt am Tor vorbei! |
| | weg¦laufen (lief weg, ist weggelaufen) | | Mein Hund läuft manchmal weg, und ich muss ihn dann suchen. |
| | weg¦fahren (fuhr weg, ist weggefahren) | | Entschuldigung, Sie stehen auf einem Firmenparkplatz. Würden Sie bitte wegfahren? |
| | weg¦bringen (brachte weg, hat weggebracht) | | Banna, bitte bring den Müll weg! Dort ist ein Mülleimer. |
| | zurück¦fahren (fuhr zurück, ist zurückgefahren) | | Oh nein, ich habe mein Handy zu Hause vergessen. – Sollen wir zurückfahren? |
| A1 | • die Entwicklung, -en | | Sie sprechen über die Entwicklung des Teams. |
| | aus¦sprechen (sprach aus, hat ausgesprochen) | | David konnte am Anfang kein *ü* und kein *ch* aussprechen. |

# LERNWORTSCHATZ

| | | | |
|---|---|---|---|
| | national- | | Amadou findet das Wort *Fußballnational-mannschaft* gut. |
| | ● die Aussprache, -n | | Er hat jeden Tag seine Aussprache trainiert. |
| | daher | | Daher ist es ganz normal, dass dir das englische Wort manchmal nicht sofort einfällt. |
| | deswegen | | Deswegen ist das Sprechen jetzt auch viel einfacher. |
| | darum | | Darum habe ich jeden Tag meine Aussprache trainiert. |
| A2 | ● das Alphabet, -e | | Musstest du im Deutschkurs das deutsche Alphabet lernen? |
| | interkulturell | | Im Unterricht und auch im Alltag gibt es immer wieder interkulturelle Probleme – aber auch Lösungen. |
| | nach¦schlagen (schlug nach, hat nachgeschlagen) | | Schwierigen Wortschatz kannst du im Wörterbuch nachschlagen. |
| | ● der Intensivkurs, -e | | In einem Intensivkurs lernt man in kurzer Zeit sehr viel. |
| | vor¦lesen (las vor, hat vorgelesen) | | Im Internet kann man sich Texte vorlesen lassen und so die Aussprache üben. |
| | ● die Nachhilfe, -n | | Mein Sohn hat Probleme im Fach Physik. Deshalb nimmt er jetzt einmal pro Woche Nachhilfe. |
| | ● die Schwierigkeit, -en | | Ich hatte früher große Schwierigkeiten mit der Aussprache. |
| | anfangs | | Daher habe ich anfangs jeden Tag vor dem Spiegel trainiert. |
| | ● der Buchstabe, -n | | In unserer Schrift gibt es keine Großbuchstaben. |
| | ab¦schreiben (schrieb ab, hat abgeschrieben) | | Deswegen schreibe ich oft schöne Sätze aus Magazinen und Büchern ab. |
| | ● das Magazin, -e | | |
| | folgend | | Ich habe leider folgendes Problem: Meine Nach-barin ist total nett, aber sie spricht im Dialekt. |
| | ● der Dialekt, -e | | |
| | schwer | | Sie spricht im Dialekt, darum kann ich sie manchmal schwer verstehen. |
| A3 | ● die Geschwindigkeits-beschränkung, -en | | Das längste Wort, das ich kenne, ist *Geschwindigkeitsbeschränkung*. |
| | ● die Unterhose, -n | | Das Wort *Unterhose* gefällt mir auch, weil man sich das so leicht merken kann: eine Hose, die man unter der Hose trägt. |
| | sich merken (merkte sich, hat sich gemerkt) | | |
| | seitdem | | Deswegen ist das seitdem mein Lieblingswort. |
| B1 | ● der Sieg, -e | | Glückwunsch zu eurem Sieg: 4 : 3! |
| | ● die Saison, -s | | Amadous Mannschaft muss in dieser Saison noch einmal spielen. |
| B2 | je ..., desto ... | | Je länger man in einem Land lebt, desto besser klappt das Sprechen. |

| |  | |  |
|---|---|---|---|
| | je ..., umso ... | | Je schneller man Deutsch lernt, umso leichter wird es, eine Arbeitsstelle / einen Ausbildungsplatz zu finden. |
| | ● die Arbeitsstelle, -n | | |
| | ● der Ausbildungsplatz, ¨-e | | |
| B3 | ● der Lerner, - | | Die Lernerinnen und Lerner arbeiten in einer Gruppe zusammen. |
| | ● die Lernerin, -nen | | |
| | diskutieren (diskutierte, hat diskutiert) | | In meinem Kurs diskutieren wir sogar mit der Lehrerin. Das macht man bei uns zu Hause nicht. |
| | ● der Schüler, - | | Die Lehrerin hat immer geschimpft, wenn die Schülerinnen und Schüler etwas falsch gemacht haben. |
| | ● die Schülerin, -nen | | |
| | damals | | Das war bei mir damals anders. |
| C1 | unentschieden | | Ich hoffe, ihr seid nicht enttäuscht, dass wir gegen Isselheim „nur" unentschieden gespielt haben. |
| | sich erholen (erholte sich, hat sich erholt) | | Ich lerne Gitarre. Das Üben macht Spaß und ich erhole mich dabei. |
| | (sich) integrieren (integrierte [sich], hat [sich] integriert) | | Du hast es geschafft, auch die neuen Spieler schnell ins Team zu integrieren. |
| | stark | | Mit dir als Trainer ist die Mannschaft stärker und besser geworden. |
| | ● die Geduld (Sg.) | | Vielen Dank für deine Hilfe, deine Zeit und deine Geduld. |

8

## Lektion 8

### Hoa – Der Glückspilz

| |  | |  |
|---|---|---|---|
| 1 | tauschen (tauschte, hat getauscht) | | Sie tauschen heute die Rollen. |
| | ● der Versuch, -e | | Hoa braucht mehrere Versuche. |
| | ● der Metzger, - | | Er ist nicht Metzger und auch nicht Erzieher. |
| | ● die Metzgerin, -nen | | |
| | ● das Tier, -e | | Sag mal, mag Tessa eigentlich Tiere? – Ja, besonders Katzen. |
| | ● das Kraftfahrzeug, -e<br>● das Kfz, - | | Kostja ist Kfz-Mechatroniker. |
| 2 | ● der Spezialist, -en | | Ich wollte immer schon Spezialist für Elektromotoren werden. |
| | ● die Spezialistin, -nen | | |
| A1 | ● der Bereich, -e | | In vielen Bereichen fehlen Fachkräfte. |
| | ● die Fachkraft, ¨-e | | |
| | ● die Gaststätte, -n | | Es werden Fachkräfte in der Gastronomie gesucht, also z. B. in Gaststätten. |
| | leiden (litt, hat gelitten) | | Auch das Handwerk leidet sehr unter dem Fachkräftemangel. |
| | klassisch | | Nicht nur die „klassischen" Lehrlinge werden gesucht. |
| | ● der Lehrling, -e | | |

# LERNWORTSCHATZ

| |  | |  |
|---|---|---|---|
| | ● die Aussicht, -en | | Auch ältere Bewerber*innen mit Berufserfahrung haben sehr gute Aussichten. |
| | usw. (und so weiter) | | Wie kann man Miete, Essen usw. bezahlen? |
| | staatlich | | Die meisten wissen nicht, dass es staatliche Unterstützung gibt. |
| | ● die Tätigkeit, -en | | Wenn Sie eine neue Tätigkeit haben wollen, dann informieren Sie sich gleich bei der |
| | Bundes- | | *Bundesagentur für Arbeit*. |
| | ● das Bundesland, ¨-er | | Auch die Industrie- und Handelskammern in jedem Bundesland bieten Beratungsgespräche an. |
| | ● die Grafik, -en | | Die Grafik zeigt eine ziemlich geringe Zahl von Personen, die mit den öffentlichen Verkehrsmitteln fahren. |
| | dritte<br>jede/r Dritte | | Jeder Dritte freut sich nach einer Weiterbildung über ein höheres Einkommen! |
| | ● das Einkommen, - | | |
| | ● die Stelle, -n | | Fast die Hälfte bekommt sofort eine bessere Stelle. |
| | ● der Wissenschaftler, - | | Ich finde, Wissenschaftler ist ein interessanterer Beruf als Architekt. |
| | ● die Wissenschaftlerin, -nen | | |
| | ● der Architekt, -en | | |
| | ● die Architektin, -nen | | |
| | ● der Hase, -n | | Meiner Tochter gefällt der kleinere Hase mit den längeren Ohren. |
| A3 | ● das Wissen (Sg.) | | 80 Prozent geben an, dass sie mehr Wissen und bessere Kenntnisse im Beruf haben. |
| | betragen (betrug, hat betragen) | | Der Anteil der Leute, die mehr Gehalt bekommen, beträgt 34 Prozent. |
| | ● die Verbesserung, -en | | Die Grafik zeigt, welche Verbesserungen eine Weiterbildung bringt. |
| | ● der Wert, -e | | Die Werte für mehr Selbstbewusstsein und Zufriedenheit liegen bei 62 Prozent. |
| B1 | ● der Link, -s | | Danke für den Link! |
| | ● die Seite, -n | | Sieh mal, was ich auf der Seite gefunden habe! |
| | garantieren (garantierte, hat garantiert) | | Als Handwerker bekommt man nach erfolgreicher Ausbildung garantiert einen Job. |
| | ● der Zweifel, - | | Jetzt gibt es keine Zweifel mehr, denn es passt genau! |
| | ● das Semester, - | | Er studiert im 3. Semester Elektrotechnik an einer Hochschule. |
| | ● die Hochschule, -n | | |
| | ● das Labor, -s | | Sie arbeitet jetzt als Zahntechnikerin in einem Labor. |
| B2 | ● die Nachfrage (hier: nur Sg.) | | Große Nachfrage nach Nachhilfe: |
| | erscheinen (erschien, ist erschienen) | | Katalog mit aktuellen Angeboten erschienen |

| | | | |
|---|---|---|---|
| | ● die Krippe, -n | ______ | Pünktlicher Umzug der Krippe in neues Gebäude |
| | ● der Reiseführer, - | ______ | Junger Reiseführer sucht interessanten Job |
| | ● die Reiseführerin, -nen | ______ | |
| B3 | schließlich | ______ | Schließlich habe ich mich für eine Umschulung entschieden. |
| | ● der Kaufmann, Kaufleute | ______ | In meinem Heimatland war ich Kaufmann. |
| | ● die Kauffrau, Kaufleute | ______ | |
| C1 | ● das Institut, -e | ______ | Ein Institut ist eine Bildungs- oder Forschungseinrichtung, oft Teil einer Universität oder Hochschule. |
| | ● der / ● die Studierende, -n | ______ | Studierende sind Personen aller Geschlechter, die an einer Uni oder Hochschule lernen. |
| | ● die Technologie, -n | ______ | Technologien sind technische Geräte und Methoden, die genutzt werden, um z. B. Häuser oder Autos zu bauen, Brot zu backen, Bücher zu drucken usw. |
| | ● die Kompetenz, -en | ______ | Kompetenzen sind das Wissen und die Fähigkeiten, die man als Fachfrau / Fachmann im Beruf braucht, aber auch soziale Fähigkeiten. |
| | ● die Softskills (Pl.) | ______ | Softskills: Fähigkeit, gut mit Kolleg:innen im Team zusammenzuarbeiten, bei Konflikten richtig zu reagieren, ... |
| | technisch | ______ | Eine Fortbildung bringt neue Kenntnisse, z. B. zu technischen Geräten. |
| C3 | (sich) beschäftigen (beschäftigte [sich], hat [sich] beschäftigt) | ______ | Es gibt ein paar Fragen, mit denen Sie sich beschäftigen müssen. |
| | ● die Terrasse, -n | ______ | Das Café hat eine Terrasse, auf der es angenehm ruhig ist. |
| | sich eignen (eignete sich, hat sich geeignet) | ______ | Zu den Kursen sind nur die Mitarbeiter:innen eingeladen, für die sich die teure Fortbildung wirklich eignet. |

9

## Lektion 9
### Samir – Ein neuer Job?

| | | | |
|---|---|---|---|
| 1 | husten (hustete, hat gehustet) | ______ | Ludmilla geht es nicht gut. Vielleicht hustet sie. |
| | ● das Chaos (Sg.) | ______ | Die beste Bezahlung hilft kaum, wenn es im Unternehmen ständig Chaos gibt. |
| | ● die Baustelle, -n | ______ | Auf dem Foto sind Männer, die auf einer Baustelle arbeiten. |
| | kaum | ______ | Samir und Ludmilla bekommen kaum Schlaf in den Nächten. |
| | berufstätig | ______ | Samir ist ganztags berufstätig. |
| | knapp | ______ | Er findet den Weg zur Arbeit sehr lang, denn im Moment braucht er eine knappe Stunde. |
| | ● die Rente, -n | ______ | Bruno möchte endlich in Rente gehen. |

# LERNWORTSCHATZ

| |  | |  |
|---|---|---|---|
| | • der Tarif, -e | | Samir ist mit seinem Einkommen zufrieden, weil sein Chef nach Tarif zahlt. |
| | • das Inserat, -e | | Samir hat ein Inserat aufgegeben, um einen neuen Job zu finden. |
| | auf¦geben (gab auf, hat aufgegeben) | | |
| | ausgebildet | | Bruno meint, dass Samir sehr gut ausgebildet ist. |
| 2 | • die Atmosphäre (hier: nur Sg.) | | Eine angenehme Atmosphäre finde ich im Job sehr wichtig. |
| A1 | elektrisch | | Ihre Aufgabe ist die Installation und Überprüfung von elektrischen Anlagen. |
| | • die Gelegenheit, -en | | Dies ist auch die passende Gelegenheit, um mit der Chefin / dem Chef über ein höheres Gehalt zu sprechen. |
| A3 | • die Frist, -en | | Meine Kündigungsfrist beträgt vier Wochen. |
| | mailen (mailte, hat gemailt) | | Wie soll man die Unterlagen mailen: alle zusammen oder einzelne Dateien? |
| | einzeln | | |
| A4 | • die Annonce, -n | | Ihre Annonce auf dem Jobportal hat mein Interesse geweckt. |
| | tätig | | Ich war bei der Firma *LichtWert* tätig, die Lichtsysteme produziert und installiert. |
| B1 | • der Stau, -s | | Samir hat im Stau gestanden. |
| | überholen (überholte, hat überholt) | | Samir hat alle überholt. |
| | • die Viertelstunde, -n | | Mit dem E-Bike müsste Frau Köhn eine Viertelstunde früher losfahren. |
| | besitzen (besaß, hat besessen) | | Herr Wendel besitzt kein Fahrrad. |
| | • die Strecke, -n | | Kurze Strecken läuft er. |
| | • die Gegend, -en | | Obwohl er in einer Gegend ohne Bus und Bahn wohnt, braucht und will er kein Auto. |
| | • die Jahreszeit, -en | | Samir kann sich nicht zu jeder Jahreszeit zum Radfahren motivieren. |
| | (sich) motivieren (motivierte [sich], hat [sich] motiviert) | | |
| | • die Lehrstelle, -n | | Als Auszubildender hatte er für den Weg zur Lehrstelle eine Fahrgemeinschaft. |
| B3 | an¦wenden (wendete an, hat angewendet) | | Sie können bei Mitmach-Aktionen zum Beispiel Geräte ausprobieren und Gelerntes aus dem Schulunterricht praktisch anwenden. |
| | • die Lehre, -n | | Ich habe eine Lehre als Zahntechniker gemacht. |
| | (sich) aus¦suchen (suchte [sich] aus, hat [sich] ausgesucht) | | Nur junge Arbeitnehmer:innen können sich ihren Arbeitsplatz aussuchen. |
| B4 | • das Sprichwort, ¨-er | | Was bedeutet das Sprichwort „Reisende soll man nicht aufhalten"? |
| | (sich) auf¦halten (hielt [sich] auf, hat [sich] aufgehalten) | | |

| | | | |
|---|---|---|---|
| | ● die Bedeutung, -en | | „Der frühe Vogel fängt den Wurm." Das ist ein Sprichwort. Das bedeutet ... – Ah ja, jetzt habe ich die Bedeutung verstanden. |
| C1 | ● die Zusage, -n | | Ist das schon die Zusage für den neuen Job? |
| | (sich) verpflichten (verpflichtete [sich], hat [sich] verpflichtet) | | Er verpflichtet sich, auch andere Arbeiten auszuführen, die seinen Fähigkeiten entsprechen. |
| | ● der Zeitrahmen, - | | In diesem Zeitrahmen darf er – unter Berücksichtigung der betrieblichen Erfordernisse – seine Arbeitszeit nach eigenem Ermessen frei einteilen. |
| | ● das Erfordernis, -se | | |
| | ● das Ermessen (Sg.) | | |
| | selber | | Du kannst selber entscheiden. |
| C2 | ● der Beweis, -e | | Man muss ein Zeugnis oder ein anderes Dokument als Beweis zeigen. |
| C3 | aus¦stellen (stellte aus, hat ausgestellt) | | Ich bitte Sie, mir ein qualifiziertes Arbeitszeugnis auszustellen. |
| | ● das Verhältnis, -se | | Hiermit kündige ich das mit Ihnen bestehende Arbeitsverhältnis ordentlich und fristgerecht zum nächstmöglichen Zeitpunkt. |
| | fristgerecht | | |
| | ● der Zeitpunkt, -e | | |

10

## Lektion 10
### Ahmet – Gut versichert

| | | | |
|---|---|---|---|
| 1 | erschrecken (erschrak, ist erschrocken) | | Alev ist erschrocken, weil Autos gehupt haben. |
| | hupen (hupte, hat gehupt) | | |
| 2 | ab¦biegen (bog ab, ist abgebogen) | | Mein Bruder ist mal beim Abbiegen mit dem Fahrrad gestürzt. |
| | ärgerlich | | Das war echt ärgerlich. |
| A1 | durcheinander | | Ahmet ist durcheinander. |
| | bremsen (bremste, hat gebremst) | | Plötzlich haben Autos gebremst, weil auf der Kreuzung ein Lkw stehen geblieben war. |
| | ● der Last(kraft)wagen, - <br> ● der Lkw, - <br> ● der Laster, - | | |
| | stehen bleiben (blieb stehen, ist stehen geblieben) | | |
| | stoßen (stieß, ist gestoßen) | | Ahmet ist mit dem Fahrrad gegen die Tür eines parkenden Autos gestoßen. |
| | ● der Zeuge, -n | | Es gibt keine Zeugen, die gesehen haben, was passiert ist. |
| | ● die Zeugin, -nen | | |
| | ● der Schaden, ⸚ | | Ahmets Versicherung kümmert sich darum, dass der Schaden bezahlt wird. |
| A2 | an¦halten (hielt an, hat angehalten) | | Ahmet hat zu spät gesehen, dass Alev angehalten hatte. |
| | hungrig | | Ich war nicht mehr hungrig, weil ich gerade gefrühstückt hatte. |

# LERNWORTSCHATZ

| | | | |
|---|---|---|---|
| | • die Verabredung, -en | ______ | Ich war sauer, weil meine Freundin unsere Verabredung abgesagt hatte. |
| | bereits | ______ | Ich musste zu Fuß nach Hause gehen, weil der Zug bereits abgefahren war. |
| | beschädigen (beschädigte, hat beschädigt) | ______ | Ich bin zur Polizei gegangen, weil jemand mein Auto beschädigt hatte. |
| **A3** | bevor | ______ | Bevor ich nach Wien umgezogen bin, habe ich viele Jahre in Paris gelebt. |
| | nachdem | ______ | Nachdem ich die Schule dort beendet hatte, habe ich eine Ausbildung zum Bäcker gemacht. |
| | • der Bäcker, - | ______ | |
| | • die Bäckerin, -nen | ______ | |
| | ebenfalls | ______ | Ebenfalls superwichtig: Bevor man sich selbstständig macht, muss man sich gut informieren. |
| | • das Seminar, -e | ______ | Ich habe die Bäckerei erst eröffnet, nachdem ich mehrere Gründerseminare besucht hatte. |
| | aufregend | ______ | Gestern hatte ich ein aufregendes Erlebnis. |
| | • das Erlebnis, -se | ______ | |
| **B1** | versichern (versicherte, hat versichert) | ______ | Haus, Hund, Smartphone oder Auto: Man kann fast alles versichern. |
| | • die Pflicht, -en | ______ | Fast alle haben eine Kranken- und Pflegeversicherung, denn diese Versicherungen sind Pflicht. |
| | • die Pflegeversicherung, -en | ______ | So braucht zum Beispiel jeder eine Kranken- und Pflegeversicherung. |
| | zu¦lassen (ließ zu, hat zugelassen) | ______ | Ohne diese Versicherung wird das Fahrzeug nicht zugelassen. |
| | eventuell | ______ | Welche Versicherungen eventuell wichtig sind, hängt von der persönlichen Situation ab. |
| | ab¦hängen (hing ab, hat abgehangen) | ______ | Welche Versicherungen außerdem sinnvoll sind, hängt von der persönlichen Situation ab. |
| | • der Rentner, - | ______ | Studierende brauchen andere Versicherungen als Rentner. |
| | • die Rentnerin, -nen | ______ | |
| | • die Scheibe, -n | ______ | Die Scheibe geht kaputt. |
| **B2** | überprüfen (überprüfte, hat überprüft) | ______ | Bevor Sie das Formular abschicken, überprüfen Sie bitte noch mal alle Angaben. |
| **B3** | • die Bedienungsanleitung, -en | ______ | Liest du immer die Bedienungsanleitung, bevor du ein Gerät benutzt? |
| | • die Anleitung, -en | ______ | |
| | vorgestern | ______ | Während ich vorgestern zur Arbeit gefahren bin, habe ich mit einem Freund telefoniert. |
| | vorhin | ______ | Während ich vorhin Sport gemacht habe, habe ich laut Musik gehört. |
| **B4** | • der / • die Verwandte, -n | ______ | Während Ihre Nachbarn bei Verwandten sind, sollen Sie die Blumen gießen. |
| **C1** | • die Vorwahl, -en | ______ | Ahmets Vorwahl ist 0120. |

| | | | |
|---|---|---|---|
| | ● die Art, -en | | Machen Sie Fotos oder Videos, um einen Nachweis über die Art des Schadens zu haben. |
| | ● das Zeichen, - | | Hat die Polizei den Schaden aufgenommen? Wenn ja, bitte Aktenzeichen angeben. |
| | verwandt | | Sind Sie mit der geschädigten Person verwandt? |
| C3 | ● die Leiter, -n | | Ich habe eine Leiter getragen. |

11

## Lektion 11

### Luna – Ein super Team!

| | | | |
|---|---|---|---|
| 1 | doppelt | | Im Vergleich zum letzten Monat haben unsere Mitarbeiter:innen schon jetzt die doppelte Anzahl Überstunden. So geht das nicht! |
| | bedienen (bediente, hat bedient) | | Kannst du etwa keinen Computer bedienen? |
| | ● der Kuli, -s | | Du hast einfach meinen Kuli genommen! |
| | ● der Lautsprecher, - | | János, kannst du mal den Lautsprecher einstellen? |
| A1 | ● der PC, -s | | Ich zeige dir mal unser PC-System. |
| | nochmals | | Und dann erkläre ich dir nochmals, wie hier die Übergabe abläuft. |
| A2 | ein¦tragen (trug ein, hat eingetragen) | | Ich notiere die Medikamente in eine Liste, statt sie ins Computersystem einzutragen. |
| | statt | | |
| | ● der Roman, -e | | Statt abends eine Serie zu schauen, lese ich lieber einen Roman. |
| | chatten (chattete, hat gechattet) | | Ich chatte lieber mit Freunden, statt abends eine Serie zu schauen. |
| | Einzel- | | Statt dass ich Einzeltickets für den Bus kaufe, kaufe ich lieber eine Jahreskarte. |
| | ● die Jahreskarte, -n | | |
| | ● die Sehenswürdigkeit, -en | | Statt Sehenswürdigkeiten zu besichtigen, kaufe ich lieber in der Innenstadt ein. |
| | besichtigen (besichtigte, hat besichtigt) | | |
| | ● die Innenstadt, ¨-e | | |
| | ● die Bücherei, -en | | Ich gehe lieber in die Bücherei, statt Sehenswürdigkeiten zu besichtigen. |
| | ● die Couch, -es | | Ich liege lieber auf der Couch, statt dass ich die Wohnung aufräume. |
| | ● der Tierpark, -s | | Oft gehe ich auch mit meinen Enkeln in den Tierpark. |
| A3 | ● die Mauer, -n | | Ihre Nachbarin hat gestern erzählt, dass Ihre Kinder im Hof die Mauer beschädigt haben. |
| | erziehen (erzog, hat erzogen) | | Sie sagt, dass Ihre Kinder schlecht erzogen sind. |
| B1 | erstellen (erstellte, hat erstellt) | | Luna erklärt, dass sie bis jetzt immer eine Liste erstellt hat. |
| B2 | ● der Abfall, ¨-e | | Der Vater stellt die Abfalltonnen raus. |

| | | | |
|---|---|---|---|
| | ● der Internetanschluss, ¨-e | | Lina kontaktiert *Telkomms*, um den Internetanschluss prüfen zu lassen. |
| B3 | ● die Soße, -n | | Gibt es denn keine Soße zu dem Gericht? |
| | rühren (rührte, hat gerührt) | | Soll noch etwas Kakao in die Milch gerührt werden? |
| | ordnen (ordnete, hat geordnet) | | Wie sollten denn die Bücher am besten geordnet werden? |
| | ● das Schaufenster, - | | Werden denn die Sachen aus dem Schaufenster billiger verkauft? |
| C1 | ● die Schicht, -en | | Frank und Luna tauschen ihre Schichten. |
| C2 | neulich | | Es tut mir leid, dass ich neulich so unfreundlich zu dir war. |
| | jederzeit | | Wenn ich mal was falsch mache, kannst du mir das jederzeit sagen. |
| | ● der Schreck (meist Sg.) | | Du brauchst keinen Schreck zu bekommen. |
| | sich verabreden (verabredete sich, hat sich verabredet) | | Am Anfang war Frank sauer auf Luna, aber jetzt verabreden sie sich. |
| | ● die Mahlzeit, -en | | Du brauchst dir keine Mahlzeiten zu machen. |
| | gründlich | | Ich putze alles gründlich. |
| | ● der Gedanke, -n | | Wir müssen uns bald Gedanken machen, wann wir die Wohnung renovieren wollen. |



## Lektion 12

### Zofia – Zeit aufzuräumen!

| | | | |
|---|---|---|---|
| 1 | ● die DVD, -s | | Hast du eigentlich einen DVD-Player zu Hause? – Nein, ich nutze Streamingdienste. |
| | ● die Festplatte, -n | | Neulich ist mein Laptop kaputtgegangen. Zum Glück war aber die Festplatte noch in Ordnung. |
| | ● die Zahnbürste, -n | | Mein Zahnarzt empfiehlt elektrische Zahnbürsten. |
| 2 | da sein | | Warum ist Ilias da? |
| | zu⁞schauen (schaute zu, hat zugeschaut) | | Ilias schaut zu, wie Zofia aufräumt. |
| | ● der Apparat, -e | | Eine Menge zu tun: anschauen, ordnen, kaputte Apparate entsorgen! |
| | entsorgen (entsorgte, hat entsorgt) | | |
| | sich vor⁞nehmen (nahm sich vor, hat sich vorgenommen) | | Das habe ich mir schon lange vorgenommen! |
| | ● das Zeug (Sg.) | | So viel altes Zeug! |
| | jemals | | Ich weiß nicht, ob ich jemals wieder etwas Neues brauche! |
| | unheimlich | | Mir fällt es unheimlich schwer, mich von Sachen zu trennen. |
| | (sich) zwingen (zwang [sich], hat [sich] gezwungen) | | Heute zwinge ich mich, mein ganzes altes Zeug mal anzuschauen. |

# LERNWORTSCHATZ

| |  | |  |
|---|---|---|---|
| | (sich) retten (rettete [sich], hat [sich] gerettet) | | Vielleicht kann man noch was retten? |
| | schätzen (schätzte, hat geschätzt) | | Ilias schätzt, dass Zofias Papa den DVD-Player 15 Jahre lang benutzt hat. |
| 3 | braten (briet, hat gebraten) | | Wofür benutzt du dieses Öl? – Zum Braten von Fleisch und Gemüse. |
| | reiten (ritt, ist geritten) | | Wozu brauchst du diese Decke? – Die brauche ich für mein Hobby, fürs Reiten. |
| | trocknen (trocknete, hat getrocknet) | | Das braucht man zum Trocknen. |
| A1 | nirgendwo | | Nirgendwo so günstig wie hier! |
| | • die Mühe, -n | | Ich werde mir Mühe geben! |
| | verpacken (verpackte, hat verpackt) | | Man kann's klein verpacken – Transport also auch kein Problem! |
| | • der Transport, -e | | |
| | gespannt | | Bin gespannt! |
| | allerdings | | Der Shop sieht allerdings nicht so professionell aus. |
| | vermuten (vermutete, hat vermutet) | | Ilias vermutet: „Damit wirst du bestimmt die allerbesten Tutorials machen." |
| A2 | • das Reisebüro, -s | | Hast du schon bemerkt, dass es fast keine Reisebüros mehr gibt? Die Leute buchen ihre Reisen im Internet selbst. |
| | • die SMS, - | | Wir denken, in zehn Jahren wird es keine SMS mehr geben, sondern nur noch Chats. |
| | • der Schein, -e | | Hast du eine Idee, wie ich einen Geldschein als Geschenk verpacken kann, ohne dass man ihn gleich sieht? |
| | • die Abgase (meist Pl.) | | Umweltfreundliche E-Autos belasten die Städte nicht mit Abgasen. |
| | • der Sender, - | | Beim Radiosender *Antenne Ostsee* gibt es jeden Samstag die Talk-Sendung *Jetzt*. |
| | digital | | Wir denken, in zehn Jahren wird es keine Tickets auf Papier mehr geben, sondern nur noch digitale Tickets. |
| A3 | falls | | Zofia hat Sorge, dass es Probleme gibt, falls das Gerät nicht funktioniert. |
| | • der Händler, - | | Sie fürchtet, dass der Händler sich weigert, das Gerät umzutauschen. |
| | • die Händlerin, -nen | | |
| | sich weigern (weigerte sich, hat sich geweigert) | | |
| | um\|tauschen (tauschte um, hat umgetauscht) | | |
| | • die Garantie, -n | | Sie weiß nicht, ob Garantie auf dem Gerät ist. |

# LERNWORTSCHATZ

| |  |  |
|---|---|---|
| | kommerziell | Ilias sagt, dass auf kommerziellen Webseiten *Allgemeine Geschäftsbedingungen* stehen. |
| | • die Geschäftsbedingung, -en | |
| | • die Bedingung, -en | |
| | nach¦fragen (fragte nach, hat nachgefragt) | Er gibt den Tipp nachzufragen, ob man auf Rechnung bestellen kann. |
| A4 | ausschließlich | Zahlungsmöglichkeiten: Ausschließlich Vorkasse. |
| | • die Lieferung, -en | Lieferung: In der Regel liefern wir innerhalb von 5 Tagen. |
| | voraussichtlich | Wir nennen bei der Bestellung den voraussichtlichen Liefertermin. |
| | pauschal | Bis 100 Euro: pauschal 6,95 Euro. |
| | • der Umtausch (meist Sg.) | Umtausch / Rückgabe der Ware: Innerhalb von 14 Tagen nach Kauf, ohne Angabe von Gründen. |
| A5 | im Voraus | Sie müssen die Ware im Voraus bezahlen. |
| | • die Ausnahme, -n | Da können wir leider keine Ausnahme machen. |
| B1 | • das Kabel, - | Außerdem fehlt ein Kabel. |
| | verursachen (verursachte, hat verursacht) | Da ich den Schaden nicht verursacht habe, werde ich die Kosten für die Rücksendung nicht bezahlen. |
| | entdecken (entdeckte, hat entdeckt) | Zofia hat am Gerät einen Schaden entdeckt. |
| | schuld sein | Sie sagt, sie ist nicht schuld, dass das Gerät nicht in Ordnung ist. |
| B2 | verwechseln (verwechselte, hat verwechselt) | Sie haben etwas bestellt, aber die Bestellung wurde verwechselt. |
| | • die Marke, -n | Sie haben einen falschen Artikel bekommen (falsche Marke, falsches Modell). |
| | • das Modell, -e | |
| | • der Essig (meist Sg.) | Ich habe im Online-Shop Essig und Öl gekauft. |
| | • der Grill, -s | Ich möchte den Grill umtauschen. |
| B3 | • der Handel (Sg.) | Im Online-Handel kann man Ware zurückgeben, ohne dass man Gründe angeben muss. |
| | • das Ersatzteil, -e | Ich wollte mal ein kaputtes Ersatzteil umtauschen. |
| C1 | • der Staub (meist Sg.) | Entfernen Sie Staub und Schmutz. |
| | notwendig | Erledigen Sie notwendige Reparaturen. |
| | sich konzentrieren (konzentrierte sich, hat sich konzentriert) | Konzentrieren Sie sich auf lokale Plattformen! |
| | • der Zustand (hier: nur Sg.) | Beschreiben Sie den Artikel genau: Marke, Größe, Farbe, Zustand (auf Schäden hinweisen!). |
| | hin¦weisen (wies hin, hat hingewiesen) | |
| | reichen (reichte, hat gereicht) | Schreiben Sie keine Romane: Stichwörter reichen! |
| | verlangen (verlangte, hat verlangt) | Dann wissen Sie, was Sie verlangen können. |

| | | | |
|---|---|---|---|
| | handeln (handelte, hat gehandelt) | ______ | Ich finde handeln okay. Schlagen Sie gern was vor! |
| | löschen (löschte, hat gelöscht) | ______ | Löschen Sie den Artikel nicht, bis der Verkauf abgeschlossen ist. |
| C2 | trotz | ______ | Funktioniert die Kamera denn trotz der Kratzer? |
| | sich einigen (einigten sich, haben sich geeinigt) | ______ | Einigen wir uns auf 40 Euro? |

E

## Extra
### Deine Geschichte

| | | | |
|---|---|---|---|
| 1 | • der Mut (Sg.) | ______ | Schick uns deine Geschichte über Glück, Erfolg, Freundschaft oder Mut. |
| | hoch¦laden (lud hoch, hat hochgeladen) | ______ | Erzähl sie und lade sie zusammen mit einem Foto hoch. |
| A2 | • der Journalist, -en | ______ | Benno ist Journalist von Beruf. |
| | • die Journalistin, -nen | ______ | |
| | • das Unglück (hier: nur Sg.) | ______ | Toni hatte Glück im Unglück. |
| | • der Neffe, -n | ______ | Am gleichen Tag hat Ahmets Neffe Cem von einem Bus erzählt. |
| | • der Gewinn, -e | ______ | Er hat zwar keinen Lottogewinn, aber einen super Bus. |
| A3 | einsam | ______ | Mann, war ich einsam. |
| | • das Heimweh (Sg.) | ______ | So ein Heimweh. |
| | sich kennen (kannten sich, haben sich gekannt) | ______ | Wir kennen uns vom Kaffeemobil. |
| | • die Menge, -n | ______ | Das ist ein Verein mit ner Menge Leute. |
| | sich verstehen (verstanden sich, haben sich verstanden) | ______ | Sie verstehen sich alle super. |
| | voneinander | ______ | Wir lernen voneinander! |
| | wunderschön | ______ | Ludmilla, unsere Tochter Larina und ich auf einer bunten Blumenwiese. Wunderschön! |
| | schwach | ______ | Auf Bild 1 sieht Samir ein bisschen schwach aus. |
| | vergnügt | ______ | Auf Bild 6 ist Samir vergnügt. |
| A4 | stammen (stammte, hat gestammt) | ______ | Carlota stammt aus Peru. |
| | • der Zuwanderer, - | ______ | Der DTZ ist der *Deutsch-Test für Zuwanderer*. |
| | • die Zuwanderin, -nen | ______ | |
| | zukünftig | ______ | Ich möchte zukünftig als Werkfeuerwehrfrau arbeiten. |
| | • das Werk, -e | ______ | |
| | • die Feuerwehr, -en | ______ | |
| | • das Risiko, Risiken | ______ | Also volles Risiko! |
| | • die Lebensgefahr (meist Sg.) | ______ | Vielleicht sogar Lebensgefahr? |

# LERNWORTSCHATZ

| | | | |
|---|---|---|---|
| | ● der Hafen, ¨- | | Ich bin gern am Hafen, wo ich den Fähren winken kann. |
| | ● die Fähre, -n | | |
| | winken (winkte, hat gewinkt / gewunken) | | |
| | ● das Fernsehen (Sg.) | | Fernsehen ist nichts, was wichtig ist. |
| | ● das Zuhause (Sg.) | | Zuhause ist dort, wo du wohnst. |
| | ● die Großstadt, ¨-e | | Das ist die tolle Großstadt, wo wir gern leben. |
| | ● die Medizin (hier: nur Sg.) | | Medizin ist etwas, was mich interessiert. |
| | ● das Vertrauen (Sg.) | | Voll Vertrauen auf ein zukünftig besseres Leben in den USA, kamen die Zuwanderer in New York an. |
| | ● die Tradition, -en | | Dass auch Freiwillige bei der Feuerwehr mitarbeiten, hat Tradition. |
| **B1** | ● die Erinnerung, -en | | Gibt es eine besondere Erinnerung oder ein bestimmtes Ereignis? |
| | ● das Ereignis, -se | | |
| **B2** | gewöhnlich | | Das ist echt eine ungewöhnliche Geschichte! |
| | ungewöhnlich | | |
| | ● der Inhalt, -e | | Zuerst machen wir Notizen zum Inhalt der Geschichte. |
| | ● das Gold (Sg.) | | Letzten Sommer habe ich mein Goldkettchen in der Fußgängerzone verloren. |
| | ● die Fußgängerzone, -n | | |
| | ● die Zone, -n | | |
| | geschehen (geschah, ist geschehen) | | Jetzt erzählen wir die Geschichte der Reihe nach: Was geschieht wann? |
| | besorgen (besorgte, hat besorgt) | | Ole besorgt die nötigen Gegenstände. |
| | hinterher | | Hinterher schneidet Isa das Video am Computer. |
| | korrigieren (korrigierte, hat korrigiert) | | Ich korrigiere meine Texte. |
| | ● der Ausdruck, ¨-e | | Zeynep kümmert sich um den Ausdruck des Texts. |
| | ● die Aufnahme, -n | | Die Aufnahme des Audios machen wir mit dem Handy. |
| **C1** | vorläufig | | Vorläufig habe ich noch meinen Job an der Tankstelle. |

# MITEINANDER ZUM DTZ – ANTWORTBOGEN

**TIPP!** Kreuzen Sie die richtige Antwort mit einem **schwarzen oder blauen** Kugelschreiber an. Nicht mit einem Bleistift!

Markieren Sie so: ☒ NICHT so: ✗☐ ☒ ☒ ☑ ⊡

Wenn Sie **korrigieren** möchten, füllen Sie das falsch markierte Feld ganz aus: ■ und kreuzen Sie das richtige Feld an: ☒
Verstehen Sie eine Aufgabe nicht oder sind sich nicht ganz sicher? – Markieren Sie trotzdem immer ein Kästchen!

## Schriftliche Prüfung

### 1 Hören

**Teil 1** B1.1, KB S. 60

| | | | | |
|---|---|---|---|---|
| 1 | ☐ a | ☐ b | ☐ c | 1 |
| 2 | ☐ a | ☐ b | ☐ c | 2 |
| 3 | ☐ a | ☐ b | ☐ c | 3 |
| 4 | ☐ a | ☐ b | ☐ c | 4 |

**Teil 2** B1.1, KB S. 61

| | | | | |
|---|---|---|---|---|
| 5 | ☐ a | ☐ b | ☐ c | 5 |
| 6 | ☐ a | ☐ b | ☐ c | 6 |
| 7 | ☐ a | ☐ b | ☐ c | 7 |
| 8 | ☐ a | ☐ b | ☐ c | 8 |
| 9 | ☐ a | ☐ b | ☐ c | 9 |

**Teil 3** B1.1, KB S. 85

| | | | | |
|---|---|---|---|---|
| 10 | ☐ richtig | | ☐ falsch | 10 |
| 11 | ☐ a | ☐ b | ☐ c | 11 |
| 12 | ☐ richtig | | ☐ falsch | 12 |
| 13 | ☐ a | ☐ b | ☐ c | 13 |
| 14 | ☐ richtig | | ☐ falsch | 14 |
| 15 | ☐ a | ☐ b | ☐ c | 15 |
| 16 | ☐ richtig | | ☐ falsch | 16 |
| 17 | ☐ a | ☐ b | ☐ c | 17 |

**Teil 4** B1.2, KB S. 47

| | | | | | | | |
|---|---|---|---|---|---|---|---|
| 18 | ☐ a | ☐ b | ☐ c | ☐ d | ☐ e | ☐ f | 18 |
| 19 | ☐ a | ☐ b | ☐ c | ☐ d | ☐ e | ☐ f | 19 |
| 20 | ☐ a | ☐ b | ☐ c | ☐ d | ☐ e | ☐ f | 20 |

### 2 Lesen

**Teil 1** B1.1, KB S. 24

| | | | | |
|---|---|---|---|---|
| 21 | ☐ a | ☐ b | ☐ c | 21 |
| 22 | ☐ a | ☐ b | ☐ c | 22 |
| 23 | ☐ a | ☐ b | ☐ c | 23 |
| 24 | ☐ a | ☐ b | ☐ c | 24 |
| 25 | ☐ a | ☐ b | ☐ c | 25 |

**Teil 2** B1.1, KB S. 48

| | | | | | | | | | | |
|---|---|---|---|---|---|---|---|---|---|---|
| 26 | ☐ a | ☐ b | ☐ c | ☐ d | ☐ e | ☐ f | ☐ g | ☐ h | ☐ x | 26 |
| 27 | ☐ a | ☐ b | ☐ c | ☐ d | ☐ e | ☐ f | ☐ g | ☐ h | ☐ x | 27 |
| 28 | ☐ a | ☐ b | ☐ c | ☐ d | ☐ e | ☐ f | ☐ g | ☐ h | ☐ x | 28 |
| 29 | ☐ a | ☐ b | ☐ c | ☐ d | ☐ e | ☐ f | ☐ g | ☐ h | ☐ x | 29 |
| 30 | ☐ a | ☐ b | ☐ c | ☐ d | ☐ e | ☐ f | ☐ g | ☐ h | ☐ x | 30 |

**Teil 3** B1.2, KB S. 34

| | | | | |
|---|---|---|---|---|
| 31 | ☐ richtig | | ☐ falsch | 31 |
| 32 | ☐ a | ☐ b | ☐ c | 32 |
| 33 | ☐ richtig | | ☐ falsch | 33 |
| 34 | ☐ a | ☐ b | ☐ c | 34 |
| 35 | ☐ richtig | | ☐ falsch | 35 |
| 36 | ☐ a | ☐ b | ☐ c | 36 |

**Teil 4** B1.2, KB S. 59

| | | | |
|---|---|---|---|
| 37 | ☐ richtig | ☐ falsch | 37 |
| 38 | ☐ richtig | ☐ falsch | 38 |
| 39 | ☐ richtig | ☐ falsch | 39 |

**Teil 5** B1.2, KB S. 71

| | | | | |
|---|---|---|---|---|
| 40 | ☐ a | ☐ b | ☐ c | 40 |
| 41 | ☐ a | ☐ b | ☐ c | 41 |
| 42 | ☐ a | ☐ b | ☐ c | 42 |
| 43 | ☐ a | ☐ b | ☐ c | 43 |
| 44 | ☐ a | ☐ b | ☐ c | 44 |
| 45 | ☐ a | ☐ b | ☐ c | 45 |

# QUELLENVERZEICHNIS

## Miteinander zum DTZ (B1.1 / B1.2) – Prüfungsvorbereitende Aufgaben (Seite / Aufgabennummer)

| Hören | | Lesen | | Schreiben | Sprechen | |
|---|---|---|---|---|---|---|
| 1 | KB S. 60 / 2<br>AB S. 166 / 7 | 1 | KB S. 24 / 2<br>AB S. 135 / 23 | KB S. 37 / 2<br>AB S. 149 / 15 | 1 | KB S. 14 / 2<br>AB S. 127 / 20 |
| 2 | KB S. 61 / 4<br>AB S. 170 / 16 | 2 | KB S. 48 / 2<br>AB S. 156 / 21 | | 2A<br>2B | KB S. 72 / 2<br>KB S. 73 / 3<br>AB S. 177 / 15 |
| 3 | KB S. 85 / 3<br>AB S. 189 / 10 | 3 | KB S. 34 / 2<br>AB S. 140 / 16 | | 3 | KB S. 23 / 2<br>AB S. 127 / 16 |
| 4 | KB S. 47 / 2<br>AB S. 147 / 10 | 4 | KB S. 59 / 2<br>AB S. 161 / 9 | | | |
| | | 5 | KB S. 71 / 2<br>AB S. 173 / 20 | | | |

**Cover:** © Getty Images/E+/RgStudio **U2:** © www.landkarten-erstellung.de HF/AB

**Fotos Innenteil:** **S. 8:** Extra: Herz mit Porträts © Andrey Popov – stock.adobe.com **S. 12:** Babyfüße © Getty Images/E+/bernie_photo; Eiskaffee © Getty Images/iStock/AlexeyBorodin **S. 15:** Profilbilder: Salma © Getty Images/iStock/AlexeyBorodin; Ben © Getty Images/E+/miodrag ignjatovic; Timur: Alexander Sascha Keller, München; Paloma © Getty Images Plus/iStock/FG Trade; Anastasiia © Getty Images Plus/iStock/Giselleflissak; Fuat © Getty Images/E+/tolgart **S. 17:** B3: A © baranq – stock.adobe.com; B © Woodapple – stock.adobe.com; C © Getty Images Plus/iStock/KucherAV **S. 20:** Eichhörnchen © Getty Images/iStock/GlobalP **S. 21:** Alphabet © undrey – stock.adobe.com; Aussprache © stockpics – stock.adobe.com; Buchstabe © Getty Images Plus/iStock/Floortje; Entwicklung © contrastwerkstatt – stock.adobe.com; Intensivkurs © contrastwerkstatt – stock.adobe.com; Lehrer © Getty Images Plus/iStock/Drazen Zigic; Nachhilfe © Getty Images/E+/LittleCity LifestylePhotographyv; abschreiben © Robert Kneschke – stock.adobe.com; diskutieren © Getty Images/E+/SolStock; nachschlagen © Zehra – stock.adobe.com; vorlesen © Christian Schwier – stock.adobe.com **S. 22:** Foto © Getty Images/iStock/alphaspirit **S. 23:** 1c: Foto © Getty Images Plus/iStock/AntonioGuillem **S. 26:** Pfleger mit Senior © Getty Images Plus/iStock/Drazen Zigic; Köchin © Getty Images Plus/iStock/Tigercat_LPG; Schreinerin © Getty Images Plus/iStock/monkeybusinessimages; Beratungsgespräch © Getty Images Plus/iStockValeriy_G **S. 28:** B1b: 1 © Getty Images/E+/Slavica; 2 © Getty Images Plus/IStock/sellen; 3 © Getty Images Plus/iStock/Mariakray **S. 30:** Vortrag © Getty Images Plus/iStock/Vadym Terelyuk **S. 33:** Architektin © Getty Images/E+/valentinrussanov; Kaufmann © Getty Images/E+/triloks; Metzger © Getty Images Plus/iStock/michaeljung; Reiseführerin © Getty Images/E+/SolStock; Wissenschaftlerin © Getty Images Plus/iStock/gorodenkoff; Gaststätte © Getty Images Plus/iStock/SrdjanPav; Kinderkrippe © Getty Images Plus/iStock/AaronAmat; Labor © Getty Images/E+/Portra **S. 36:** Würfel © Getty Images/E+/HocusFocus **S. 43:** C4: Anna © Getty Images/E+/AzmanL; Rainer Produktionsfoto: Sascha Alexander Keller; Finn © Getty Images Plus/iStock/35007 **S. 45:** Lehre © Getty Images Plus/iStock/VichienPetchmai; Inserat © simoneminth – stock.adobe.com; Kündigungsfrist: Produktionsfoto: Hueber Verlag/Natascha Apelt; Rente © Ljupco Smokovski – stock.adobe.com **S. 46:** 1c: 1 © Getty Images Plus/iStock/Juanmonino; 2 © Thinkstock/iStock/XiXinXing; 3 © Getty Images/E+/shapecharge; 4 © Getty Images/iStock/shapecharge; 1d: © Getty Images/E+/alvarez **S. 47:** Foto © Getty Images/iStock/AdamGregor **S. 51:** Bäcker © WavebreakmediaMicro – stock.adobe.com **S. 52:** Produktionsfoto: Hueber Verlag/Natascha Apelt **S. 64:** B2a: Icon: 1 © Getty Images Plus/iStock/Lubo Ivanko; 2+3 © Thinkstock/iStock/kolae; 4 © Getty Images Plus/iStock/Ankudi **S. 69:** besichtigen © Getty Images/E+/Drazen_; chatten © Getty Images Plus/iStock/Prykhodov; eintragen © Getty Images Plus/iStock/Chinnapong; erziehen © fotolia/Monkey Business; ordnen © Getty Images/E+/MesquitaFMS; rühren © Getty Images Plus/iStock/lucentius; Abfall © Getty Images Plus/iStock/onurdongel; Internetanschluss © Getty Images/E+/deepblue4you; Kugelschreiber © Getty Images Plus/iStock/ottoshtekker; Lautsprecher © Thinkstock/iStock/mjbs; PC © Thinkstock/Photodisc/Ryan McVay; Schicht; Bücherei © Getty Images Plus/iStock/Hakase_; Innenstadt © Getty Images Plus/iStock/nantonov; Mauer © Getty Images/E+/ilbusca; Schaufenster © Getty Images Plus/iStock/welcomeinside; Sehenswürdigkeit © Getty Images/iStock/Nikada; Tierpark © Getty Images/E+/kali9 **S. 73:** Vlogging Kit © Dörr GmbH **S. 76:** B2a: A © Getty Images Plus/Stock/NadyaTs; B © PantherMedia/claire norman; C © Thinkstock/iStock/imagehub88; D © Getty Images Plus/iStock/JoKMedia; E © fotolia/lily **S. 78:** Icons: A © Getty Images Plus/iStock/matsabe; B © Thinkstock/iStock/milkal; C © Thinkstock/iStock/tacktack; D © Set Line Vector Icon – stock.adobe.com; E © Thinkstock/iStock/istrejman; F © Thinkstock/iStock/pking4th; G © Thinkstock/iStock/tacktack; Klemmbrett © Getty Images/iStock/Ankudi **S. 81:** Geschäftsbedingungen © eccolo – stock.adobe.com; Ersatzteil © Getty Images Plus/iStock/kadmy; Händler © Getty Images/Image Source/Photo_Concepts; Käuferin © Getty Images Plus/IStock/JLco – Julia Amaral; Lieferung © Getty Images Plus/iStock/ipopba; Transport © Getty Images/iStock/gilleslougassi; Zahlungsmöglichkeiten © Getty Images Pllus/iStock/nazarkru; umtauschen © Getty Images plus/iStock/AndreyPopov; verpacken © Getty Images Plus/iStock/Pattanaphong Khuankaew; DVD © Thinkstock/iStock/tatniz; Festplatte © Getty Images Plus/iStock/AnthonyRosenberg; Grill © fotolia/lily; Kabel © Getty Images Plus/iStock/Cristalov; Zahnbürste © Getty Images Plus/iStock/Vitaliia Hryshchenko **S. 82:** Foto © Getty Images/E+/FatCamera **S. 83:** Foto © Getty Images/E+/Sanja Radin **S. 85:** Herz mit Porträts © Andrey Popov – stock.adobe.com **S. 86:** Bus © Getty Images Plus/iStock/Blade_kostas; Zeitung © stockpics – stock.adobe.com **S. 87:** Emoji: Karotte/Erdbeere © Turkan Rahimli – stock.adobe.com: Blume © Getty Images/iStock/Turgay Melikli; Insekten © jazzia/123rf.com; A3: 4 © Getty Images Plus/iStock/BasieB; 5 © Getty Images Plus/iStock/borchee **S. 89:** Frauenfußball © Getty Images Plus/iStock/Drazen Zigic; Fundstücke © Getty Images Plus/IStock/Helin Loik-Tomson; Kettenkarussell © Getty Images/E+/skynesher; Herz mit Porträts © Andrey Popov – stock.adobe.com **S. 91:** Großstadt © Getty

# QUELLENVERZEICHNIS

Images/E+/SusanneB; Fußgängerzone © Getty Images/iStock/VisionsbyAtlee; Hafen © Getty Images Plus/iStock/querbeet; Werk © Getty Images/E+/TommL; Aufnahme © Getty Images Plus/iStock/EKIN KIZILKAYA; Ausdruck © Getty Images Plus/iStock/FabrikaCr; Fernsehen © Getty Images Plus/iStock/EKIN KIZILKAYA; Hochladen © Getty Images Plus/iStock/Barks_japan **S. 92/S. 94:** Headset © edojob – stock.adobe.com **S. 96:** Wohnhaus © Getty Images Plus/iiStock/sl-f; Arbeitsplatz © Getty Images/E+/Drazen_ **S. 104:** Wäschetrockner © Getty Images/E+/JazzIRT **S. 107:** Kollegen © Getty Images Plus/iStock/fizkes; Vater © Getty Images/E+/damircudic; Kind © Getty Images Plus/E+/Orbon Alija **S. 110:** Roman © Thinkstock/iStock/robertsrob; chatten © Getty Images Plus/iStock/Prykhodov; Jahreskarten © nikki-meel – stock.adobe.com; Sehenswürdigkeit © Getty Images/iStock/Nikada; Innenstadt © Getty Images Plus/iStock/nantonov; Bücherei © Getty Images Plus/iStock/Hakase_ **S. 111:** B2a/b: A © Getty Images Plus/Stock/NadyaTs; B © PantherMedia/claire norman; C © Thinkstock/iStock/imagehub88; D © Getty Images Plus/iStock/JoKMedia; E © fotolia/lily **S. 114:** Handschuh © Getty Images Plus/iStock/sitnichonok **S. 116:** Klassenzimmer © Getty Images Plus/iStock/Eduard Figueres **S. 117:** Einrad © Getty Images Plus/iStock/Redzaal **S. 118:** Shushan © Getty Images Pölus/iStock/golibtolibov **S. 119:** Oleh © Getty Images/E+/SensorSpot; Nilay © Getty Images Plus/iStock/Ankit Sah; Antonela © Getty Images/E+/MStudioImages; Tristan © Getty Images Plus/iStock/Caiaimage/Chris Ryan **S. 120:** Foto© Getty Images Plus/iStock/AnnaNaha-bed **S. 121:** Dankeskarte © Getty Images Plus/iStock/Nelosa **S. 123:** Zugspitze © Getty Images Plus/iStock/Alexander Reshnya **S. 125:** Fahrradfahrer © DragonImages – stock.adobe.com **S. 128:** Freunde © Getty Images/E+/Ivan Pantic **S. 129:** Vorstellungsgespräch © Getty Images Plus/iStock/AndreyPopov **S. 130:** Foto © Getty Images Plus/iStock/stockfour **S. 135:** Foto © Getty Images/E+/Hispanolistic **S. 136:** Ü3a: Hund © Getty Images Plus/iStock/LTuray; Mädchen © Getty Images Plus/iStock/shironosov; Frau © Getty Images Plus/iStock/nensuria; Männer © Getty Images/E+/Vesnaandjic **S. 140:** Foto © Getty Images Plus/iStock/monkeybusinessimages **S. 142:** Foto © Getty Images/E+/HamidEbrahimi **S. 146:** Mann jung/alt © Getty Images/iStock/Inside Creative House; Altenpflegerin © Getty Images/iStock/Ridofranz **S. 147:** Foto/Versicherung © Getty Images Plus/iStock/William_Potter **S. 148:** Frau/Handy © Getty Images/E+/urbazon **S. 154:** Foto/Laufgruppe © Getty Images/E+/vgajic **S. 156:** Nummernschild © Getty Images Plus/iStock/Thomas Stockhausen; Krankenpfleger © Getty Images Plus/iStock/Wavebreakmedia **S. 157:** Foto/Frauen © Getty Images Plus/iStock/PrathanChorruangsak **S. 158:** Autofahrer © Getty Images Plus/iStock/Andrija Nikolic **S. 159:** Rentnerin © Getty Images/iStock/DragonImages **S. 160:** Jugendlicher © Getty Images Plus/iStock/CasarsaGuru **S. 162:** Freundinnen © Getty Images Plus/iStock/Fly View Productions **S. 165:** Frau/Tagebuch © Getty Images/E+/katleho Seisa **S. 167:** Strafzettel © Getty Images Plus/iStock/qingwa; Mann © Getty Images Plus/iStock/cyano66 **S. 168:** Geldgeschenk © Getty Images Plus/iStock/PAVEL IARUNICHEV **S. 170:** Online-Kauf: Profil von oben nach unten: Mann/Bart © Getty Images Plus/IStock/AnnaNahabed; Mann/jung © Getty Images/iStock/ajr_images; Frau/blond © fotolia/contrastwerkstatt; Frau/dunkelhaarig © iStockphoto/asiseeit; Mann/Vollbart © Getty Images Plus/iStock/dragana991 **S. 172:** Flohmarkt © Getty Images Plus/iStock/Animaflora; Brotschneidemaschine © spql – stock.adobe.com **S. 173:** Kinderwagen © Getty Images Plus/iStock/Bojan Pesic **S. 174:** Rucksack © Getty Images Plus/iStock/nbehmans; Pikto Koffer © Getty Images Plus/iStock/DStarky **S. 175:** Krankenpflegerin © Getty Images/iStock/AntonioGuillem **S. 177:** Icon kein Abfall © Getty Images Plus/iStock/Luka Rakocevic **S. 178:** Kaffeeautomat © Getty Images Plus/IStock/Marianna Lishchenco; Wecker © Getty Images Plus/iStock/anzeletti **S. 181:** A © Getty Images Plus/iStock/PeopleImages; B © Getty Images/PHOTOS.com&gt **S. 182:** Foto/Paar © Getty Images Plus/iStock/PeopleImages

**Produktionsfotos:** Alexander Sascha Keller, München
**Illustrationen:** Mascha Greune, München
**Bildredaktion:** Sophie Bischoff, Hueber Verlag, München

**Inhalt der CD/MP3-Downloads zum Buch**


**Sprecherinnen und Sprecher:** Thomas Albus, Malek Arous, Peter Frerich, Alina Freund, Arne Hörmann, Lia Jung, Tinka Kleffner, Fabian von Klitzing, Christos Labrianidis, Emily Laubmayer, Claudia Lössl, Stephanie Morcinek, Lenny Peteanu, Elisabeth Rass, Verena Rendtorff, Manuel Scheuernstuhl, Hans-Jürgen Stockerl, Patricia Strasburger, Dascha von Waberer, Léa Wegmann, Sebastian Winkler
**Produktion:** Atrium Studio Medienproduktion GmbH, München

**Lieder**
**Komposition:** Tihomir Jevtic; **Text:** Dagmar Giersberg;
**Produktion:** zw-music.com; **Gesang:** Claudia Sommer, Sebastian Fuchs

Für unsere Foto- und Filmlocations bedanken wir uns herzlich bei: Münchner Volkshochschule GmbH, Schwarzhuber's Chickeria, SV Untermenzing, Radl Garage Moosach, Neues Rottmann Kino München, MVG München, Deutsche Bahn AG